貝崎貝塚（深作東部遺跡群）B－21号住居址
長方形を呈する縄文前期の竪穴住居址

貝崎貝塚（深作東部遺跡群）B－23号住居址
写真下方の壁柱穴列が2列となり、反復居住に伴う住居規模の変動（拡張・縮小）を示す。

側ヶ谷戸貝塚　4号住居址内貝層

側ヶ谷戸貝塚　4号住居址　イノシシ頭骨出土状況

縄文時代の生業と集落

―古奥東京湾沿岸の社会―

小川 岳人

縄文時代の生業と集落　　目次
―古奥東京湾沿岸の社会―

はじめに－環境・技術・社会－

第Ⅰ章　セトルメント・システムの素描 ……………………………………… 3
　1　セトルメント・システム論の方向性と射程
　（1）　二つの遺跡群研究
　（2）　賛同者と批判者
　2　羽生集落論とセトルメント・システム論の射程
　（1）　羽生集落論
　（2）　R，ビンフォード「柳の煙と犬の尻尾」あるいは羽生集落論の向こうにあるもの
　3　羽生集落論とその後

第Ⅱ章　集落と生業 …………………………………………………………… 34
　1　居住システム
　（1）　埼玉県福岡村縄紋前期住居
　（2）　前期奥東京湾沿岸の竪穴住居をめぐる居住態
　（3）　拡張と縮小・断絶と回帰
　（4）　大形・中形・小形
　（5）　移動と回帰、分散と集中
　2　前期奥東京湾沿岸の集団構造
　（1）　基本（核）家族・世帯・世帯群
　（2）　中核家族・中核世帯
　3　環境・技術・社会
　（1）　内湾・干潟・森林
　（2）　落葉広葉樹の森

第Ⅲ章　広場の社会学 ………………………………………………………… 72
　1　環状集落・定型的集落あるいは縄文モデル村

2　狩猟系遺跡・非狩猟系遺跡
　（1）　石鏃・儀礼・希少財
　（2）　専業狩猟集団・狩猟系家族
　　3　集落における広場と墓域

第Ⅳ章　環境・貯蔵経済・儀礼－奥東京湾沿岸社会の展開－ ………………104

第Ⅴ章　乳棒状磨製石斧の出現 …………………121
　　1　磨製石斧の起源問題と「真正の」磨製石斧の出現
　　2　中期的な打製石斧の出現
　　3　乳棒状磨製石斧の出現
　　4　乳棒状磨製石斧をめぐる文脈(1)
　　5　乳棒状磨製石斧をめぐる文脈(2)
　　6　収蔵・交易・交換財

引用・参考文献 ……………………………140

あとがき ……………………………151

英文サマリー ……………………………154

索引 ……………………………156

解題 ……………………………164

— ii —

挿図目次

図 1	トルアクミウトのセトルメント・タイプとセトルメント・システム	8
図 2	フォーレジング・システム	17
図 3	フォーレジャーのモデル	18
図 4	コレクターのモデル	20
図 5	上福岡貝塚D地点住居址とその拡張過程の復元	35
図 6	側ヶ谷戸貝塚2号住居址	39
図 7	側ヶ谷戸貝塚3号住居址	39
図 8	側ヶ谷戸貝塚4号住居址	41
図 9	反復住居の規模変動（1）	43
図10	反復住居の規模変動（2）	45
図11	住居の長幅比	51
図12	住居の居住集団（世帯）の規模変動	54
図13	打越遺跡の大形住居址（関山式期）	57
図14	天神前遺跡の大形住居址（黒浜～諸磯式期）	59
図15	集団構造の模式図	60
図16	打越遺跡88号住居址（関山式期）の屋内貯蔵穴	67
図17	天神前遺跡の住居主軸方向（黒浜式～諸磯a式期）	75
図18	天神前遺跡と周辺の集落遺跡	76
図19	南羽鳥中岬遺跡群（A地点・B地点・E地点）の住居主軸方向	77
図20	打越遺跡の住居主軸方向（関山式期）	78
図21	上福岡貝塚の住居址（C・D・F・I・J・K・M地点）	79
図22	打越遺跡の変遷（早期末～関山式期）	81
図23	関山式期の石器組成（1）	84
図24	関山式期の石器組成（2）	85
図25	黒浜式～諸磯a式期の石器組成（1）	86
図26	黒浜式～諸磯a式期の石器組成（2）	87
図27	側ヶ谷戸貝塚4号住居址（関山式期）イノシシ頭骨出土状況	88
図28	打越遺跡173号住居址（関山式期）獣骨分布とイノシシ頭骨出土位置	88
図29	奥東京湾沿岸域における石器群の様相	90
図30	石鏃が多数出土する遺跡の石器群	91
図31	石鏃の出土が僅少な遺跡の石器群（1）	92
図32	石鏃の出土が僅少な遺跡の石器群（2）	93

図33　野田市幸田貝塚 ……………………………………………………………… 107
図34　北区七社神社前遺跡 ………………………………………………………… 109
図35　浦和市大谷場貝塚 …………………………………………………………… 111
図36　稲荷丸北遺跡の貯蔵穴（諸磯式期）………………………………………… 113
図37　天神前遺跡の貯蔵穴（黒浜～諸磯a式期）………………………………… 114
図38　鷺森遺跡の墓壙群と副葬品 ………………………………………………… 118

「アメリカ北部のエスキモーが、彼らとの持続的な交易相手である近隣のアサパスカンAthapascans族やアルゴンキンAlgonqins族のように雪の上を進むためざに、もし防水靴のかわりに輪かんじきを採用したなら、夏の移動の際にだけ捕獲しうる獲物を、真冬に小集団で追跡することも可能であったろう。しかし、彼らは自らの伝統的な体制に執着し、それを改めようなどとは考えてもみないのである。このような生活技術の結果、一つの社会現象、すなわち集団に彼らの獲物の生態に合わせて生活することを強いる、真の共生現象が生じる。獲物は季節に応じて集結し分散する。冬には特にセイウチとアザラシが何ヶ所かの海岸に集まって来る。アザラシは子アザラシを避難させることができる氷床と、水面に容易に呼吸しに来ることが可能な、できる限り長期にわたって結氷することがない場所を必要としている。そのような場所は十分におだやかな海岸、島あるいは岬であり、海岸の広大なスペースの中でもかなり限定されている。したがって冬季にアザラシを捕獲しうるのは、なによりもエスキモーの狩猟技術の状態からして、もっぱらそのような地点だけなのである。他方、解氷して水路が現れるとすぐに、アザラシは移動分散し、フィヨルドの奥や険しい断崖の下の海中で戯れるようになる。そして、狩猟者たちも、獲物の移動に合わせて分散しなければならない。この時期にアザラシが群れをなしているのは、まったく例外的なことでしかない。同時に、真水での鮭やさまざまな鮭科の魚類の漁、そして高原やツンドラ・デルタでのトナカイや鹿の猟は、エスキモーに、獲物を追う放浪生活あるいは分散生活を促す。」（マルセル・モース1905，宮本訳1981）

はじめに
環境、技術、社会

　縄文時代集落研究を論題に掲げる本稿の冒頭に、マルセル・モース「エスキモー諸社会の季節的変異に関する試論　社会形態学的研究」の一節を長々と引用したのは、なにもイヌイット（エスキモー）の民族誌を縄文時代の居住形態の理解の為に引用しようと思ってのことではない。問題とするのは、その所与の「環境」と環境に対する解答としての「技術」そして両者の「制約」のもとにおける「社会の組織化」というモースの視座にある。モースの『エスキモー諸社会』は、イヌイットに関する民族誌データーの優れた取り纏めとして、また生態学的な社会研究の先駆として、今日なお高い評価を与えられている（宮本1981）。発表後既に一世紀近い年月を経ながら、その示す方向性は、同様に狩猟採集民を対象とする縄文時代研究にとっても示唆するところは小さくない（安斎1990）。

　しかしながら、モースの「エスキモー諸社会」における視座は、単に生態学的な人類学の先駆たるにとどまらない。この論文が、下部構造と上部構造の相関性を説く史的唯物論の格好の例証とされてきたこと（安藤1981、宮本1981）に注意を喚起しておこう。ここで必要とされるのは、一方に生態学的な視座を置き、他方に唯物史観の視座を置いて、対立的な図式のもとで、どちらが正でどちらが否であるかという選択（例えば羽生1990が述べるような）を行うことではなく、廣松渉がマルクスの言う「対自然的かつ間主体的な関係」という表現の中に生態学的視座と唯物史観の基本的な一致あるいはその共立を見るように（廣松1986、1995）、両者の積極的な結合に他ならない。「一定の技術によって人間が自然に働きかけるときそこにはどの様な形態の社会が成立するのか」言い換えれば「自然と社会の連関」が「宗教、道徳、法、経済等の社会現象にいかに影響するのか、またこれらの現象がどのように関連しあっているのか」（宮本1981）というモースの視座にその可能性を読みとることが求められよう。

　小稿が模索するのもこの「対自然的かつ間主体的関係」また「自然と社会の連関」の様相に他ならない。以下に試みるのは、縄文時代前期の奥東京湾沿岸域を舞台とした環境に対する人間の側からの働きかけとそのもとで取り結ばれる社会的な諸関係についての研究、あるいはその所与の環境下における一定の技術的な制限のもとでの労働過程、社会的な過程の組織化、また環境、技術、社会の「連関」へのアプローチである。同時にそれは、唯物史観に拠って立つことを標榜してきた考古学と、これを批判する生態学的な考古学研究との対立の止揚をはかる方向性の模索でもある。

第Ⅰ章　セトルメント・システムの素描

1　セトルメント・システム論の方向性と射程

　具体的な分析に入る前に、本稿の拠る方法—セトルメント・システム論とその方向性についての若干の素描を試み、セトルメント・システム論について繰り返されてきた批判キャンペーンに応えておく必要があるだろう。

　「セトルメント・システム論は可能か？」（もちろん、否定的な意味合いでないことは言うまでもないが）この問いは、一見無意味で愚かなようなものに映る。小林達雄、C.Tキーリーによる問題提起に始まり、小林自身により多摩ニュータウン地域を舞台として展開されたセトルメント・システム論に関する一連の論考（小林1973、1980、1986）、また可児通弘、宮崎博等その賛同者による諸作業（可児1982、宮崎1986）を経て、近年の小林謙一、谷口康浩、羽生淳子、山本典幸等のセトルメント・システムに関する多岐にわたる研究（小林1991、谷口1993、羽生1993、山本1995）を見る現在、セトルメント・システム論は、縄文時代集落の研究にあって確固たる位置を占めているかに見える。しかし、セトルメント・システム論の導入から展開にあたって常に指導的立場にあった小林達雄の諸作業が「遺跡のパターン論」「遺跡の類型化」として理解されてきたことが端的に示すように、セトルメント・システム論が、それに先行あるいは並行する遺跡群研究あるいは遺跡の類型化とその視座、方向性が同一視されてきたことは間違いなく、また肯定、否定いずれの立場に立つとしても（近年の土井、黒尾を中心としたキャンペーンに端的に現れるような）、セトルメント・システムの有する限界性への批判もまたここに発するのである。

（1）二つの遺跡群研究

　「集落遺跡の研究目的は、家族の具体的なあり方とそこから導き出される集団の具体的係わり方から共同体の問題を課題としていることは明らかで、考古学が歴史学の一分野である限り、この考え方は無原則に正しい。」（土井義夫1985）

　「集落研究は、社会生活の実態、社会の仕組みを解明しうる重要な部門として位置づけられ、」（長崎元広1980）

集落研究の大きな流れの一つが、集落の社会的側面に、集落遺跡の分析を通じた当該期社会の社会構造の解明にあることは論を待たない。ここに示した土井や長崎の述べる集落研究の方向性に正面きって疑念を呈する研究者は（その挑発的な位相をもって近年の集落研究の活発な議論の火付け役になった羽生のような研究者を除けば）、いわゆる集落研究の「見直し論者」を含めてほとんどいないに違いない。

　こうした研究の方向性は、周知のごとく、和島誠一による集落研究の提示に、それを負っている。後藤守一の「古代集落の形態研究」また「ジャストモメントな集落の姿」（後藤1940）という言葉に端的に示されるような、「人文景観」あるいは「居住景観」としての集落復元に焦点を合わせる先行諸研究を、集落を通じた社会構造の解明へと止揚し、またその可能性を拓いたのは、戦後いち早く発表された和島の「原始聚落の構成」（和島1948）であり、それはまた、多くの研究者が和島の「集落論なり集落研究に、研究史の出発点や方法論の原点を」見出す理由でもある（田中1984また佐々木1992）。しかしながら、和島の掲げる「氏族共同体の解体から古代家族の分立というシェーマ」（田中1984）が、史的唯物論の図式的な適用として、現行の研究にそぐわないものになっていること、また和島がこうしたテーマの解明、検証にあって用意した、分析のための枠組みそのものが、その後の大規模開発に伴う、広域かつ爆発的な資料の増加を前に、その有効性を失っていったことは否定できない。70年代以来言われたところの集落研究の混迷は、近年の羽生による和島集落論への批判（羽生1990）とは別の意味で、和島と彼に連なる集落論に内在するところの、その理論と方法また視点に起因するものであり、その展開の必然的な結果であったこともまた間違いないだろう。

　共同体における家族の占める位相から出発し「自己完結的で単独に存在する」（田中1984）個別集落遺跡の分析を進める和島の集落論の視点に欠落し、また70年代以降の開発行為に伴う膨大な資料の蓄積、特に多摩ニュータウン、港北ニュータウンの調査に代表されるような、広域にわたる考古学的調査がその必要を喚起したのは、個別集落遺跡をこえる複数遺跡間の関係の分析であり、該当地域内における遺跡群の様態を把握するための広大な枠組みの必要であった。この時期、弥生時代集落研究にあって和島集落論の批判的継承あるいはその止揚を目指した田中義昭等によって、港北ニュータウン地域の弥生時代集落について「拠点（的）集落」「周辺（的）集落」の類例化が行われ、また縄文時代研究においては、和島とはその系譜を全く異とする小林達雄によって多摩ニュータウン地域の「セトルメント・システム論」が、それぞれ提唱されるのは偶然ではない。

　田中の「南関東における農耕社会の成立をめぐる若干の問題」（田中1984）における「拠点（的）集落」と「周辺（的）集落」の類型化、小林の「セトルメント・システム論」と「セトルメント・パターン」という2つの集落研究は、弥生時代と縄文時代、また（ともに大規模開発

第Ⅰ章　セトルメント・システムの素描

にともなう広域調査である）港北ニュータウン地域と多摩ニュータウン地域を舞台に、それぞれ対照的な在り方を見せながら、一方では個別集落遺跡「自己完結的で単独に存在する集落遺跡」をこえる複数遺跡間の関係、遺跡群の把握を志向するという点で一致する。特に田中の「拠点集落」の概念は、例えば、多摩ニュータウンNo72遺跡がそれに比定されるように（東京都埋蔵文化財センター1996）縄文時代集落研究にまで普遍化する。しかしながら、両者の枠組みと配視を（例えば、シンポジウム「縄文集落の新地平」において、中山真治が扱うように）（中山1995）同列に論じることはできない。

　より具体的に言えば、遺跡の類型化から出発し、遺跡群における二つの類型の配置の把握にとどまる前者「拠点集落」「周辺集落」の類型化と、非集落遺跡を含めた遺跡の各類型の配置を資源開発等の自然環境との係わり、また集団内、集団間関係といった社会的環境に係わる「集団の行動のトータル」に対応させる後者「セトルメント・システム論」との理論的射程の違いが認識されねばならない。

　以下、小林によるセトルメント・システム論の展開の軌跡を概観し、その方向性と、その有する射程の可能性を見通してみたい。

「多摩ニュータウンの先住者」（1976）

　小林達雄は、縄文時代の遺跡に見られる類型をA～Fの6つにパターン化し、詳細な分布調査の行われた多摩ニュータウン地域において、これらの類型セトルメント・パターンA～Fの組み合わせと、その変遷の叙述を試みた。いわゆる「セトルメント・パターン」、「セトルメント・システム論」である。小林の作業については、これまで「遺跡タイポロジー」（長崎1980、羽生1992）、あるいは「集落の類型を捉えたもの」（後藤1982）との評価が与えられている。しかしながら前述したように、小林のセトルメント・システム論の視点は、遺跡の類型化にとどまるものではない。「多摩ニュータウンの先住者」において小林は、セトルメント・パターンA～Dを「集団の全成員が居住し共同祭式が行われる場とか、あるいは狩猟採集の前進基地とか、季節的な仕事場とか、日常生活、生業一般にかかわるいろいろな行動の内容に由来するもの」であるとし、一定の地域内におけるこれらセトルメント・パターンの組み合わせ形態が、単なるセトルメント・パターン（あるいは遺跡類型）の集合ではなく、当該地域を占拠する集団の狩猟採集をはじめとした社会全般に対応した構造体として理解される必要を説く。ここには、遺跡群における各セトルメントが「トータルとしての行動の時間的空間的局面、あるいは各々の別個の機能を分担しながら、相互に有機的に関係するシステムをなす」（小林1980）その後に展開される小林の「セトルメント・システム論」の方向性を見ることができる。すなわち、小林のそれは遺跡群における各類型の把握というレベルをこえ、生業活動、社会的活動に係わる

集団の軌跡、動態の解明へと、その理論的な射程を拡げる可能性を有していたのである。

「縄文時代の集落」(1980)

　先史集落研究史上における和島の位置が、先行する住居跡研究、集落景観の復元研究を、集落を通じた社会研究へと止揚するその方向性の提示によるものであったことはすでに述べた。和島による「社会生活の本拠地」「社会関係を直接に反映する対象」としての「集落」の把握は、和島以降の研究者に受け継がれる。麻生優による「生活舞台全般」(麻生1965)あるいは後藤和民、堀越正行等による「集落」の定義（後藤1970、堀越1975）は、和島の提示のその延長線上にあるとしてよいだろう。しかしながら、和島の希求する「社会の一つの単位」その「生活内容の追求」の対象としての「集落」、また「一切の生活内容のあり方を規定する社会関係」を直接に示すものとしての「集落」の概念は、逆に「住居の集合を指す景観的な概念」(石川1970)であるところの集落（考古学的には集落遺跡）に還元されるものではありえない。例えば、宮本勝が、考古学研究者に東南アジア焼畑農耕民の集落について紹介する機会において、集落の概念を幅広く捉え、「一時的な居住状況」や「分散的な居住形態」をも念頭においたうえで、集落(settlment)の上位に「村(local community)」を置き、「集落と村が一致することもあれば、複数の集落が一つの村を構成することもある」としているのは、集落という概念について考える上で示唆的である（宮本1984）。林謙作が集落を一つの遺跡に基づいているものとし、集落の上位に「村落」の概念を置くのも同様の範疇で捉えられるだろう（林1979、1984）。

　小林が「多摩ニュータウンの先住者」(小林1973)に続く論文「縄文時代の集落」(小林1980)において、セトルメント・システムについて再度の説明を加える中で、「集落」を「あらゆる文化活動の求心的原点」として「他の遺跡と峻別する」後藤等の「集落」概念（後藤1970）に対して、「集落とは、実体としての特定の種類の遺跡には決して単純に対応するものではなく、もともと多くの遺跡の総和を背景とする抽象的な概念」であるとし「従来の集落などの定義を一旦棄却」することを主張するのも、まさしくこの意味に他ならない。もちろん、ここで小林が言う「集落」が上述の「景観的な概念」としての集落ではなく、和島以来の考古学研究者によって定義されてきた「集落」概念であることは言うまでもない。いいかえれば、住居の集まりとしての景観的な集落（考古学的には小林の言う「集落遺跡」）の内容は、和島が集落研究の目的に掲げた「生活内容」「社会関係」の一部を構成するにすぎず、その「生活内容」「社会関係」は、景観としての集落（集落遺跡）を含めた「各々別個の機能を担当しながら、相互に有機的に関係する」セトルメント・システムにこそ求められねばならない。

　こうしたセトルメント・システムにおける小林のスタンスは、弥生時代集落研究における田中以来の「拠点集落」「周辺集落」の類型化と基本的には同様のもののように映る。「拠点集落」

第Ⅰ章　セトルメント・システムの素描

の概念が、縄文集落研究においても広く一般化したこと、あるいは小林の言うセトルメント・パターンAが、「拠点集落」と同一視されることがあるのも、このような理解に基づくものであろう。しかしながら既に述べたように、小林の作業がすぐれてシステム論的視座を有していたことが見落とされてはならない。小林は「集落」概念の棄却を提唱した同論文の中で、キャンベルの報告するアラスカのイヌイット トルアクミウトのセトルメントのあり方（Cambele 1968）（図1）を、狩猟採集民のセトルメントの具体例として引用している（小林1980）。バンドの全成員が4、5月、8～10月に占拠する、あるいは分散したバンドの一部が11～3月占拠する季節的居住地（セトルメント・タイプⅠ、Ⅱ）。季節的居住地から出発する少人数の男達によって短期間利用される狩猟、漁労のキャンプ地（セトルメント・タイプⅢ）、集団の領域外に設定される訪問あるいは談合、または交易のために集合する場所（セトルメント・タイプⅤ）、移動のための仮泊地（セトルメント・タイプⅥ）等のトルアクミウトの各セトルメント・タイプは、縄文時代のセトルメント・パターンA～Fのイメージを描く一助として提示されたものであるが、トルアクミウトの各セトルメント・タイプ間の有機的な結びつきには「各々のセトルメント」が集団の「トータルとしての行動の時空間的局面、あるいは各々別個の機能を分担しながら相互に有機的に関連するシステムの一環をなす」セトルメント・システム像を再確認できるだろう。また、小林が「季節的な仕事場」（1973）「季節的な居住地から出発する少人数の男達によって短期間利用される狩猟、漁労のためのキャンプ」（1980）をあげ、またセトルメント・システム論の賛同者の一人である可児通弘がセトルメント・パターンDの多様性とその重要性について強調するように（可児1982）、セトルメント・システム論には、和島以来の集落論がその研究目的の一つに掲げながら具体的に論じることのなかった生業活動に係わる「労働編成」についても、セトルメント・パターンの分析を通じ具体的に論じる可能性さえうかがわせていたのである。

（2）賛同者と批判者

　しかしながら、小林のセトルメント・システム論が、伝統的な縄文時代集落研究の中にあって、理解されてきたとは必ずしも言い難い。縄文時代集落研究の展開を詳細に綴った長崎元広は、「遺跡タイポロジー」として高い評価を与える一方、セトルメント・システム論に前後して行われた遺跡の類型化、遺跡群研究（例えば、戸沢1977、岡本1979等）との類似性を強調している（長崎1980）。長崎の評価に典型的に現れるように、その提起以来決して短くない時間を経ながら、小林のセトルメント・システム論は遺跡の類型化、パターン化としてのみ評価、援用され（谷口2000）、生業活動における「労働編成」の問題、あるいは社会組織の問題へと、その議論が深化されることはなかったと言ってよいだろう。遺跡群の有機的な連関性を前提とし、

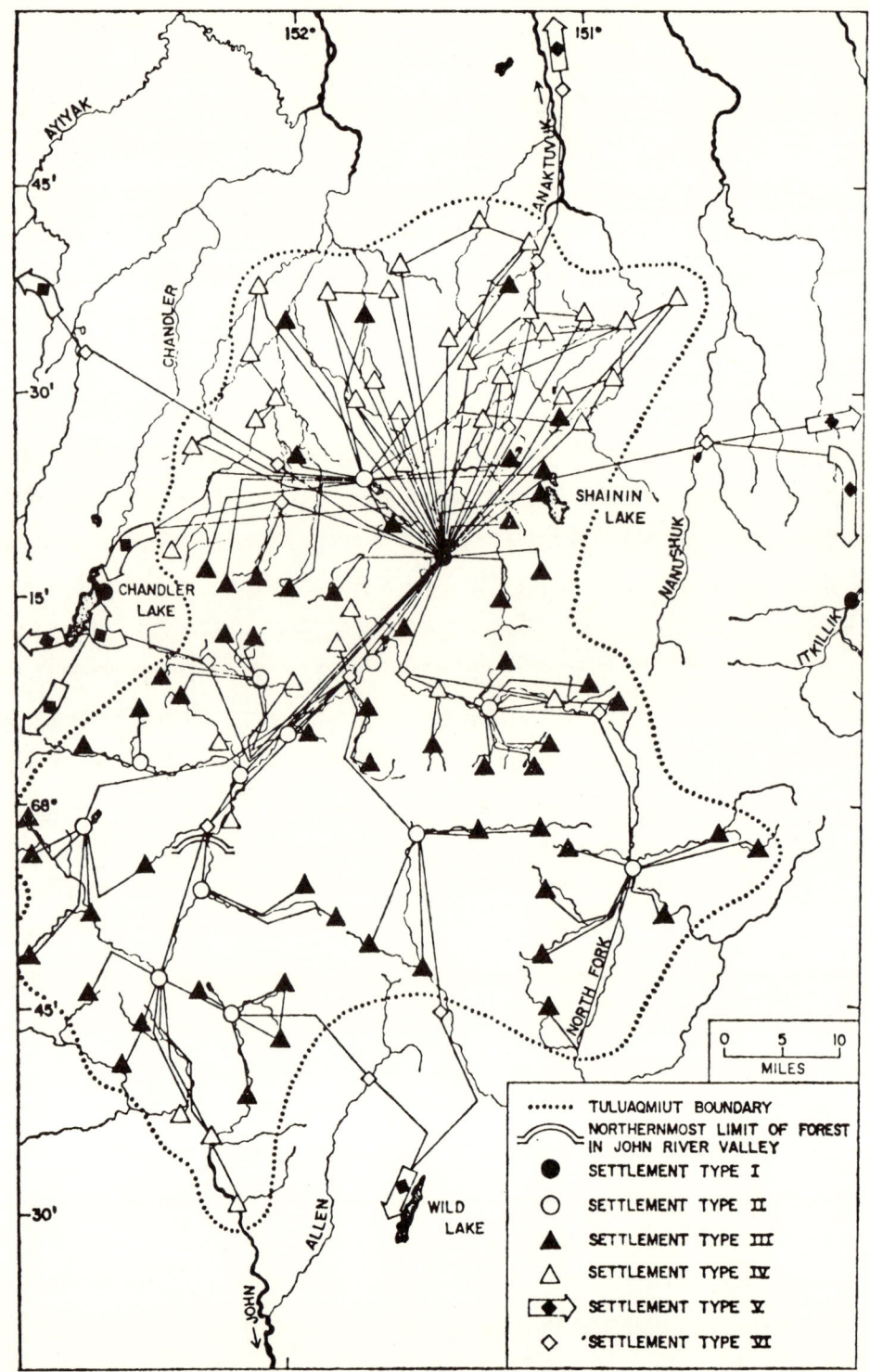

図1　トルアクミウトのセトルメント・タイプとセトルメント・システム（Cambele 1968）
　　キャンベルの調査は、後述するビンフォードによるヌナミウトの調査とほぼ同一地域を扱っている。ヌナミウトの調査を基にしたコレクターのモデル図4と本図を比較のこと。

第Ｉ章　セトルメント・システムの素描

そうした連関をシステムとしてとらえる演繹的な研究法（セトルメント・システム論）と、日本考古学が大規模開発に伴う広域調査と引き替えに得た遺跡群の様態の経験論的な把握との理論的な基盤の違差性については、これまでほとんど注意を払われてはこなかった。

　一方で、セトルメント・システム論を単なる遺跡の類型化へと矮小化している点では、賛同者とともにその批判者達も何ら変わることはない。「大規模集落遺跡」に相当する小林のセトルメント・パターンAないしBが「小規模集落遺跡」としてのパターンCの累積にすぎない可能性を提示し、「考古資料として残る遺跡の特徴は」「単純ではなく複雑な多様性を示す」（註1）として「遺跡の類型設定」としての「セトルメント・パターンの再検討」の標榜から始まる土井義夫また黒尾和久等による一連の批判キャンペーン（土井1985、1988、1995、黒尾1995、中山1995、土井・黒尾1999、黒尾・宇佐美2000）は、セトルメント・システム論と「拠点－周辺集落」の類型化を同一視し、セトルメント・システム論が有する理論的射程の違いに目を向けない点では、むしろその典型の一つに他ならない。土器の細別時期設定による同時期住居の抽出に加え、同一個体破片の接合、分布状況を媒介に、土器の細別時期内の遺構間における更なる時間的断絶や、ズレを示唆するという作業を通じ「横切りの集落論」を目指すその方法には、具体的な集落遺跡の分析に当たって見習うべき点が少なくない。しかしながら、広場を囲んで展開する伝統的な縄文時代集落のイメージに疑念を表明し、集落研究の「見直し論者」と呼ばれる彼らのセトルメント・システム論への理解は、（例えば、彼らの批判が「遺跡の類型設定」としてセトルメント・パターンに対するものに終始すること、また彼らの共同作業者である中山真治が、「中期集落は少なくとも関東、中部地方においては「大規模集落」であり、「セトルメント・システム」という観点では複数の集落の核となる「拠点集落」と目され」てきたと、セトルメント・システム論と「拠点集落」の概念を同一視していることなどに端的に示されるように、）彼らの批判する伝統的な集落研究のそれと何ら異なるものではなく（この点で、小林がセトルメント・システム論についての作業を通じ、例えばセトルメント・パターンAを「拠点的集落」に比定したことが無いことには、注意をむけておく価値があるだろう。あわせて、彼らが強く否定することを試みる「環状集落」という言葉についても、小林が「環状集落」を「環状集落遺跡」とわざわざ読かえていることも（小林1986）も付け加えておく）、そこにその止揚をはかる方向性を認めることはできない。土井、黒尾が、その形成過程の複雑性、多様性から「類型」としての有効性に疑念を呈示するセトルメント・パターンは、既に何度も繰り返してきたように、遺跡群の様態を説明するための概念（類型）ではなく、総体としてのセトルメント・システムから集団の環境への係わり方、あるいは様々なレベルの集団（家族、世帯、世帯群、地域集団等）の集団間関係を再構成するために（逆に）説明されるべきカテゴリーにほかならないのである。セトルメント・システム論はまた、集落研究にとって「仮設可能か検

討する」(黒尾1995) 問題ではなく、解明されるべき対象なのであり、土井や黒尾等がそうするように、帰納法的な実証性あるいは「解釈」における「慎重さ」を言い訳に忌避するべき問題ではない。

　土井等の「見直し」作業そのものに関して言えば、その詳細な分析にも係わらず、土器形式の細分、同一個体破片の接合、分布状態を媒介とした同時存在住居の抽出作業が明らかにしたきわめて「小規模」となる縄文集落の景観、また居住期間の断絶といった現象は、集落遺跡中央の広場の有無、「世代をこえた土地利用の継承」といった問題に関しては中立であり、それを否定する側に積極的な根拠を与えるものではありえない。いいかえれば、それは集落研究をめぐる技術論的なまた「戦術的」な問題にすぎないのであり、それは例えば、セトルメント・パターンA、B、Cの住居跡の形成過程についてのより詳細な説明を可能にするが、小林が「多摩ニュータウンの先住者」で述べたような各パターン形成の「因果律」については何も語ってはくれないのである。土井・黒尾の作業は、その性格からより厳密な実証性を得られるであろうが、目前に見える考古学的な現象を特権化し、縄文時代集落が小規模であるという土井、黒尾の主張をますます明確なものとして示していくにすぎない。「説明しないで残してある。」という土井の言葉にはからずも露呈したように、土井、黒尾等の進める作業それ自体の射程には、セトルメント・システム論が志向するような集団と環境との係わり、またそのもとで組織される様々なレベルの集団間関係といった問題は捕捉されてはいない。なるほど、遺構、遺物の時期細分は、考古学的な分析の原則であるが、それは土井、黒尾等の言うような絶対的な前提ではなく、今後とも分析対象の性格に応じた相対的な問題でありつづけるだろう(註2)。これは土井等の主たる分析対象となっている竪穴住居址においても何ら変わるものではない。にもかかわらず、土井、黒尾が自らの作業を絶対視し、これを前提としない枠組みや方向性に「お手つき」「解釈至上主義」のレッテルを貼り付け、こうした枠組みや方向性を否定する経験論至上主義的な立場に立つとすれば、集落研究は、土器の遺構間接合や土器の時期細分に基づく、同時存在住居数と(彼らの言う)「集落景観」の復元自体を自己目的化した実証主義の袋小路に入らざるをえない。多分に逆説的ではあるが、集落研究の目的が「家族の具体的なあり方とそこから導き出される集団の具体的係わり方から共同体の問題を課題」としており「考古学が歴史学の一分野であるかぎり、この考えは無原則に正しい。」と力強く主張した、本節冒頭に掲げた先の土井の言葉(土井1985)の裏返しとして、その「考古学」が「歴史学」の「一分野」ではなくなる危惧を、あるいは「歴史学」から遊離しまた「孤立化」したものとなる危惧を感じずにはいられない。

第Ⅰ章　セトルメント・システムの素描

「原始集落」(1986)

　とはいえ、小林はセトルメント・システムについての前記二論文「多摩ニュータウンの先住者」(1973)、「縄文時代の集落」(1980)において、多摩ニュータウン地域と八ヶ岳山麓域における各パターンの組み合わせについて述べるのみで、自らの言う「時間的空間的局面」において「分担」されたであろう各セトルメントの機能とその関連性の具体像について述べることを慎重に避けている。この点、「行動の内容に由来する」その「因果律」を読み解く方法論的未成熟は否定できず、小林のセトルメント・システム論は、その方向性と視点の一方で、その有する射程はなお潜在的であり、セトルメント・システムに関する小林の作業が「遺跡の分類」「遺跡タイポロジー」であるとの評価は甘受しなければなるまい。もちろんその直接的な責は小林にあるのだが、もっともこれはその提唱者たる小林一人が負うべき問題ではなく、その賛同者、批判者を含め、セトルメント・システム論を「遺跡の分類」「遺跡タイポロジー」「遺跡の類型設定」へと矮小化してきた我々受け手の問題であったことは、もはやあきらかであろう。

　もっとも、各セトルメントの機能と関連性の具体像についての、ことに生業活動に係わる側面については、後述する羽生淳子、山本典幸による近年の作業（羽生1993）（山本1995）によって、その方法論的道筋を付けられつつあり、この点で状況は必ずしも悲観的ではない。

　小林はセトルメント・システムについての前記二論文に続く「原始集落」(1986)で、縄文時代のセトルメント・システムにおける社会的側面に注視し、セトルメント・パターンAの有する広場を通じ、パターンB、Cに居住する「単位集団」が統合されているというセトルメント・システム像を、豊富な民族誌事例の引用を通じて提示している。こうした小林の見解について、後続する縄文時代集落研究からの積極的な論及は殆ど見あたらない。小林がここに提示するセトルメント・システムの社会的側面の検証が、我々受け手の問題であることは論を待つまい。羽生、山本が、資源分布、生業活動の側面からアプローチしたように、その検証に向けての具体的な方法の模索が求められている。

2　羽生集落論とセトルメント　システム論の射程
（1）羽生集落論

　セトルメント・システム論を含む縄文時代集落研究をめぐる近年の動向として、羽生淳子による疑いなく刺激的な一連の論考を無視することはできない。羽生の作業は、（伝統的な集落研究に批判的であったことから）同じく集落研究の「見直し論者」に分類されてはいるが、前述の土井、黒尾の視座と羽生の集落研究におけるそれを同列に論じるべきではないだろう。小林の「セトルメント・パターン」が現段階ではいまだ「遺跡のタイポロジーにとどまっている。」という羽生による小林の作業に対する批判が、羽生自身の作業がセトルメント・システムの視

座に立つことによって有効なものとなっていることは、土井等によるセトルメント・パターンの理解とその批判作業が、あくまで「遺跡の類型化」としての把握に終始したことと比較したとき、明確な対照をなしていることを強調しておこう。

　羽生の作業を特色づけるのは、(小林の作業においてはついに明確なその姿を見せることはなかった)集落研究における生態学的アプローチの必要性の提唱と、その一方での、集落の有する社会的な側面に関心を寄せてきた和島以来の「伝統的な」集落研究に対する容赦の無い攻撃であった。羽生はその論文「縄文時代集落研究と狩猟採集民研究の接点」(羽生1990)において、ここ20年ほどの間の縄文時代集落研究の冒頭を飾ってきた集落研究の「行き詰まり」状態の認識について、その原因を和島誠一以来行われてきた「社会規制の研究に重点を置いた史的唯物論」に求め、それが「縄文時代の研究にとって必ずしも有効な枠組みではない」と断じる。そうした「社会規制の研究」また「史的唯物論」にかわって、羽生が研究のための「新しい枠組み」として提唱するのが「生態学的アプローチ」であり、特に、「資源の分布と生業活動およびセトルメント・パターンとの関係についてのモデル」ビンフォードの「フォーレジャー」と「コレクター」(Binford1980)である (羽生1990)。羽生は後に、再度「フォーレジャー」と「コレクター」のモデルについて説明を試みるとともに (羽生1993)、モデルを用いた前期諸磯式期の集落遺跡における石器組成の分析を実践している。

　羽生の作業について注目すべきであるのは、セトルメント・システムと資源分布そして種々の資源の獲得活動が密接に関連するとする「セトルメント＝サブシステンス・システム(以下、羽生にに従い集落・生業システムとする。)」の視点と方法にある。その作業の中で羽生が紹介する狩猟採集民の「集落・生業システム」の二つのモデル「フォーレジャー」と「コレクター」、そして「集落・生業システム」における集団全体の居住本拠地としての「レジデンシャル　ベース」や資源獲得のために派遣された「タスク・グループ(特別部隊)」の活動の根拠地となる「フィールド・キャンプ」等といった概念と、それらの縄文時代集落研究への挿入は、「遊動」と「定住」が二者択一的に対置され、「定住生活」についての極めて抽象的な議論が行われる傾向の強かった縄文時代集落研究にとって示唆するところは小さくなく、羽生の作業は、これまでの抽象的な「定住論」を止揚し、「フォーレジャー」と「コレクター」の漸移的な変化として、考古学的な資料を通じた具体的な把握へと導くものといえる。しかしながら、ここで更に強調しておきたいのは、セトルメント・システムを生業活動における資源獲得戦略の変異の結果として捉える集落・生業システムの視点と、遺跡における石器組成の分析を通じて遺跡の担った役割、機能についてのアプローチを試みる羽生の方法が、いまだ「各パターンの総和」としての遺跡群の把握に留まる小林以来のセトルメント・システム論を、生業活動の側面に関する限りではあるが、構造体としての遺跡群の総体的な把握から、「行動の内容に由来する」ところの

第Ⅰ章 セトルメント・システムの素描

各パターン形成の「因果律」の説明へと止揚し、より動態的なセトルメント・システムの解明へとその理論的射程を拡げる可能性を有している点である。

 とはいえ、羽生の作業に問題が無いわけではない。しかしながら、羽生に対する批判の多くは、「伝統的な」集落研究を積極的に批判し、(小林のセトルメント・システム論を除けば) 従来の集落研究とはその理論的な基盤を全く異とするかに見える羽生の作業に対する反発、あるいは民族誌の援用に対する「アレルギー」とも言えるもので、羽生の提起を真剣に受けとめ、従来の研究を、また羽生の作業自体の有する問題点を止揚しようとする方向性をそこに見出すことは困難に感じられる。もっとも、そうした中にあって佐々木藤雄による羽生批判 (佐々木1993) は、数少ない例外に属するものだろう。

 羽生は後の論文 (羽生1993) で、自らに向けられた批判の論点を「(1)縄文時代と環境条件の違うヌナミウトの民族誌に基づいたモデルを適用することへの疑問。(2)ビンフォードを含めたプロセス考古学と生態学的アプローチへの批判。」と纏めているが、この把握の仕方は、佐々木による批判に関する限り、必ずしも正しいとは言えない。羽生の提示する「ビンフォードのモデルが縄文時代における当該テーマを考えるうえからも示唆に富んでいることは否めず、「考古学的資料から遺跡を分類するに際しては季節的、一時的であるか否かという基準より種々の獲得活動における各遺跡の機能の方が問題となってくる。」というビンフォードをふまえた羽生の提言には十分に耳を傾ける必要があるものと考える。」と佐々木自身が述べ、また佐々木の批判の端々にある「縄文人とは (中略) 各段階を通してコレクターとしてほぼ一貫した生活を持続し、その間には見るべき文化や技術の変化も発展もほとんど生み出すことの無かったまさにスタティックな研究対象として存在していたとでも羽生はいうのであろうか」「その相違はあくまで漸移的なものにすぎないとされていたコレクターに対する一方のフォーレジャーシステムは、結局は縄文集落の研究にあたって、どのような位置と役割を与えられていたのか」「羽生のここでの関心はあくまでコレクターの不可欠な戦略としての食糧貯蔵に向けられているだけであり、そこには羽生の食糧貯蔵をいわば接着剤に縄文人とヌナミュートエスキモーの両者を時空をこえて結びつけていこうとする意図は認められたとしても、その歴史的な役割や内容をそれぞれの社会の集落生業システムの関連において個別的かつ具体的に解き明かしていこうとする意志は一切感じられない。」という言辞に現れるように、批判は、生態学的なアプローチやビンフォードのコレクターモデルに向けられたものではなく、歴史性を喪失した「羽生によるビンフォードのモデルの縄文時代への適用作業」そのものに、そして「和島の氏族共同体論」の内容的な検証、とりわけその中核を占める縄文時代の家族論に対する歴史的、論理的な検証については一切の作業を回避していた」羽生による (多分に偏向的で若干の誤解に基づいた) 「史的唯物論」そして「和島集落論」への批判作業に向けられていたものと理解すべきであろう。

加えて、羽生が特に自身に向けられた批判として強く認識すべきであったのは、佐々木の「その成立当初から人類学や社会学的な方法の強い影響とも相俟って、宗教や政治あるいは親族組織など、ともすれば伝統的な考古学の多くが直接的な取り組みを回避しようとしてきたすぐれて社会的な難解なテーマの解明に意欲的であったのは、実は羽生が拠って立とうとしたプロセス考古学自身に他ならなかったのであり、羽生の取り上げる集落規模や機能、居住期間といった問題はあくまでセトルメント・システム論をめぐるごく一部のテーマでしかなかったこと」、そして「生態学的アプローチ」を「史的唯物論」にかわる縄文時代集落研究の「新しい理論的枠組み」に据えようとする羽生の主張に向けられた「史的唯物論と生態学的アプローチとの積極的な結合を模索する世界的動きの存在」という指摘であり、「羽生が徹底的な「批判」を試みた史的唯物論の「命題」の考古学的な証明の可能性さえ視野に入れた熱い論議が交わされていた」とする安斎正人等の作業（安斎1990）に対する佐々木の評価である。

　羽生が集落の「社会的規制の研究に重点を置いた」研究を批判し、生態学的アプローチ特に生業活動とセトルメント　システムの関係を強調していく中で、集落研究の有する社会的側面に自ら道を閉ざしたことは否定できない。羽生は自らの作業（羽生1990）に向けられた批判に対する解答として、1993年の「狩猟採集民の生業　集落と民族誌－生態学的アプローチに基づいた民族誌モデルについて」（羽生1993）において、様々な集落生業システムに関する民族誌を紹介しながら、定住的とされる狩猟採集民の季節的な居住地の移動が特殊な事例でないことを示し、再度、コレクターとフォーレジャー・システムについて解説を加え、あわせて自ら拠って立つところの生態学的アプローチの有効性について、ウッドバーン、テスタールまたウィスナー等による社会経済人類学的アプローチ等の社会的要因を重視する視座をふまえて論じているが、批判者たる佐々木自身が納得していないように（佐々木1996）、前述した佐々木の批判に対して十分答えているとは言い難い。特に、「生態学的アプローチを援用することが、必ずしも文化の社会的、歴史的側面を否定することにはつながらない」とし、「生態学的、経済人類学的なアプローチを包括するタイプのモデルを採用することが」望ましく「両者の特徴をあわせ持つモデルでは、経済プロセスの研究に社会的要因を取り入れることが可能なので、生態学的な「還元主義」の問題点を排除できる」とするハルペリンの指摘を指摘を引用しながらも、「環境への適応としての生業活動は考古資料から容易に推測できる部分だが、親族組織などの社会的な諸関係を推測することは大抵の場合より困難である」として、両者の統合にはむしろ消極的と言ってよい羽生の主張には、集落の有する社会的側面へのアプローチを自ら閉ざした前回の作業との基本的な立場の違いは見受けられない。

　史的唯物論と生態学的アプローチを対立的な視座として捉え、社会的側面へのアプローチに消極的な羽生の作業の問題点は、既に佐々木の批判によって明らかであるが、ここではさらに

第Ⅰ章　セトルメント・システムの素描

本稿冒頭に引用したモースの「エスキモー諸社会」の中に見た両者の結合を、また廣松渉がマルクスの「対自然・間主体的な関係」(廣松1986)に唯物史観と生態学的な視座の共立を見ていることを提示することによって、この議論に不必要な足枷をはめる羽生への批判にかえたい。あわせてここに羽生の作業の止揚をはかる方向性を認めることができるだろう。

(2) R、ビンフォード「柳の煙と犬の尻尾」あるいは羽生集落論のむこうにあるもの

　「柳の煙と犬の尻尾」R．ビンフォードによるこの一風変わった題名でよく知られた論文は、既に羽生によって自身の作業の理論的基盤として二度にわたって引用紹介され、また羽生に前後して、小山修三、佐々木高明によってその引用の簡単な紹介が行われた他、大林太良もこの論文におけるビンフォードの指摘について注意を喚起している（小山1984、佐々木1991、大林1992。また羽生の引用をふまえたものに田村1992、山本典幸2000）。

　羽生による本論文の紹介が、近年の縄文時代集落研究をめぐる活発な議論の一つの契機になったことはおそらく間違いない。が、羽生に対するその批判の激しさにもかかわらず、羽生が自らの作業の基盤として引用するこのビンフォードの論文そのものへの論及あるいは内容の検討は、羽生の批判者達の手によって試みられたことはほとんど無かった。（羽生の作業についていくつかの点で的確な批判を行った佐々木の作業ですらその例外ではない。もっとも、佐々木はヌナミュートについてのビンフォードの論文を、その批判の中で取り上げている（佐々木1993）。）加えて、羽生に前後してこの論文を引用している三名が（小山の立場は微妙な位置にあるのだが）考古学的な問題に少なからず論及し、その影響を与えてきたとはいえ、基本的には人類学にその学問的な基盤を置いてきた研究者であることは、羽生の提起した問題点に関する縄文時代集落研究者の関心が、全体としてはそう高いものではなかったことを示すものと言えるだろう。

　羽生の作業の抱える幾多の問題点また批判者からの激しい論駁にもかかわらず、その提起する生態学的視座は既に述べたように有効であり、また集落研究を進める上で不可避のものとなりつつあると感じられる（例えば山本典幸1995、2000あるいは、谷口1999）。羽生の主張する生態学的アプローチの有効性を検討するため、また生態学的視座と社会的な諸側面に向けられた視座を「二者択一的」に捉える羽生の作業の有する問題点を止揚し、セトルメント・システム論の射程を、羽生が自ら限定したその外側に、拡げる可能性を模索することを意図するのであればなおのこと、羽生が自身の理論的基盤としたビンフォードの作業そのものの検討が必要となるだろう。

「柳の煙と犬の尻尾」

　ビンフォードの作業の主眼は、既に羽生の紹介にあるとおり、セトルメント・システムと生業活動、資源分布をリンクしたものとして捉えるセトルメント＝サブシステンスシステム（集落生業システム）の視点、そしてビンフォードが狩猟採集民の集落生業システムの両極に位置づけた2類型　フォーレジャー（採食者）とコレクター（採集者）の設定、提唱と、フォーレジャーシステムとコレクターシステムを両極として漸移的に変化するレジデンシャルベース（居住根拠地）の移動性とロディスティカルな活動の程度の差違を決定づける因子の探求にあるとしてよいだろう。

　フォーレジャーシステムの一つの大きな特色は、フォーレジャーが基本的に貯蔵を行わず、日毎に資源を採集してくることにある。フォーレジャーの採集パーティーは採集対象と"出くわす"まで歩きまわり、毎夕、あるいは午後をまわるとその集団が居住するレジデンシャルベース（居住本拠地）へと帰還する。こうしたフォーレジャーの典型的土地利用パターンを、ビンフォードは雛菊の花に喩えている。花の中央がレジデンシャルベースであり、資源パッチ内を移動する採集パーティーの行動経路は雛菊の花弁のようになる（図2）。フォーレジャーのもう一つの大きな特色は、上記のような資源獲得活動の結果として引き起こされるレジデンシャルベースの頻繁な移動と、レジデンシャルベースにおける集団の規模が資源パッチの規模と分布にあわせて大きく変化することである。ビンフォードはグヴィ．サンの例を引き、こうした季節的な資源パッチ間におけるレジデンシャルベースの移動と分散を説明している。またビンフォードは比較的広大で同質の資源パッチにおいては、レジデンシャルベースを頻繁に移動させることによって集団が資源パッチ内の利用範囲を広げること、逆に資源が貧弱で広く分散していれば、レジデンシャルベースの集団規模が縮小し、広大な範囲に分散することによって、採集範囲を拡大することを指摘している（図3）。

　ビンフォードは、こうしたフォーレジングシステムを乾燥地帯に居住するカラハリのサンを引用して説明しながら、一方でサンがフォーレジャーの事例として必ずしも適当ではなかった可能性を述べる。ビンフォードがフォーレジャーの典型とするのは、ほぼ（多少の変異は認められるにしろ）均質な環境が広がり季節的な資源の変異が見られない赤道直下の森林地帯に知られる狩猟採集民であった。こうした狩猟採集民の事例では、資源獲得活動は前に述べた比較的広大で同質的な資源パッチに見られるように、居住集団は頻繁にレジデンシャルベースを移動させることによって資源の利用範囲を広げていく。レジデンシャルベースの利用期間は短く、結果として遺跡における考古学的な痕跡は貧弱であり、レジデンシャルベースとして同一個所が利用される可能性が低くなることが、その傾向になお一層の拍車をかける。こうした意味では、乾燥地帯とはいえ季節的な資源の変異が比較的大きい環境に居住するカラハリのサンやオ

第Ⅰ章　セトルメント・システムの素描

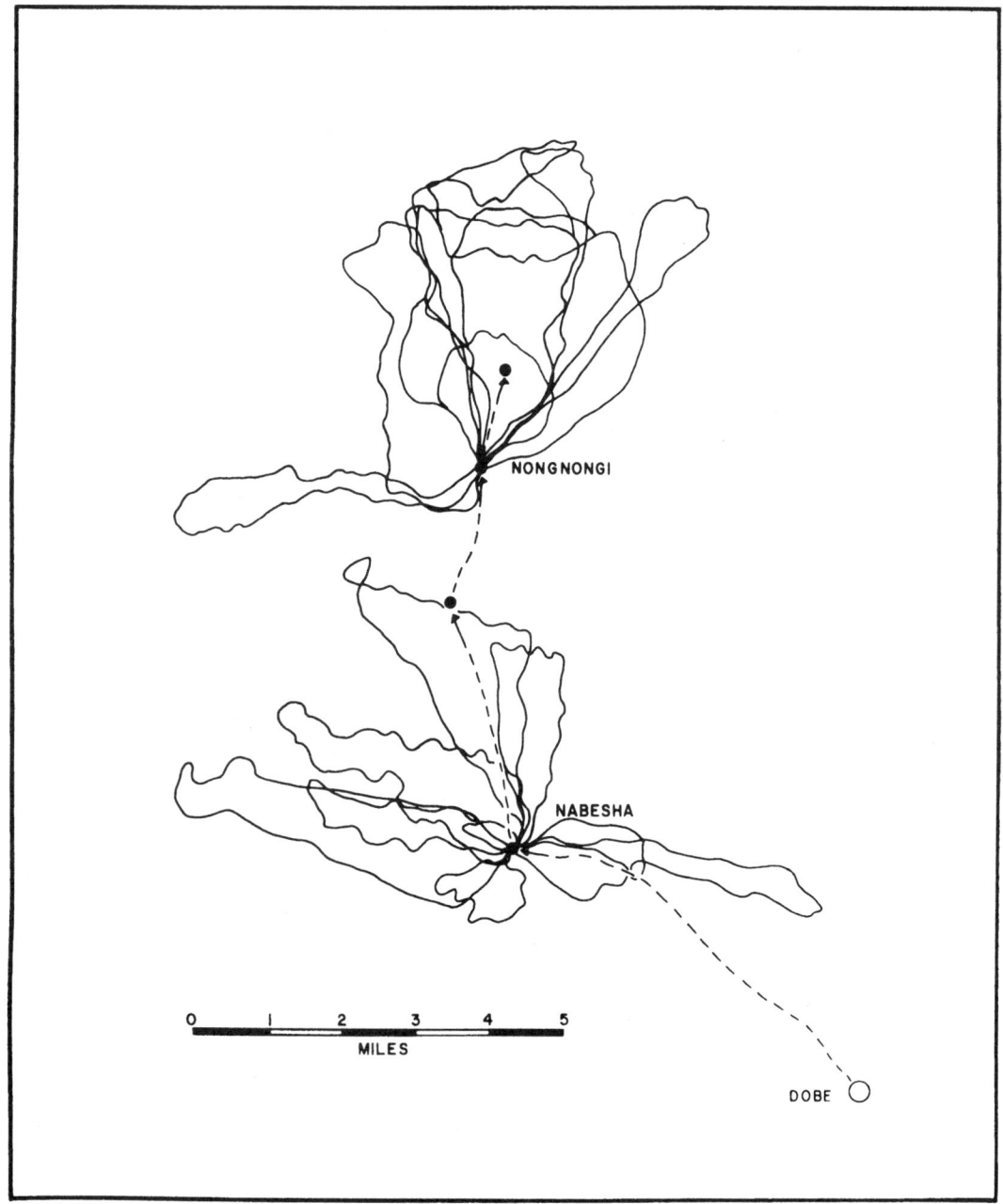

図2　フォーレジング・システム（Binford 1980）
　　中心の点がレジデンシャル・ベース、線は採集パーティーの動きを示す。
　　集団はレジデンシャル・ベースの周囲の資源を採りつくすと次へと移動する

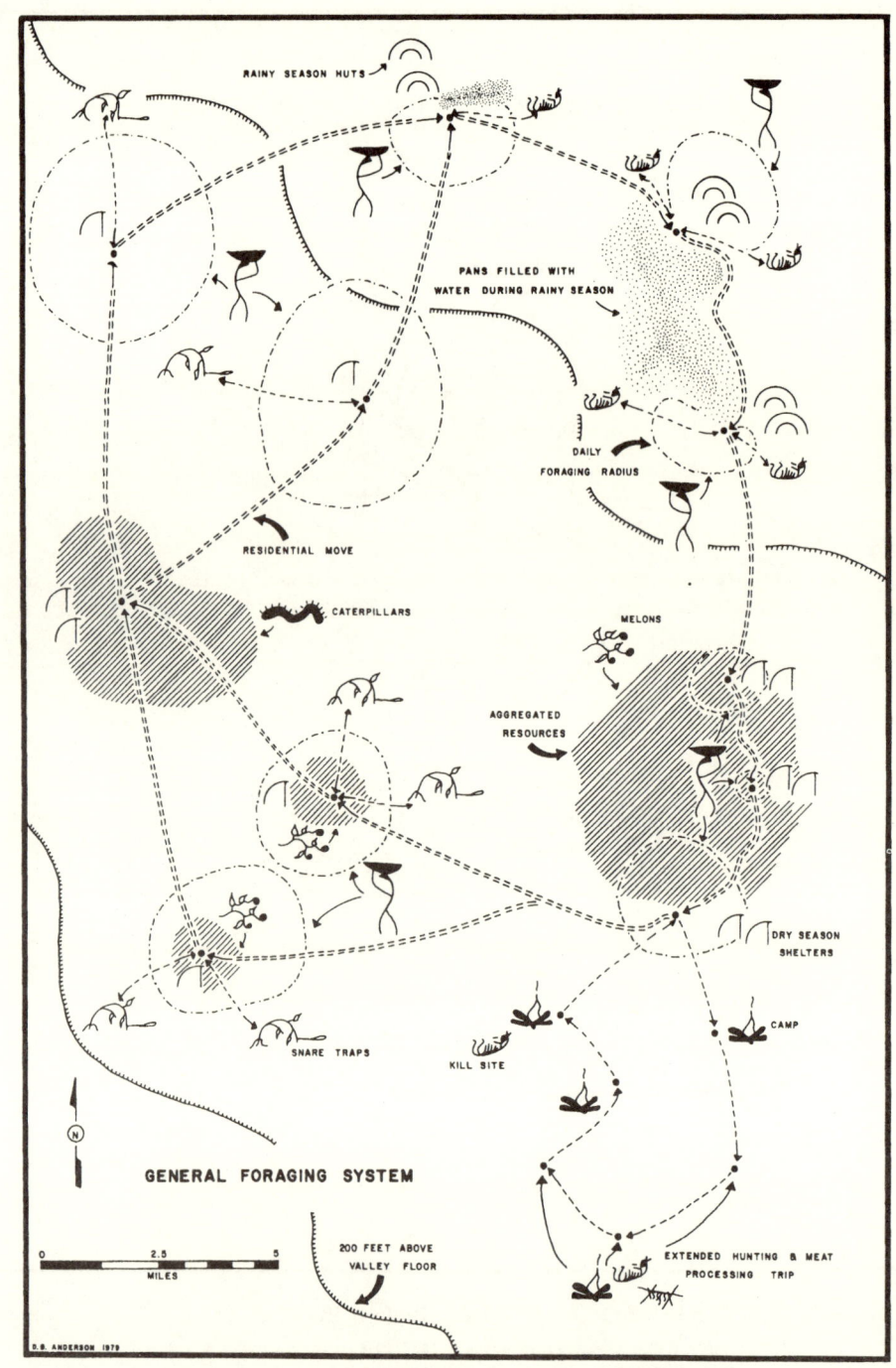

図3　フォーレジャーのモデル（Binford 1980）
　　　図右下に示される母集団から離れて行われるキャンプと肉の加工に注目。
　　　フォーレジャーにおいても大なり小なりロジスティカルな活動が行われる。

第Ⅰ章 セトルメント・システムの素描

ーストラリアのアボリジニなどは、ビンフォードのいうフォーレジャーの典型とはなし難いようだ。これは後述するコレクターシステムを資源の季節的な変動に対する解答として説明したこととの差違を明確化するために導かれたものと考えられるが、しかしこの点は、ビンフォードがコレクターシステムの決定因子とした資源の季節的な変動が著しい環境に居住する高緯度地域のフォーレジャーについての多くの事例を軽視することになりかねず、フォーレジャー・システムの説明、設定そのものに対する疑問として残される。

レジデンシャル・ベースの移動と集団規模の調節を通じて、集団が資源の所在する場所へと移動（マップ・オン）するフォーレジャー・システムと明確な対照を見せるのが、特別に編成されたタスク・グループによって派遣元の母集団へと特定の資源を供給するロジスティックに組織化されたコレクター・システムである（図4）。

コレクター・システムはビンフォードのヌナミウトエスキモーについての経験から導き出されたもので、前述のフォーレジャーとの比較において（a）少なくとも一年のある時期、食料の貯蔵を行うこと、（b）ロジスティカルに編成された食料獲得パーティ（タスク・グループ）によって特色づけられるとされる。ビンフォードの主張に従えば、ロジスティカルな戦略は、母集団のレジデンシャル・ベース（居住本拠地）と重要度の高い資源（クリティカル・リソース）の分布が一致しない場合、あるいは母集団のレジデンシャル・ベースの移動が制限された場合に際して、また母集団が重要な資源の近くにある一方で、他の重要な資源から離れている場合にもとられる。特別に編成された労働ユニットであるタスク・グループはこうした状況下、母集団のいるレジデンシャル・ベースを離れ、特定の資源の獲得に最も適当と判断される場所へ移動することとなる。タスク・グループは利用可能な資源を求めて放浪するのではなく、特定のコンテキストのもと、特定の資源を手に入れるために、その母集団から派遣されるのである。

ビンフォードはフォーレジャーについて、集団の居住本拠地であるレジデンシャル・ベースと、資源の獲得活動の行われるロケーションの2つの遺跡タイプを認めたが、コレクターについては、これらに加え更に3つの遺跡タイプが生じることを指摘し、これらをフィールド・キャンプ、ステーションそしてキャッシュと名付けている。フィールド・キャンプは母集団から離れたタスク・グループが宿泊する一時的拠点である。コレクターもフォーレジャーのようにロケーションにおいて資源の獲得、またその処理加工を行う。しかしながらロジスティカルに編成されたタスク・グループは、一般的に彼らの母集団に供給する資源を捜しているので、ロケーションにおける資源獲得活動に起因する廃棄物の量は大きく、その考古学的な可視性は高い。ビンフォードは、北米の大平原におけるバイソンの集団猟、ヌナミウトが春に捕獲したカリブーの処理解体の場所、コロンビアのプラトー地方における梁やカマス（北米原産のユリ）

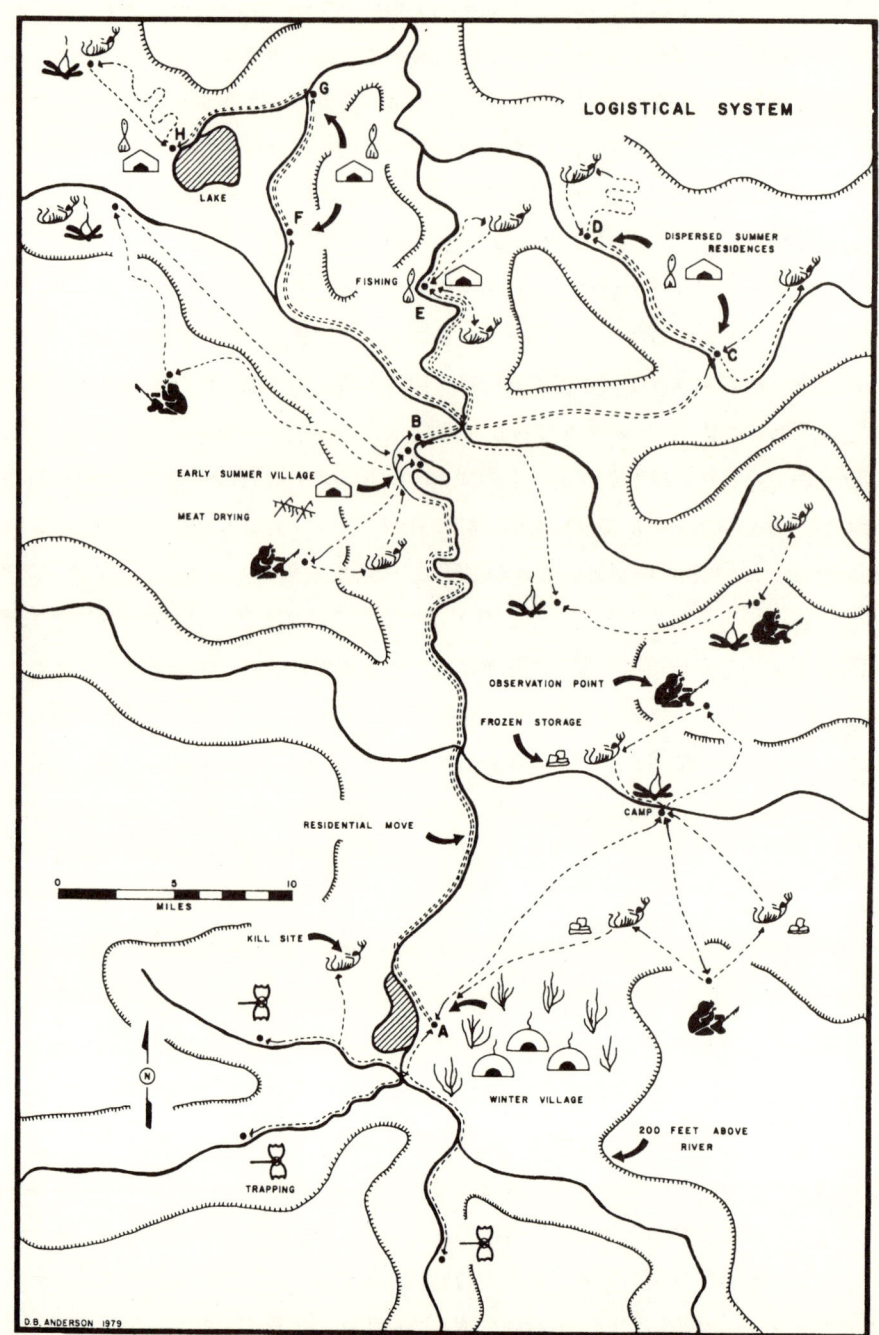

図4　コレクターのモデル（Binford 1980）
　　図上方には集団分散時のレジデンシャル・ベースが描かれる。
　　冬のレジデンシャルベースと夏のレジデンシャルベースの居住施設の違いを示す記号に注目。
　　同様のことはフォーレジャー（図3）の乾期の風除けと雨期の屋根付き小屋の記号にも見てとれる。

第Ⅰ章 セトルメント・システムの素描

の採取場所を、考古学的な可視性の高いコレクターのロケーションの例としてあげている。ステーションは、見張り場所などのように、特定の目的を持ったタスク・グループが行動のための情報を集めるために設定する場である。キャッシュは獲得した資源の一時的な貯蔵場所で、相対的に規模の大きな母集団のためにタスク・グループが資源の獲得を行うコレクターの戦略全般に共通する要素とされる。逆に、こうしたステーションやキャッシュがフォーレジャーによって形成されることはまれであるとしてよいだろう。

　すでに羽生によって何度も強調されているところだが、フォーレジャーとコレクターは狩猟採集民の集落・生業システムの二類型ではないとされている。図3、4に示されるように、ビンフォードはコレクター・システムにおいてもレジデンシャルベースの移動、また地域集団の家族単位への解体という集団規模の縮少が起こることを指摘し、コレクター・システムの多くがフォーレジャー・システムの特性を有していること、フォーレジャーとコレクターの二つの戦略においては、集団そのものを資源の所在地に移動させるマップ・オンと、タスク・グループによるロジスティックなシステムが程度の差こそあれ複合的に用いられ、両者の差異が漸移的なものであることを説明している。両者の違いが漸移的なものであること、特にコレクターにおいてもレジデンシャル・ベースの移動が見られるという点は、縄文人をコレクターに分類し、縄文時代のセトルメント・システムをコレクターのモデルに基づいて解釈しようとする羽生の作業の基礎となるものであったが、実際の羽生の作業においては縄文人の季節的な移動や離合集散の可能性が強調され、ビンフォードの作業の主眼であった狩猟採集民の資源獲得戦略は、実のところほとんど問題とはされていない。「羽生の作業を通じてフォーレジャーはいかなる位置づけを与えられていたのか」という佐々木の批判（佐々木1993）にあるとおり、羽生がその作業の有する方向性から問題とするべきであったのは、縄文人の季節的移動の可能性ではなく、ロジスティックな活動とマップ・オンという対照的な資源獲得戦略下における労働過程の組織化の問題であった。そうした意味では、羽生が集団の季節的移動の可能性を論じるためにビンフォードのコレクターのモデルを用いたのはあるいは誤りであったかもしれない。貯蔵の痕跡を根拠に縄文人をコレクターに分類し、コレクターもレジデンシャル・ベースの移動を行うということから、縄文人も季節的移動を行ったとする分析の手順が、羽生の作業とまたその紹介するビンフォードのモデルをわかりにくくしていることは否めない。また、類型ではなく両者の差異が漸移的であるという説明の一方で、ビンフォードによるフォーレジャー、コレクターのモデルそのものが、（羽生自身が縄文人をコレクターに分類することによってはからずも示したように）狩猟採集民の集落生業システムの二類型として理解あるいは引用されかねない性格を有していることも指摘できるだろう。この点は、モデル、理念型としてのフォーレジャー、コレクターと、実践形態としての資源獲得戦略あるいは労働過程の組織化の具体相その

ものが明確に区別される必要がある。実際に必要なのは、理念型としての前者ではなく、実践形態としての後者であることはもはや言うまでもあるまい。

　ビンフォードをふまえた羽生の作業が、小林以来のセトルメント・システム論を各類型（パターン）の組み合わせによる静態的な把握から、「行動の内容に由来する」ところの各パターン形成の「因果律」の説明へと止揚し得る可能性を有していることについては既に述べたところであるが、一方では、（それ自体はビンフォードの作業の極く一部にすぎなかった）「居住集団季節的な移動」を操作子として用い、集落遺跡の社会的側面の解明が相対的に困難であるという立場から、居住集団の営む生業活動の総体においた果たされたであろう各遺跡の機能復元に終始するその作業は、小林のセトルメント・パターンの言葉の言い換えに終わっている面も小さくない。この点、集落の社会的側面には消極的な羽生の主張とは逆に、タスク・グループによって資源を母集団へと運搬するロジスティックな活動と、集団そのものが資源のある場所へと移動するマップ・オンという狩猟採集民の労働過程における二つの対照的な組織化の仕方が、集団の移動や離合集散、逆にその安定性という（単に居住形態に留まらない）社会的な過程の組織化とリンクしていることに注意を向けておく必要がある。羽生の諸作業にある「居住形態」と「社会組織」がどこで線引きされるものであるかはよくわからないが（あるいは、羽生の強調する「季節的移動」や「離合集散」は居住形態で、社会組織とは「親族組織」「双分制」のようなより限定的な意味で使用することを意図しているのかもしれないが）、少なくともビンフォードのこの作業は、集団の構造的な側面に道を閉ざしてはいないし、むしろ、羽生が閉じてしまったそのむこうへ、議論を広げることを可能とするだろう。

　論文の後半においてビンフォードは、マードックが狩猟採集民のレジデンシャル・ベースの移動性についてまとめた168例を、ベイリーの展開する環境変異の尺度efective tempeature（ET値）－その環境を特色づける太陽放射の合計量と年間分布（つまりは各季節のその年間に占める比率と、その中で特に日照時間の長い季節の占める割合）との比較を通じて検討することによって、レジデンシャル・ベースの移動性とロジスティカルな活動の程度の差異を規定する因子についての分析を進めている。ビンフォードによればマードックのカテゴリーで「遊動」に分類される狩猟採集民の75%が赤道直下の環境に位置し、その「遊動性」が比較的高い事例もまたその64.2%が亜熱帯の環境に見受けられる。逆に温帯においては、こうした「遊動」型の狩猟採集民の数が急激に減少し、北に行くに従い若干増加し、北極圏においてまた急激に増加するのである。

　高い生産性を持つものと考えられる赤道付近と、最も生産性が低いと考えられる北極付近においてレジデンシャル・ベースの移動性が顕著であること、言い換えれば定住的、半定住的な

第Ⅰ章　セトルメント・システムの素描

狩猟採集民は温帯と亜寒帯に集中し、赤道付近と亜熱帯に少ないという経験的に導かれたパターン（気候が比較的寒冷で生産性が低いと考えられる環境におけるレジデンシャル・ベースの移動性の減少）から、ビンフォードは狩猟採集民のレジデンシャル・ベースの移動性が、総体としての食料資源の豊富さのパターンというよりはむしろ、他の状況つまりは環境の構造的な特性−特定資源の分布状況に対応したものであることを指摘する。

既に述べたように、フォーレジャーを特色づける戦略マップ・オンはレジデンシャル・ベースから日帰りできる範囲で資源を獲得していくもので、レジデンシャル・ムーブを頻繁に行うことによって資源を消費する。一方のコレクターは消費するための資源をタスク・グループによりその母集団へともたらす戦略であり、レジデンシャル・ベースの移動はより少ない。第一の戦略マップ・オンは、比較的均質な様相を呈する環境に適したもので、逆に資源の時間的空間的不一致という状況下においてはレジデンシャル・ベースの移動は、資源構造のつきつける問題への解答にはならないとビンフォードは結論づける。ビンフォードは資源分布の偏在性（例えばある重要な資源（クリティカル・リソース）に関して設けられたレジデンシャル・ベースの採食半径（フォレジング・エリア、日帰りで採集活動を行える範囲）内において、同様に重要度が高いクリティカル・リソースが信頼に足る量に達しない時）に対してはロジスティカルな戦略が、資源の時間的な偏在性（例えば季節的に限定された資源また資源の窮乏期の存在）に関しては「貯蔵戦略」がこの問題への解答になることを指摘する。貯蔵は資源の有効期間の先へとその資源の持つ有効期間を延長するように機能する。貯蔵行為は資源の有する時間的な偏在性に関する問題を減らすが、一方で、資源の空間的な偏在性の問題を増大させる。つまりは他の資源にむけてのレジデンシャル・ムーブの輸送コストを増大させるのである。このような性格を持つ貯蔵行為への依存が高まるに伴い、集落・生業システムにおけるロジスティカルな活動が構成する部分の増大が予想されるのである。

ビンフォードの議論に従うのであれば、ロジスティカルな資源獲得戦略を支持し、レジデンシャル・ベースの移動性を抑制するのは、クリティカル・リソースの分布の時間的空間的な偏在性をもたらす太陽放射量の年間分布の変異であると導かれよう。赤道付近の環境において、資源分布は時間的にも空間的にも比較的均質な変化の少ない状況を呈することが予想される。もちろん年間のサイクルを通じ、その生産性は異なるパターンを呈示するだろうが。しかし環境がほぼ絶え間の無い利用可能な資源を保障するなかで、その変異は小さなものでしかない。一方、温帯そして亜寒帯において利用可能な資源は、季節の変動にあわせてその内容の変化が多様であり、また太陽放射の減少するシーズン（冬期）には窮乏期を迎えることになる。多様な資源開発の必要性がもたらすクリティカル・リソースの空間的な偏在性に関してはロジスティックな戦略が、資源の窮乏期すなわちクリティカル・リソースの時間的な偏在性の問題に関

しては前述したごとく「貯蔵戦略」（資源の「時間的な管理」（出居1980））がその解答となるだろう。資源の貯蔵行為は、太陽放射の大きい生育シーズンの減少、あるいは資源の窮乏期の増大にあわせて強化されることが予想される。こうした地域においては、年間を通じた太陽放射の変化にあわせ季節的に限定されたクリティカル・リソースの存在とその種類の増大、そして資源の窮乏期に対する貯蔵行為の強化が、集落生業システムにおけるロジスティカルな組織化とレジデンシャル・ベースの移動性の減少傾向を相乗的に強めることになるだろう。

　「ことによるとジャングルは豊かであり、砂漠と北極は食料が少ないという一般に広まったイメージに対してハリウッドは非難されなければならない。一般の多くの人や、生態学について学びはじめたばかりの学生は、北極や砂漠には大きなレジデンシャル・ムーブが見られ、赤道付近の狩猟採集民の居住形態はほとんど定住的と考えるだろう。」という多分に戯画化された一般の生態学的理解への反証として導かれた、レジデンシャル・ベースの安定性を所与の環境の生産性の豊かさよりも、その資源分布との係わりから理解しようとするこの結論に対しては、しかし作業の前提となった「生物の生産性は、主に光合成を維持する太陽光線と十分な水の結合であり、他の条件が同じならばＥＴ値が高ければその環境における生物の生産性は高い。」という環境の生産性についての過度に単純化されたビンフォードの認識がまず批判されねばならないだろう。ＥＴ値が高い赤道付近の諸環境が可食植物や動物資源という点で本当に豊かであるのか、ＥＴ値が赤道付近と比較したときさほどに高くない温帯や亜寒帯が前者と比べて本当に生産性が低いのか、これらの地域における民族誌あるいは考古学的な知見から（例えばサケ・マス論の根拠ともなった後者の地域におけるサケ類の遡上や堅果類を中心とした植物性食料豊かさを思い浮かべてみれば）我々は経験的に、容易に反論することができる。また、熱帯雨林に居住する狩猟採集民のピグミーが、実のところ植物性食料のほとんどを農耕民に依存しているということ（市川1986、原子1977、丹野1977、寺島1984）、あるいは熱帯雨林の生物量やその生産性が極めて豊富である一方で、利用可能な植物資源特に澱粉質の食料に乏しく、狩猟採集民は農耕民との依存関係が確立するまで熱帯雨林に進出できなかったというヘッドランドの指摘（Headland1986）をふりかえっておくべきだろう。羽生はこの点について「同一地域における環境の多様性をひとまとめにしてしまう分析は、いったんは資源の分布状態に限定した（レジデンシャル・ベースの安定性についての）環境要因を再び環境全般に広げる結果となっている」と批判し、このことがビンフォードの議論をわかりにくくしている原因であると指摘しているが、問題は羽生が言うほどに単純ではあるまい。確かにＥＴ値という形で単純化されてはいるが、ビンフォードの議論にあって最後まで問題とされているのはあくまで資源の分布状況にほかならない。しかし、レジデンシャル・ベースの安定性の規定要因を資源分布の時間的

第Ⅰ章　セトルメント・システムの素描

空間的な偏在性に還元してしまうビンフォードの議論では、前にも指摘したように、資源分布の時空間的な偏在性がコレクターの分布する温帯あるいは亜寒帯同様に著しい亜寒帯から北極圏にかけてのフォーレジャーの存在とその増加を説明できないことになる。ビンフォードはこれら高緯度地帯のフォーレジャーを、資源の季節的な変異のサイクルの中で特に目立つ食料資源を選択的に開発するためレジデンシャル・ベースを移動させる「連続的フォーレジャー」と呼んで赤道付近のフォーレジャーと区別しているが、これらの地域におけるフォーレジャー・システムの存在とそのレジデンシャル・ムーブメントの著しさの規定要因については何も説明していない。「ほとんどの人々が季節的なレジデンシャル・ベースの移動を食料の量的な変化に対する解答であると理解してきたことはあっても、集団の消費への見通しから資源構造の問題に理解が示されてきたことはほとんどなかったと言っても過言ではないと思う。」というビンフォードの指摘は、正当に評価されるべきものだが、その一方でビンフォードの作業において資源の量的な問題はＥＴ値という形で説明される他にはほとんど触れられていない。アイヌや北米の北西海岸の人々、あるいは縄文人等の定住的といわれる狩猟採集民の知見を思い起こせば、ビンフォードの主張に大筋で首肯するとしても、レジデンシャル・ベースの安定性に資源の量的な問題が係わっているという点ははずせない。

　加えて、より問題となるのはビンフォード（そして羽生）の作業に、技術的また歴史的視座が全くと言ってよいほど欠落していることである。人類学そして考古学が時として行う民族誌に基づく過去の復元は、現生（あるいはつい最近まで存続してきた）狩猟採集民の社会が、研究者の目指す過去から現在に至る長期にわたった技術的生態学的な適応過程の結果であるということを黙殺してきた。ビンフォード、羽生の作業に代表される生態学的アプローチも、事象をその所与の「環境」への「適応」と解釈する還元論的あるいは静態的（スタティック）な方向性から、その例外ではありえない。狩猟採集民の階層化について論じ、近年縄文時代研究者からも論及されることの少なくない仏の経済人類学者アラン・テスタールは、（北米北西海岸原住民の社会について）生態学的な解釈を行う人類学者を批判する中で、技術的・歴史的視座の重要性について注意を喚起しているが、この批判はところを変えて、ビンフォード、羽生の作業にもそのまま当てはまるだろう。

　「生態学的な解釈はテクノロジーの役割を隠蔽するだけではなく、同時に歴史的次元をもすべて排除する。じっさい、生態学だけが北西海岸のような一文化の原因なのだとしたら、この種の文化は、似たような生態学的条件があらわれるたびに、いつでも存在することになってしまう。反対に、こうした文化がありうるとしたら適当な技術をもっているばあいだけだということになれば、歴史のどの時期にこうしたテクノロジーがあらわれるのか問うてみることができるだろう。いいかえると、技術の役割を認めることで、歴史的に規定された文化として北西

海岸の文化を考察できるようになるわけである。最後に、問題の技術的、歴史的側面を無視すると、生態学的解釈は、社会科学の分野からそうした側面を排除して、自然の単なる偶然性に帰してしまうことになるだろう。」(Testart、山内昶訳1995)。技術的視座と呼ぶには素朴すぎるが、冒頭に掲げたモースの『エスキモー諸社会』がイヌイット(エスキモー)の生業・居住形態の規定要因として資源構造の季節的変化といった生態学的要因ばかりではなく、輪カンジキの不使用をあげていることを思い起こしておこう。特定の資源の開発においては獲得のための技術が、その前提となっていることは間違いない。集団はその所与の技術によって利用可能なニッチを限定されるのであるから、集団の生業・居住形態は、資源構造等の生態学的な諸要素ばかりではなく、その技術システムにも規定されていることになる。しかしながら、集落・生業システムとして、狩猟採集民の居住形態と生業活動の相関性を説くビンフォードのここでの作業は、その一方で、生業活動における資源の獲得・運搬・保存貯蔵に係わる技術的な側面を、ほとんど問題にしていない。コレクターの特色とされる資源の貯蔵行為・母集団の消費に向けた大容量の資源の運搬のためには、保存処理に係わる技術(乾燥・燻製等の腐敗防止の加工、また腐敗や虫や鼠による食害を避け、長期間・大容量の貯蔵を可能とする貯蔵庫の建設)や、資源の運搬手段(大型の籠・袋などの運搬用のコンテナー)が最低限必要とされるはずである。佐々木藤雄が、羽生の作業に対する批判にあたって「そもそも縄文人とは、草創期から晩期までの各段階を通してコレクターとしてのほぼ一貫した生活を持続し、その間には見るべき文化や技術の変化も発展もほとんど生み出すことのなかった、まさにスタティックな研究対象として存在していたとでも羽生はいうのであろうか。」「その相違はあくまで漸移的なものにすぎないとされたコレクターに対するフォーレジャー・システムは、結局のところ、縄文集落の研究にあたってどのような位置と役割をあたえられていた」のかと主張し、また論中において度々「食糧貯蔵」の「歴史的な役割や内容をそれぞれの社会の集落生業システムの関連において個別的かつ具体的に」解き明かす必要性を強調する(佐々木1993)のも同様の視点に基づくものとしてよいだろう。

　結局のところ、静態的な適応状況の抽出に偏り、歴史的・技術的な視座を欠いたビンフォードそして羽生の作業は、おそらくは、縄文社会をはじめとする各地の定住的な狩猟採集民社会の成立に係わるであろう、「フォーレジャー」タイプから「コレクター」タイプへの集落・生業システムの移行を、環境要因の変化に還元する以外、何らの説明もしてはくれないのである。前述したビンフォードの指摘する「連続的フォーレジャー」の存在からは、温帯・亜寒帯における資源分布の時空間的な偏在性の問題に関しても、(資源の時間的、空間的不一致という状況下においてレジデンシャル・ベースの移動は資源構造のつきつける問題への解答にはならないという彼の主張とは逆に)資源の状況によっては、レジデンシャル・ベースの移動によるマッ

第Ⅰ章　セトルメント・システムの素描

プ・オンで対応が可能ではないかという疑問が生じよう。詳しくは後の分析にゆだねざるを得ないが、むしろ人口規模が資源の窮乏期のレベル以下ならば、貯蔵を前提として特定のクリティカル・リソース（重要度の高い資源）に依存する傾向の強い「コレクター」よりも、こうした集団そのものの移動・離合集散による「フォーレジャー」の資源開発戦略のほうが狩猟採集民の適応形態としてはより柔軟性に富んだものであった可能性も考えられる必要がある。レジデンシャル・ベースの移動を抑制し、ロジスティカルな活動と貯蔵行為を助長した要因は、環境の変化のみに還元されるものではないことは少なくとも間違いない。高緯度地域において、ロジスティックな資源獲得戦略を有するコレクターの出現を生んだ要因についてのより深い分析が求められよう（註3）。

3　羽生集落論とその後

　前節で述べた羽生の挑発的とも言える諸作業、その後の佐々木、山本暉久、林謙作等による羽生への激しい批判と反駁から（佐々木1993、山本1991a、林1994）、現在数年が経過している。羽生はその作業の目的が集落研究の「行き詰まり状況」の「打開」にあることを明確に述べていた。羽生の問題提起と有する射程の可能性については、前節で検討した通りであり、その有効性と意義を認めることは（ただし書き付きであるかもしれないが）羽生の批判者達も（佐々木や後述する谷口も含め）やぶさかではないだろう。また、佐々木の批判（佐々木1993）が、単に伝統的集落観を重視する側からの、新しい視点に向けられた単なる反動や民族誌アレルギー等ではなく、縄文時代集落の研究にとって少なからず有効な視点や方向性を伴っていたことは、あえて羽生に対する佐々木の議論のみを執拗に顧みてきた理由でもある。では、羽生の引き起こした議論と対立は止揚され、縄文時代集落研究に取り込まれたのだろうか。羽生が期待したように、その「行き詰まり状況」を「打開」したのか。

　前節にも名前をあげた山本典幸は西南関東における五領ヶ台式期の居住形態を、遺跡形態の類型、石器組成等の諸側面から検討している。山本の作業は狩猟採集民の居住形態のモデルとして北米原住民の北西海岸グループ。トリンギット族の民族誌（それが五領ヶ台式期の居住形態のモデルとして適切か否かは別にして）を援用、考古学的遺物の廃棄プロセスに関する分析・解釈の導入、また土器型式の分析による「社会的・生態的な生産を維持する最低限の地域的単位」の抽出等を通じ、（羽生の作業にあってはこれもまた見られなかった）前述の遺跡形態の分析・類型化とあわせて、より洗練化されたものとなっている（山本1995）。

　山本の作業とあわせて注目されるのは、（羽生や山本とは若干色合いを異とするが）竪穴住居の構造と、竪穴住居をめぐる居住形態のモデルを、北米大陸における狩猟採集民の竪穴住居の民族誌事例に求め、狩猟採集民の半定住的な居住システムの中に縄文時代の竪穴住居を位置づ

けようとする武藤康浩の試みである。特に、先験的に通年・長期にわたる定住の根拠とされてきた竪穴住居は、民族例では土で上屋を被覆された密閉型の上屋構造を有し、夏季や多湿な季節の居住に向かないので、通常冬家として使用され、また季節ごとに解体される仮設的な性格を有する事例もあり、それが通年的な居住の根拠とはなり得ないこと、竪穴住居に核家族が居住するのではなく、複数家族による複合居住が行われた可能性を述べる等、武藤の指摘は刺激的である（武藤1989、1993、1995）（註４）。

　山本はその後、石川県真脇遺跡のデーターを基に、遺跡をめぐる居住集団の生業活動と定住性についての分析を行い、また自らの方法論的な位置づけをはかっている。これら山本の作業は、小林－羽生の諸作業の延長線上に位置づけられるものだが、後述する谷口による批判や、佐々木による論文への肯定的な評価を除けば、武藤の作業を含めて、他の集落研究者からの批判や論及はほとんど見られず、その内容的な洗練度や刺激性のわりに、羽生の提起をめぐって行われたような、活発な議論を引き起こす契機とはなっていない。

　もっとも、羽生と佐々木あるいは山本暉久・林謙作の議論が交わされていた時であっても、集落研究の「トレンド」はむしろ、羽生の作業と前後して生起し、時に羽生の作業もその中に含まれた「小規模集落論」、特に土井・黒尾等を中心とした縄文集落観の「見直し論」あるいは「横切りの集落論」にあったのであり、むしろ羽生の提起した新しい枠組みと、それに対する批判（上述のように、羽生の作業自体がこの「トレンド」の一部であったと見なされているのだが）を重視する本書の視座こそ、集落研究の流れ全体からすれば偏ったものとの誹りを免れられないにちがいない。

　最近の集落研究をリードしているのは、なおこうした「見直し論」「横切りの集落論」であり、そして「見直し論」者が、集落遺跡の環状構造や集落の継続性・定住性を不当に軽視しているとして「見直し論」派を批判し、「定住的」あるいは「環状」を呈する集落像を強調する「定住派」「積極派」であるという見方が一般的であろう。

　特に、ここ数年の集落研究においては、縄文集落の有する「環状構造」とその「定住性」またいわゆる「大規模集落遺跡」の意義を強調する立場から、集落遺跡の構造や、大規模集落遺跡の遺跡群において占めた位置を分析し、逆にこうした事象を評価することに消極的・冷淡な「見直し論」者を厳しく批判する谷口康浩の作業が目を引く（谷口1993、1997、1998a、1998b、1998c、2000）。谷口の作業は、伝統的な縄文時代集落観に疑念を呈示する（縄文時代集落の定住性に疑義を呈し、またその居住集団の規模が大きなものではないことを主張した）80年代後半～90年代前半にかけて活発に行われた土井・黒尾等「見直し論者」による一連のキャンペーンに対する、伝統的な集落観再評価の、最も積極的な動きの一つに位置づけられる。

　最近、谷口は縄文時代集落研究のこうした対立点ををまとめ、主として90年代以降の縄文時

第Ⅰ章 セトルメント・システムの素描

代集落研究の総括をはかっている（谷口1998a）。谷口のこの作業は、相互に関連する縄文時代集落研究を、上述のような「見直し」派と、「見直し」派によって疑義を呈せられた従来からの集落観との対立軸で把握するもので、先行する諸研究に近年の集落研究の動向・成果を組み込み、「見直し派」以降の集落研究に一線を画するものであり、今後、集落研究においてまた集落研究史を振り返るうえにおいても、（かつての長崎元広の縄文時代集落研究史（長崎1980）がそうであるように）基礎となる内容を持つものであろう。

　谷口のとりあげる集落研究は多岐にわたり、羽生や山本また武藤の論文も、近年の集落研究を特色づける重要な研究としてとりあげられている。谷口の作業は、佐々木による羽生への再批判（佐々木1996）以降ほとんど目立った批判あるいは評価の見られなかった羽生論文への論及として、また、佐々木・山本暉久・林等による激しい批判（佐々木1993、山本1991、林1994）と、同様の方法論をより洗練化させた山本典幸の作業を経た後での、羽生集落論とその後への評価としても注意を引くものである。

　羽生・山本典幸の論文について谷口は、「移動か定住かというこれまでの集落移動論のやや硬直した見方を脱して、遺跡の機能を注意深く分析し、縄文人の生業活動と居住形態との関係を生態的に理解しようとする点」に「新しい縄文集落論の可能性を拓くもの」との評価を与えている。しかしながら、「深い掘り込みと堅牢な上部構造を支える柱穴の配置を持ち炉を備えた竪穴住居は、年間の生活に耐える恒久的住宅と見て問題ないと思われる。」・「少なくとも、関東の黒浜式～諸磯a式期や勝坂1式期～加曽利E3式期のように定型的な環状集落が著しく発達する時期・地域には、領域内の最適地に居住本拠地を通年かつ経年的に固定する定住が行われていたという」定住性を強調する集落観を積極的に評価する側に位置し、また民族誌との比較類推に批判的な谷口の、羽生・山本典幸また武藤への全体としての点は辛く、結果として、前述の肯定的な評価を相殺してしまっているように見受けられる。

　谷口は、羽生・山本（典）・武藤の作業を「季節的居住論」と位置づけている。縄文時代前・中期に季節的移動が行われていたというその主張には疑問が呈示され、こうした「季節的居住論」が「縄文集落の安定性・継続性に関する見解の対立をますます深刻なものとしている」「一方で草創期や早期の定住化現象の歴史的意義が強調されていながら、関東・中部の前・中期にさえ季節的移動居住を認めるこのような見解が次第に高まりを見せ、しかもこれらの正反対の主張がぶつかり合わずにいる論争無き平行状態である。」と述べ、「定住的」な縄文集落観とそれに基づく草創期・早期の「定住化傾向」の理解と、羽生・山本典幸・武藤との対立を強調し、また季節的な居住地移動の可能性について否定的な見解を示す（註5）。

　前述したように、羽生がその作業において、ビンフォードのモデルを引きながら、自らの主要な関心と作業上の比重を、縄文集落の季節的移動に置き、また、山本典幸の作業も、分析方

法を洗練化する一方で、「季節的居住」の論題に示されるように、そのトピックスを季節的な居住地の移動に置いていた。両者が、季節的移動という居住形態の存在を、センセーショナルなテーマとして扱っていることに間違いは無く、この点で、谷口が羽生や山本典幸の作業を、伝統的に「定住的」であるとされてきた縄文集落観に対する挑戦としての「季節的居住論」と位置づけるのは、理由の無いことではない。しかし、羽生の作業の眼目の一つは、抽象的な定住－移動論（谷口自身がその対立軸を強調する中で、これを繰り返してしまったが）から離れ、資源分布やその季節的変動、貯蔵の有無を含めた環境と集団との関係性を前提に置いた集落・生業システムの視座から、狩猟採集社会としての縄文社会の居住形態、セトルメント・システムの具体像を描くことにあったはずである。（谷口が同じ論文中の、集落の環状構造をめぐる問題として「最も総合的な説」との高い評価を与える小林達雄のセトルメント・システム論において、小林は各パターンを形成した「因果律」具体的な居住形態として、季節的な居住地の移動や居住集団の離合集散の可能性を見通していた（註6）。）しかしながら、「定住－移動」、「大規模－小規模」という、ここで谷口が拠って立ちかつ強調する「争点」・対立軸では、結局のところ、集団の編成・社会構造を見通すという、羽生や山本典幸の集落研究が内包していた射程（羽生自身は消極的であったが）を把握できない（註7）。谷口の羽生・山本への批判が両者の提起する季節的移動という居住形態への疑念にあり、本書の羽生への批判が、羽生がビンフォードのいう「資源獲得戦略」よりもコレクターモデルにおける季節的移動にその主たる関心を寄せてきたことにまた、何らの具体的検討もなく縄文人を「コレクター」に分類してきたことにあることをもう一度強調しておく。谷口のここでの関心は、季節的移動という居住形態の、縄文時代前・中期における存否問題であり、「資源獲得戦略」や居住形態の具体像にはないと判断せざるをえない。（谷口の批判作業の読み方にもよるが）谷口の羽生への批判は、羽生の作業が有する豊かな可能性をも見失いかねないのである。

　谷口等、縄文集落の定住性を強調しその環状構造を積極的に評価するいわば「伝統派」が自らの集落観との相違を強調し、土井・黒尾等「見直し派」が自らの作業と重なり合う点を指摘するとしても、それは羽生や山本典幸の作業が有する一側面を取りあげているにすぎない。（同じく「見直し派」と目される羽生と土井等の相違については前節で述べた。）羽生や山本（典）が提起し、また羽生と佐々木の間で交わされた議論の根幹とは、「伝統派」「見直し派」ともにその関心は別のところにある。こうした意味では、「伝統派」の集落研究も「見直し派」の集落研究も、いや双方によって強調されている両者の対立の構図自体が、羽生や山本の集落研究に対したとき、よくもわるくも、実はきわめて「伝統的」なものであることに気づかされる。現在の縄文時代集落研究を二分するかに認識される区分・枠組みの中では、それに固執した谷口の作業がそうであるように、羽生・山本の作業は捉えきれないのである（註8）（註9）。

第Ⅰ章　セトルメント・システムの素描

　わずか数年を経たのみでこうした評価をくだすのはいささか尚早ではあるかもしれないが、羽生の主張と、佐々木との間で展開された議論は、現在、決して消化されてもいなければ「止揚」されてもいない。議論はほとんど未消化のまま縄文時代集落研究という、このやや拡張気味の胃袋に残されているといってよいだろう。そういう意味では、「行き詰まり状況」はいまだ「打開」されていない（註10）（註11）。

註
(註1)　小林の言う「パターンＡ」の同時存在住居数と「パターンＣ」のそれが同じであることと、「パターンＡ」が「パターンＣ」の累積にすぎないとすることが、全く別の問題であることは、あえて言うまでもないことだろう。
(註2)　こうした意味では、土井・黒尾等の志向する「横切りの集落論」の作業が、その不必要な他者への攻撃性を緩和し、集落遺跡分析にあたっての技術的あるいは「戦術」的問題の位置に落ち着くとき、（土井・黒尾は自らに向けられた識者の意見として「戦術」と「戦略」をはき違えているという批判をあげているが（土井・黒尾2000）、どこまでこの批判の深刻性を認識しているのだろうか。）セトルメント・システム論との共立は充分可能であり、またそれが、不可欠のものとなるだろう。
(註3)　とはいえ、これらのこと自体はビンフォードの作業の視点とその有効性そのものを否定するものではない。むしろ、ET値といった資源構造の極端な単純化、技術的視座を欠いた環境還元論的な傾向といったその問題点よりも、生業活動と居住形態を一体のものと捉えるその視点が積極的かつ肯定的にに評価されるべきと考える。
(註4)　こうした武藤の指摘については、後述する谷口康浩による激しい批判があるが、群馬県黒井峰遺跡、中筋遺跡での調査事例を皮切りに、弥生・古墳時代の竪穴住居址については土屋根の事例が増加しつつあり、かつまた平地式住居との並存から、季節的な住み替えも想定されている。先史時代の竪穴住居の土屋根については佐藤浩二からの指摘もあり（浅川橋1998）、近年、岩手県御所野遺跡の竪穴住居に縄文時代の土屋根の存在が確認されるなど、武藤の指摘は説得性を増しつつあるように感じられる。竪穴住居の存在自体が、季節的な移動という居住形態の根拠となるものではないことは言うまでもないが、逆に、恒久的な竪穴住居が通年にわたる同一箇所への居住の根拠となり得ないという点は、縄文時代の居住形態を考える上で無視できない。
(註5)　もっとも、ここでの対立には異なるレヴェルの議論が混同されている。議論が交わされている「定住」には相対的あるいは抽象的な意味での、（「定住的」「定住化傾向」「定住性」という言葉に端的に示される）季節的移動・年次的移動をも含めたいわば広義の「定住」と、（谷口が言うような）「通年・経年」にわたる具体的な居住形態としての狭義の「定住」とがある。谷口が論中で、渡辺仁の定住に係わる指摘を引用したことに倣うのであれば、渡辺が狩猟採集民の「定住」の意味を広くとったこと、家族の本拠地が一カ所に固定され、一年中同じ家に住む「home base 固定型定住」（この場合も家族細胞の一部は必要に応じて猟漁小屋に移動、生活する。）から、家族全員が複数の居住地間を移動する「home base 移動型定住」にいたる多様な変異の存在を認めたことは、前者、広義としての「定住」であり、渡辺の「home base 固定型定住」にその意味

を限定して使えば後者、狭義としての「定住」となる。広義の意味で縄文社会が「定住的」であり、「定住性」が高かったこと、また「定住性の高まり」を示す考古学的事象が草創期・早期に姿を現し、前中期に一つのピークをむかえることは、縄文時代集落の移動性を強調する側も同意するだろう。

(註6) 谷口は同論文中で「仮に北西海岸インディアンの場合（スチュアート1984）同様に、大集合するのは生業活動が低調な冬季のみで、生業の忙しい春から秋にかけては（中略）キャンプ地に分散する居住形態がとられていたとしても、恒久的な社会生活の本拠地としての機能・性格に違いはなかろう。」とも述べている。縄文時代前・中期の季節的移動の存否問題に関する谷口の認識は、必ずしも否定的ではないように見える。

(註7) 谷口の作業においては、佐々木による羽生批判にも注意が向けられているが、佐々木の羽生批判は、ここではその辛辣な部分のみ取り上げら、小稿が注意を喚起したその批判に示される、羽生の作業にあって無視され埋没した歴史性を浮かび上がらせる佐々木の視点、羽生批判の建設的な部分には、全く目が向けられていない。佐々木の批判を単に辛辣であることまた民族誌の引用に批判的であることから、林や山本暉久によるそれと同様に扱うことには納得できない。安斎正人が佐々木の研究を「ネオマルクス主義的」であり、縄文時代研究に独特の位置を占めていると評するように、佐々木の研究は、実のところ「伝統的」な縄文時代研究者の関心とは若干その色合いを異としているとしてよいだろう。佐々木自身にとっては贔屓の引き倒しになるかもしれないが、唯物論的であるという点から見れば、本文中に執拗に述べてきたように、佐々木と羽生の方向性には重なり合う部分が少なくなく、佐々木の批判作業は、ある部分では山本暉久や谷口の批判よりも羽生のそれに近い。この点で羽生の問題提起に佐々木が激しく反応しまた反駁したのはむしろ至極当然のことと言えるだろう。

(註8) しかしながら、谷口の丹念な批判作業と論及は、羽生・山本への反応としては、現在、むしろ良好な例外なのである。

(註9) 遅れてこの議論に参加しようとしている筆者には、「見直し派」あるいは「積極派」「懐疑派」という対立軸そのものが、縄文時代集落研究にとってあまり建設的なものとは思えない。「それはつまり集落の継続性、定住性に関する見解の対立に他ならず、ひいては、縄文人集団の生産力の水準と生活の安定性の根本的な理解にも関わり、背後には抗拒する歴史観すら見え隠れしている」「定住継続説と移動説という相容れない集落観の根深い対立」論文中で、谷口は度々集落研究をめぐる対立軸・「争点」を強調している。（谷口1999）また逆に、谷口の批判の対象である土井等「見直し派」も、自派への無理解を嘆く。しかしながら、今ここで必要とされるのは、「相容れない見解の対立」や「背後」に「見え隠れしている」「拮抗する歴史観」などといった対立軸の強調などではないし、ましてや自らの方法に則らない集落研究への激しい攻撃でもないだろう。谷口が述べ、またどちらに属するかを問わず現在の集落研究者間に共有される伝統的集落観と「見直し派」の対立、移動と定住、集落の環状プラン・中央広場の存否、集落の継続性、これらは結局のところ考古資料をめぐって引き起こされたデーターの過剰解釈と過小解釈の問題にすぎない。求められるべきは、対立するとされた主張が止揚された地点、対立が解消された「地平」に他ならない。それは、土器型式の詳細な細分と接合がもたらした「横切りの集落論」「小規模集落論」あるいは季節的・年次的に居住集団の移動や分裂と結合が繰り返される居住形態と、広場を中心に営まれる「伝統的な」集落プランの共存する集落像である。そこを見通した時、我々は、縄文

第Ⅰ章 セトルメント・システムの素描

時代集落研究をめぐる、資料に対する（二重の意味での）過剰解釈と過小解釈の間をすり抜けることができるのではないだろうか。

(註10) 最近羽生は、90年代前半に発表した関東地方における諸磯式期のセトルメント・システムについてのより詳細なデーターとその分析を示しているが（羽生2000）、ここではレジデンシャル・ベースの基準が堅穴住居址検出の有無のみに基づき、その性格づけが石器組成によってのみ説明されるなど、季節的な居住施設の住み替えを指摘する武藤や（武藤1995他）、遺跡形態の分類を前提として分析を進め、特に堅穴住居址の検出されていない遺跡に注目する山本典幸の作業（山本1995）が、全くふまえられていない。図3・4に引いたビンフォードのモデルに季節的な居住施設の変化が記載されていることにはこの点で注意が必要だろう。羽生がビンフォードのモデルを引用するにあたって行った模式図上では冬、初夏、夏のレジデンシャル・ベースは同一の記号で示されている。レジデンシャル・ベースは一種の符牒へと矮小化され、各シーズンのレジデンシャル・ベースにおける居住施設をはじめとする様々な施設の相違は一顧だにされていない。狩猟採集民の生業活動・居住施設・集団構成等の季節的な変化は、赤澤威の引用するD.F.トムソンの事例研究（Thomson1939）にも見ることができる（赤澤1976）。

(註11) また、羽生は同論文中で、諸磯b式期から諸磯c式期にかけて生じた遺跡数の急激な減少とセトルメント・パターンの変化を、コレクター・システムからフォーレジャー・システムへの変化として説明し、この時期にコレクターからフォーレジャーへと集落・生業システムの移行を即する環境の変化があったことを想定するが、コレクターの前提となる季節的な変化の著しい資源構造を有する温帯地域にあって、フォーレジャーシステムを生じさせる資源構造とはいかなるものだろうか？　生業活動の実体をふまえない上では粗雑な環境環元論という外はない。この時期の集落遺跡の急激な減少を伴うセトルメント・システムの変化は、環境・資源構造にとどまらず、技術システムまた、社会的環境をふまえて検討されなければならない課題だろう。

第Ⅱ章 集落と生業

奥東京湾の形成

　現在、我々は埼玉県から千葉県北部域の洪積台地に、利根川、荒川、入間川及びその支流の刻んだ幾筋もの河谷を見ることができる。現在はるかに退いた東京湾に向けて開口するこれらの河谷は、完新世の終了に始まった気温の上昇（ヒプシサーマル）がもたらした海水面の上昇により、東京湾のその奥に広大な内海水面を形成した。いわゆる奥東京湾である。

　奥東京湾の形成は、河川によって複雑に開析された洪積台地とその周辺に浅瀬、干潟、塩水性の低湿地、森林等を内包するエコシステムをもたらし、当該地域は貝塚を含めた活発な遺跡形成の場となった。また、当該地域には濃密な遺跡分布に加え、環状集落や土偶等の第二の道具といった縄文社会を特色づける諸要素、言い換えれば直接的な生存手段、生産手段に係わらない、縄文社会の「社会関係の物質的側面を再生産する手段」（ゴドリエ1984山内訳1985）が、周辺地域に先駆けて出現している。当該地域におけるこれらの諸要素の出現は、奥東京湾の形成に伴い現出したエコシステムそして社会的環境とどのように係わるものであったのか？当該地域に蓄積された考古学的諸事実はいかなる社会の様態を我々に指し示すのか？あるいはいかなる社会的様態が考古学的諸事実から読みとることが可能なのか？

　そしてその解明はまた、当該期、当該地域の社会的組織化についての過程の叙述に留まらない。一般的に縄文社会を特色づけるとされる諸要素の当該地域における出現と展開は、当該地域についての研究が、列島内に約一万年の間繰り返された縄文社会の展開過程についてのケーススタディとなる可能性を示しているのである。

1　居住システム

（1）埼玉県福岡村縄紋前期住居

　1937年、埼玉県福岡村（現在の上福岡市）の東京第一陸軍造兵廠川越製造所建設に際し発見された貝塚（上福岡貝塚）を調査した関野克は、K・J・I・C・Dと名付けられた各地点貝塚から関山式から黒浜式期に属する竪穴式住居址を検出、当時最古型式の住居址として平面図とともに報告している（関野1938また、黒坂1992、川名・笹森1994）。その考察は主柱・壁柱穴の分析、上屋の復元、竪穴住居の系統の問題等、多岐にわたるが、関野は中でも黒浜式に属するC・D・I地点の各住居跡に観察される「拡張」の痕跡に注目、特に7回もの「拡張」の痕跡の見られたD地点住居址を、継続的な居住が行われる間に、家族の人数の増加にあわせた規模の拡張が行われたものと解釈する。1回の拡張面積が3平方メートルであることから、竪穴

第Ⅱ章　集落と生業

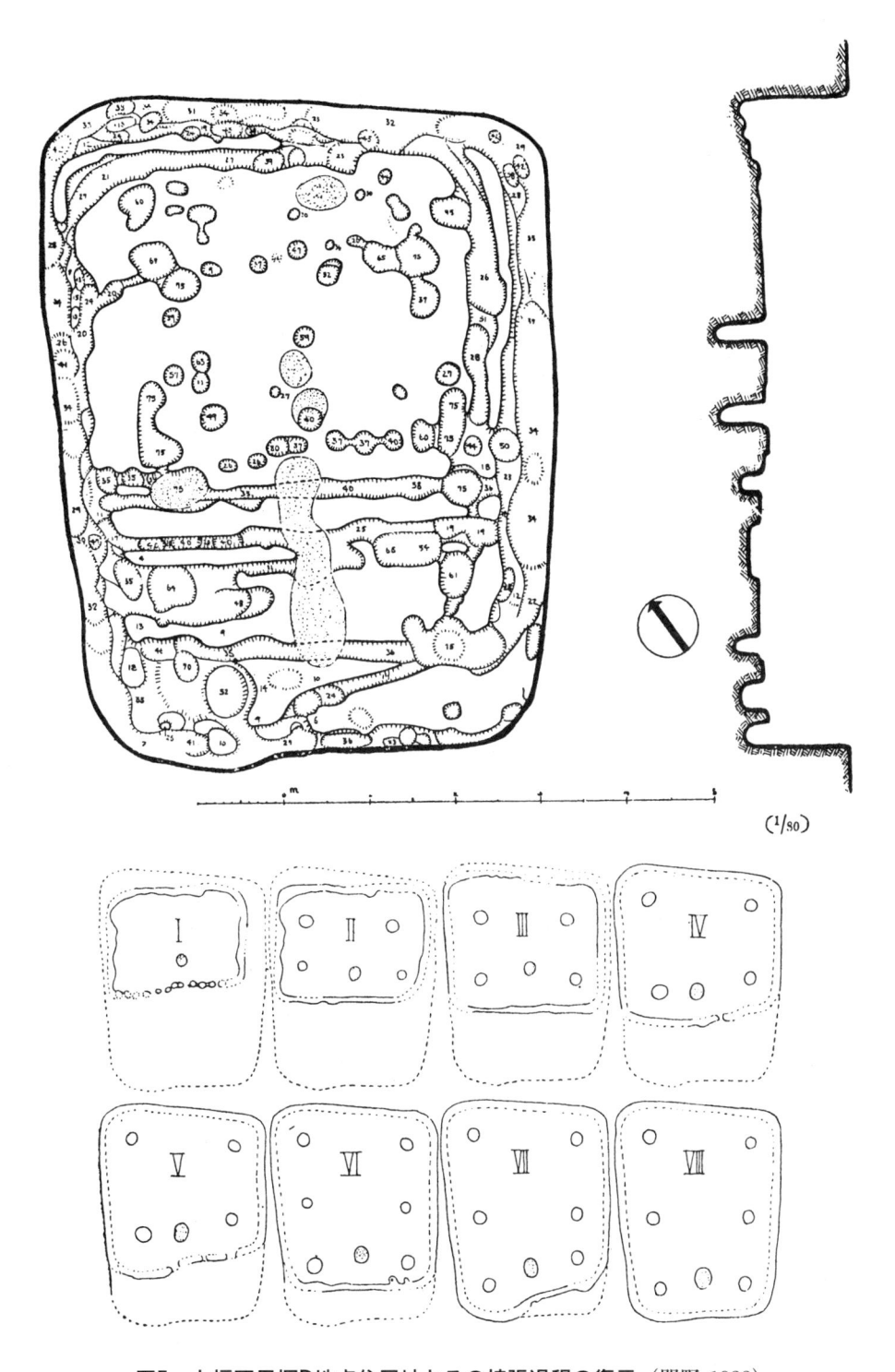

図5　上福岡貝塚D地点住居址とその拡張過程の復元（関野 1938）

住居の居住者1人あたりの占有面積を3平方メートルと割り出し、当初の5人から最終段階には12人まで家族の人員の増加があったことを推定した（図5）。

　関野の「拡張」あるいは「重複」「建て直し」の認識は、必要にあわせて（家族数の増加といった）住居の床面積を広げていくといった「拡張」住居の理解とあわせて大筋で後の研究者に受け継がれる（例えば林1981）。竪穴住居の「拡張」「重複」「建て直し」の痕跡は、上福岡貝塚例の属する縄文時代前期段階ばかりではなく、縄文時代の竪穴住居一般に広く観察され、関野以降具体的な検討を経ることなしに、半ば「常識的」に継続的な居住の痕跡として理解されていったとしてよいだろう。

　関野が注目したこの現象に対し、具体的な事例の提示とともに再度注意を喚起したのは石井寛であった。関野の報告からほぼ40年がたっている。石井は半ば常識化した竪穴住居の「拡張」「重複」「建て直し」そして居住の継続性の認識に対して再検討の必要を提起する（石井1977）。もっとも関野も「拡張住居」のすべてにD地点住居址のような継続的な「拡張」と居住を想定していたわけではない。「当時の石器を以てして大きな竪穴を掘り下げることは決して容易のことではなかったので、廃屋となった竪穴を利用した。これが拡張遺跡に外ならない。一度捨てられた竪穴が再び埋まってしまった跡にその遺跡たることを知らずに再び竪穴を穿つとき、そこに重複遺跡が生じるのである。しかしD地点住居址の如き数回の拡張を経た例では、順次必要に応じて拡張されたと思うのである。」と、継続的な居住行為の結果としての竪穴住居の「拡張」以外に、放棄された竪穴の再利用、竪穴埋没後の重複があったことを指摘している。また複数回の「拡張」が行われ継続的な居住の想定されたD地点住居址の事例が、一般に強調されているが、「拡張」住居のすべてに継続的な居住が想定されているわけではない。石井は自らの作業にあたって関野の指摘に注目、引用するとともに、上福岡貝塚で観察されたような竪穴住居の「拡張」「建て替え」と把握される遺構を、広く竪穴の「反復」的な利用としてとらえ直し検討している。自らが調査に関わった横浜市西ノ谷貝塚6号住居址（諸磯a式期）をはじめとし、川崎市潮見台遺跡9号住居址（加曽利E式期）・長野県茅野和田西遺跡3号住居址（中期）・横浜市港北ニュータウン荏田第5遺跡第12a〜14b号住居址（堀之内Ⅰ式期）・同池辺第14遺跡1・2号住居址（加曽利BⅠ式期）等、前期から後期に至る各段階の「反復」住居の諸例をあげ、時間的に先行する住居址と後続する住居址の間に、貼床面の下あるいは柱穴への黒色土の流入（石井の言う自然流入土）が見られることを根拠に、時間的に前後する住居址の間に継続的な利用が認められないことを指摘する（石井1978）。石井は「"拡張"住居も"建直し"行為も。決して連続的でもなく、瞬時的でもない。同様に"重複"住居にも連続的で間断なき"住まいの流れ"を認めることはできない。」と同一カ所での住居営為行為の連続性・継続性を全面的に否定している。性急な石井の議論については既にいくつかの批判（山本1987、長

第Ⅱ章　集落と生業

崎1980、西田1989、林1994等）があるが、後述するように反復して営まれる竪穴住居間に時間的な非連続性が観察される事例はまま認められる。縄文時代の竪穴住居をめぐる居住形態には、石井の否定した継続的・連続的な居住に短期的・長期的な居住の断絶を挟んだ事例を含めた複雑な様相があったことが予想される。

　竪穴住居の営為における竪穴の反復利用を縄文時代全体に一般化し、竪穴住居あるいは集落の営為の非連続性を強調する石井の作業においては、わずかに、中期にはこうした反復・拡張行為が少ないことが述べられているにすぎないが、上福岡貝塚D地点住居址・西ノ谷貝塚6号住居址等前期に属する諸事例と、潮見台遺跡9号住居址・茅野和田西遺跡3号住居址・荏田第5遺跡第12a～14b号住居址・池辺第14遺跡1・2号住居址等の中期以降に属する他の事例の間には明瞭な差異が認められる。竪穴住居址に観察される反復・拡張の痕跡を縄文社会の定住性・安定性に結びつけた渡辺仁は、石井の作業に先立って、前期の竪穴住居について拡張と理解される事例が多いのに対して、中期については再建ないし柱の建て替えと考えられる例の多いこと、前期に反復拡張の例数が多いのに対して、中期の遺跡にそうした事例が少ないことを指摘している（渡辺1966）。近年に至る爆発的な調査事例の増大を受けてもなお、大きな変化は見られず、渡辺の指摘は今でも有効だろう。方形から円形へという、多くの研究者が経験的に認める竪穴住居の形態上の変化とそこに観察される竪穴住居の利用形態の変化を、これまで論じられてきたような単なる住居様式上の変化としてとらえるのは、明らかに十分ではない。関野がD地点住居址の拡張の痕跡から世帯構成員の増大を（関野1938）、石井が住居の反復する営為から集団の移動を想定しているのは見てきたとおりであり（石井1977）、また林謙作は住居面積の変動や住居の新築を、世帯の膨張・分裂など構成員の変化に関連づける見解を述べている（林1994）。石井や林の作業は、その内容こそ異なるが、竪穴住居址に観察される「拡張」や「反復」・「重複」・「建て直し」といったその利用形態を、住居に居住する集団の（膨張や分裂、あるいは移動などの）社会的な過程の反映であるとする理解に立つ。住居を社会的な生活の基盤としてとらえる石井や林と同様の視点に立つのであれば（またそうした視点に立つべきなのだが）、竪穴住居の利用形態の特性は当該期の社会的な過程の特性の結果として、加えてその変化は居住する集団の社会構造そのものの変化として理解される必要があるだろう。

　上述したような縄文時代前期における竪穴住居の「反復」行為の特性、関野が上福岡貝塚の竪穴住居址に見た「拡張」行為は、当該期の奥東京湾沿岸域を中心とする地域に顕著に観察される。関野はまさしくその典型例にあたったのであり、上福岡貝塚の事例が最初のものとして報告されたのは偶然ではない。では、冒頭述べたように、こうした「反復」行為の特性から、いかなる居住活動の動態が、該期の奥東京湾沿岸域に想定できるだろうか？

（2）前期奥東京湾沿岸の竪穴住居をめぐる居住態

　奥東京湾沿岸域に観察される前述したような住居の反復はいかなるプロセスを経て形成されたものだろうか。反復住居から居住活動の動態を読みとろうとするとき、その形成過程が当然問題となる。しかしながら、複数の柱穴列あるいは壁溝を有する竪穴住居址は、その多くが関野の論考を安易に適用され「拡張」住居として判断されてきた経緯があり、遺構に基づいた観察が行われてきたとは必ずしも言い難い。近年、当該地域をフィールドとする研究者の幾人かは、柱穴・壁溝の切り合い関係や埋め戻しといった詳細な遺構の観察に基づき、あるいは関野自身への聞き取り調査から、こうした安易な「拡張」住居址としての把握に疑義を提示し始めている（荒井1995、笹森1996）。少なくとも、当該期の住居址の反復が一方的な規模の拡張によるものではないことは間違いない。前述した石井は反復住居の継続性を問題とするのにあたって、西ノ谷貝塚6号住居址の覆土についての詳細な観察を示し、あわせて先行する報告事例に対して同様の視点から再検討を加えている。前期奥東京湾の竪穴住居をめぐる居住形態を考えるうえで、ここでは石井の方法に倣おう。詳細な観察が行われた近年の幾つかの調査事例と、筆者自身が調査に係わった当該期竪穴住居の事例を通じ、反復住居が形成されるプロセスを検討し、あわせて他の事例の再検討を試みる。

事例1　大宮市側ヶ谷戸貝塚2号住居址（関山式期）

　近年、調査された当遺跡からは、後述する2軒の住居址を含め当該期に属する住居址が3軒検出され、ともに反復居住の痕跡が認められた。筆者もその調査に加わり、詳しく観察する機会を得た。以下、これらの住居に残された痕跡から、その反復状況をトレースしてみたい。

　2号住居跡は（一部中期の住居跡が重複、さらに古墳の周溝に切られるなど、必ずしも遺存状況は良くない。住居右上コーナー部は調査区外であるが、位置的に左隅のピットがコーナー部と想定される。）短軸5.25m、長軸6.1mの規模を有し、一部2列となった柱穴列、住居内側の落ち込み、2基の炉跡の存在から、確認されたプランを有する外側の住居跡と、短軸4m、長軸5.1mの内側の住居の住居の反復と把握できる。床面の外側と内側の柱穴に挟まれた部分が堅く硬化しているのに対し、内側の部分はやや掘り下げられたうえに軟弱で、外側の住居の床面を内側の住居が切っていることが明らかであることから、外側の住居が古く内側の住居が新しいものと判断できる。また互いに切り合う2基の炉のうち、外側の住居に伴うと考えられる炉bに埋め込まれた土器片の上面が削りとられ、逆に内側に位置する炉bの遺存状態がより良好なことも（図6右）、外側の住居址（旧）→内側の住居址（新）とういう時間的な順序を支持するだろう。

　住居中央の主柱また左側の壁柱穴列に建て替えの痕跡が認められないことから、反復はそう大きな時間的断絶をおくことなくあるいは連続的に行われ、中央の主柱・左側の壁を共有し、

第Ⅱ章　集落と生業

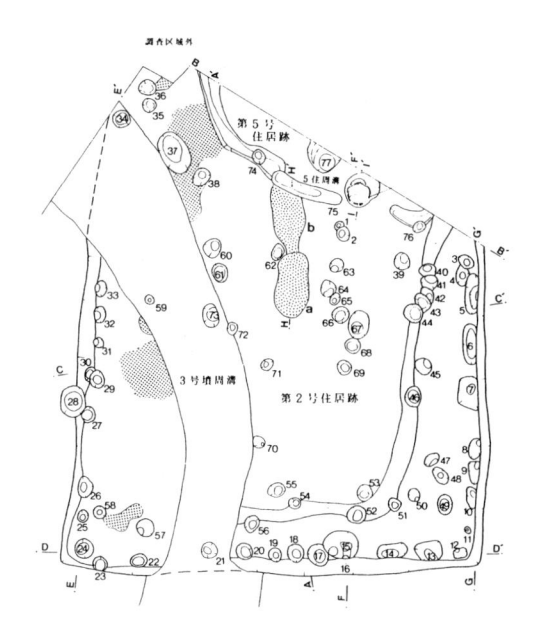

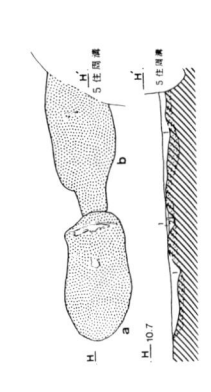

2号住居　炉址
炉bと炉b'に埋設された土器片は
その上面が削平され、炉aが構築される。

図6　側ヶ谷戸貝塚2号住居址

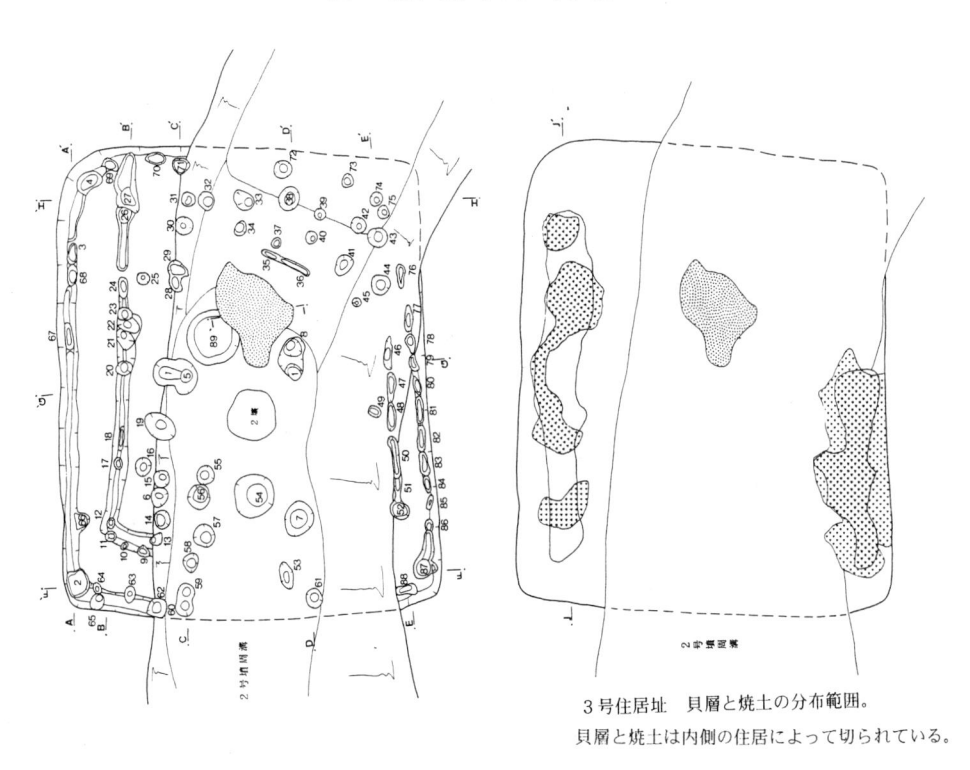

3号住居址　貝層と焼土の分布範囲。
貝層と焼土は内側の住居によって切られている。

図7　側ヶ谷戸貝塚3号住居址

— 39 —

底辺と右側の壁を内側へと移し、一まわり小形の住居が建て直されたものと推測できる（註1）。

事例2　側ヶ谷戸貝塚3号住居址（関山式期）

　長軸5.8m、短軸4.7mの外側の住居と、長軸5m、短軸3.9mの内側の住居の反復である。住居中央の床面を上辺から底辺に向け古墳の周溝に切られるが、柱穴の遺存状況はわるくない。2号住居跡同様、報告者は外側の住居跡を内側の住居が拡張されたものであると述べているが、住居内の両側に堆積していた焼土と貝層に挟まれた範囲が内側の住居のプランとほぼ一致を見せることから明らかなように（内側の柱穴列はこの焼土と貝層に沿って検出された）、外側の住居跡を内側の住居が切っているものと把握される。その反復の順序は外側の住居址（旧）→内側の住居址（新）である。また外側の住居の床面が若干焼けていたのに対して、内側の住居の床面の残存部分にはこうした痕跡が認められず、2号住居同様に、反復時に削られたものとも考えられよう。外側の住居が焼失あるいは放棄時に焼却された後、貝の投棄が行われ、半埋没状態の竪穴に内側の住居が構築されたものと理解され、反復する住居間にある程度の時間的な断絶が想定できる。

事例3　側ヶ谷戸貝塚4号住居址（関山式期）

　住居内貝層が見られ、貝層の分布状況・柱穴列から住居営為の反復が想定される。長軸5.5m、短軸3.7mの周溝を有する住居、長軸4.5m、短軸3.7mの住居、一辺3.7mの方形の住居の反復である。貝層の分布状況が示すように、やや主軸をずらす方形の住居が最も新しい。長軸5.5mの住居跡の床面は被熱し焼けた痕跡が見られるのに内側の長軸4.5mの住居にはそれが認められず床面のレベルも若干低くなることから、外側の住居を切って内側の住居の床面が構築されたものと想定される。炉は2ヶ所検出されているが、炉aの遺存が良好であったのに対し、炉bおよびそれに伴う埋設土器の上面が削られ（第3図左下E－E'）、更にローム土（セクション図E－E'の第1層）が貼床されていたことから、炉aの使用されていたとき炉bがその機能を停止していたことは明らかである。炉aのレベルは、内側の住居の床面のそれと一致する。炉bは外側の、炉aは内側の住居にともなう炉であり、内側の住居の構築（と、それに伴う床面の削り直し）によって炉bが壊されたとすることができるだろう。西側と南側の壁柱穴には建て直しの痕跡が観察されず、西と東側の壁柱は反復にあたって旧来のものが使用され、北側の壁を内側に移し、やや規模を縮小して建てられたと考えられる。炉bの上面を削っていることに示されるように、内側の住居の床面が北側では旧来のものより深く掘り込まれているのに対し、西側と南側はほとんど新たに掘り込まれることなく、床面が北側に向けて緩やかに傾斜しているのも、住居を建て直すに際して旧来の住居と壁柱を共有する西・南側の壁際を削れなかったためとも解釈できるだろう。最も新しい方形の住居は、先行する住居の放棄から若干の時間的断絶をおいて営まれたらしく、先行する住居との柱穴の共有は見られず、前述のごとく主

第Ⅱ章　集落と生業

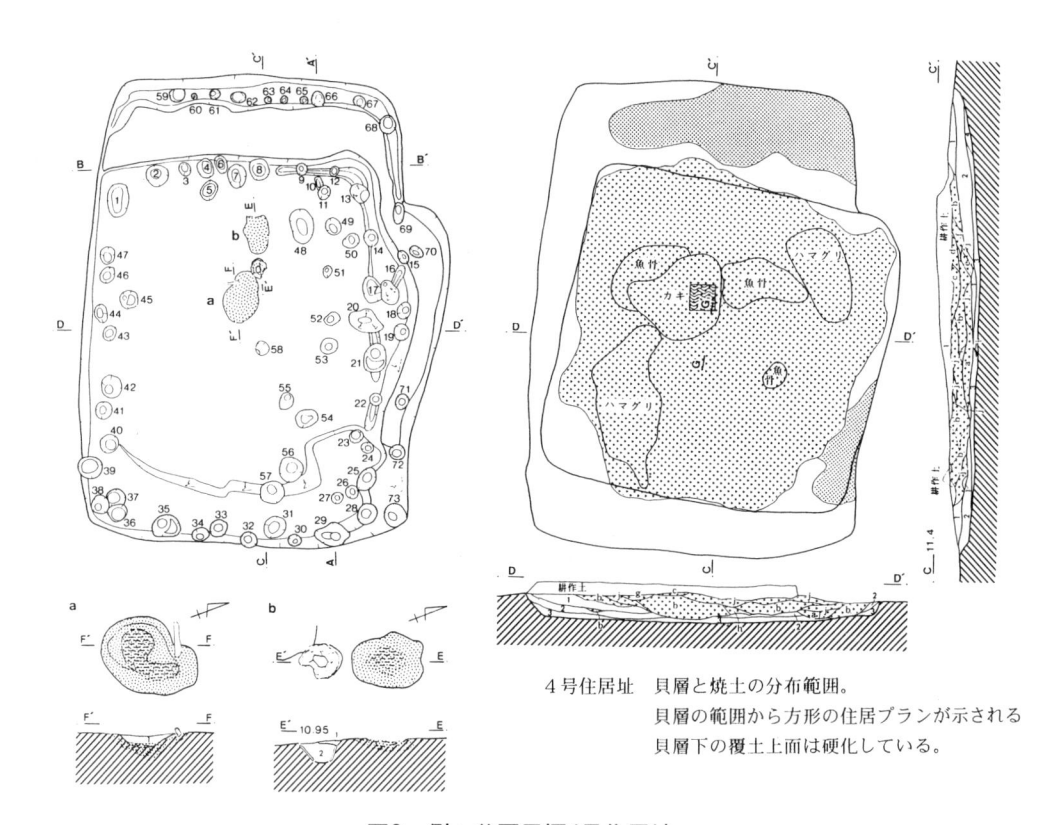

4号住居址　貝層と焼土の分布範囲。
貝層の範囲から方形の住居プランが示される
貝層下の覆土上面は硬化している。

図8　側ヶ谷戸貝塚4号住居址

軸をややずらして構築される。本住居内に堆積した貝層の下の面が若干硬化していることから、先行する住居跡内に多少の覆土が形成された後、その上の面を床面としたものと考えられる。しかしながら、炉は先行する住居の炉aが共有されたようで、セクション図（C－C′、D－D′）に見るように、貝層下の硬化面は住居址中央に向け緩やかなすり鉢状の傾斜を見せる。

事例4　富士見市打越遺跡157号住居址（関山式期）

最大規模時で長軸9m、短軸6.6mの長台形の住居となる。柱穴列が長辺側、上・底辺側にそれぞれ3列、また炉が2基検出されていることから、図で下方に位置する炉を中心とし一部壁溝を伴う長軸4.8mの最も規模の小さな住居、炉石・Cピットを伴う図上方の炉を中心とする長軸7.5m、短軸6mの住居、同じく上方の炉を中心とする最も外側の住居の反復が想定されるが、土層図その他の情報は提示されず、反復の順序は不明である。長軸7.5mの住居と最大規模時の住居間で炉が共有される他は主柱・壁柱の共有は全く見られず、各住居が反復する間に若干の時間的な断絶を考えることが可能かもしれない。

事例5　打越遺跡169号住居址（関山式期）

最大規模時で長軸9.4m、短軸8.4mの住居址で、本遺跡から検出された住居中最も規模が大き

― 41 ―

い。壁柱穴が2列、所によっては3列見られることから、最低3回以上の反復が予想されるが、柱穴の切り合いが著しく、反復する住居の抽出には至らなかった（そのため図には示していない）。ただ住居北半分に柱穴が多く、ここに最大規模時の住居とは主軸を90度変えた長軸約6m、短軸約4.2m程度の住居の存在が認められ、両者ではその床面積の比が3対1にもなる。当該段階における反復住居の規模の変異が、床面積の一方的な拡張によるものではないことは既に見てきたとおりで、この住居址の事例も主軸を90度転換させた反復拡張とは単純には考え難い。あるいは、後述する水子貝塚16・17号住居址の事例の様に、反復時主軸を90度転換させて、その規模を縮小した可能性も考慮する必要がある。

事例6　打越遺跡173号住居址　（関山式期）

　長軸8.7m、短軸6mで既述の157号住、169号住とともに本遺跡の住居址中最も大形の部類に属する。壁溝・柱穴から長軸5.4m、短軸4.2m、長軸7.5m、短軸6mおよび冒頭に述べた住居による3回の反復が認められる。最大規模時の住居址の大部分が貝層に覆われ、またこの住居と長軸7.5mの住居が壁溝のほとんどと6本の主柱のうちの4本を共有することから、当初最も内側の住居が構築され、その後右側の壁を共有しながら反復利用される度に、順次その規模を拡張したものと断定してよい。最初の反復時、6本の主柱はすべて建て替えられ、竪穴は上・下・左側にその規模を拡大し、また炉も小形のものから上方に石をそえた大形のものに移設されている。2回目の反復は上方向のみにその規模を拡大し、上辺に位置する2本の主柱・壁体のみが造り替えられている。各段階を通じて壁溝・柱穴等が共有されることから、これらの諸施設が利用に耐えるうちに（連続的あるいは大きな時間的断絶を置くことなく）反復利用されたものと考えられる。

事例7　大宮市貝崎貝塚B－20号号住居址　（関山式期）

　道路の敷設により上辺側を破壊されている。長軸残存長で5.7m（推定7.8m）、短軸5.9mの住居址。径15cm前後の柱穴列から構成される短軸5.9mの住居と、径35cm・20cmの大小の柱穴が交互に連なる柱穴列を有する短軸4.8mの住居の反復が観察される。報告者は土層の観察から外側の住居を時間的に後出のものと位置づけながら、外側の住居に伴う中央の主柱穴が、内側の住居の炉によって切られていることから、内側の住居が時間的に後出した可能性も指摘している。施設間の切り合い関係を重視し、前述の側ヶ谷戸貝塚等の事例を考慮に入れれば、外側→内側の順の方が支持されるだろう。この場合、規模的には縮小されていることになる。反復する住居間に柱穴等の共有は認められない。

事例8　貝崎貝塚B－23号住居址　（関山式期）

　長軸6.1m、短軸4.9mの長方形の住居址。土層図から報告者は、住居が一旦埋没した後、左側側縁にやや寄った形で掘り返され、そこに貝殻が投棄されたという複雑な埋没過程を想定して

第Ⅱ章　集落と生業

4．打越遺跡157号住居址

6．打越遺跡173号住居址

7．貝崎B-20号住居址

8．貝崎B-23号住居址

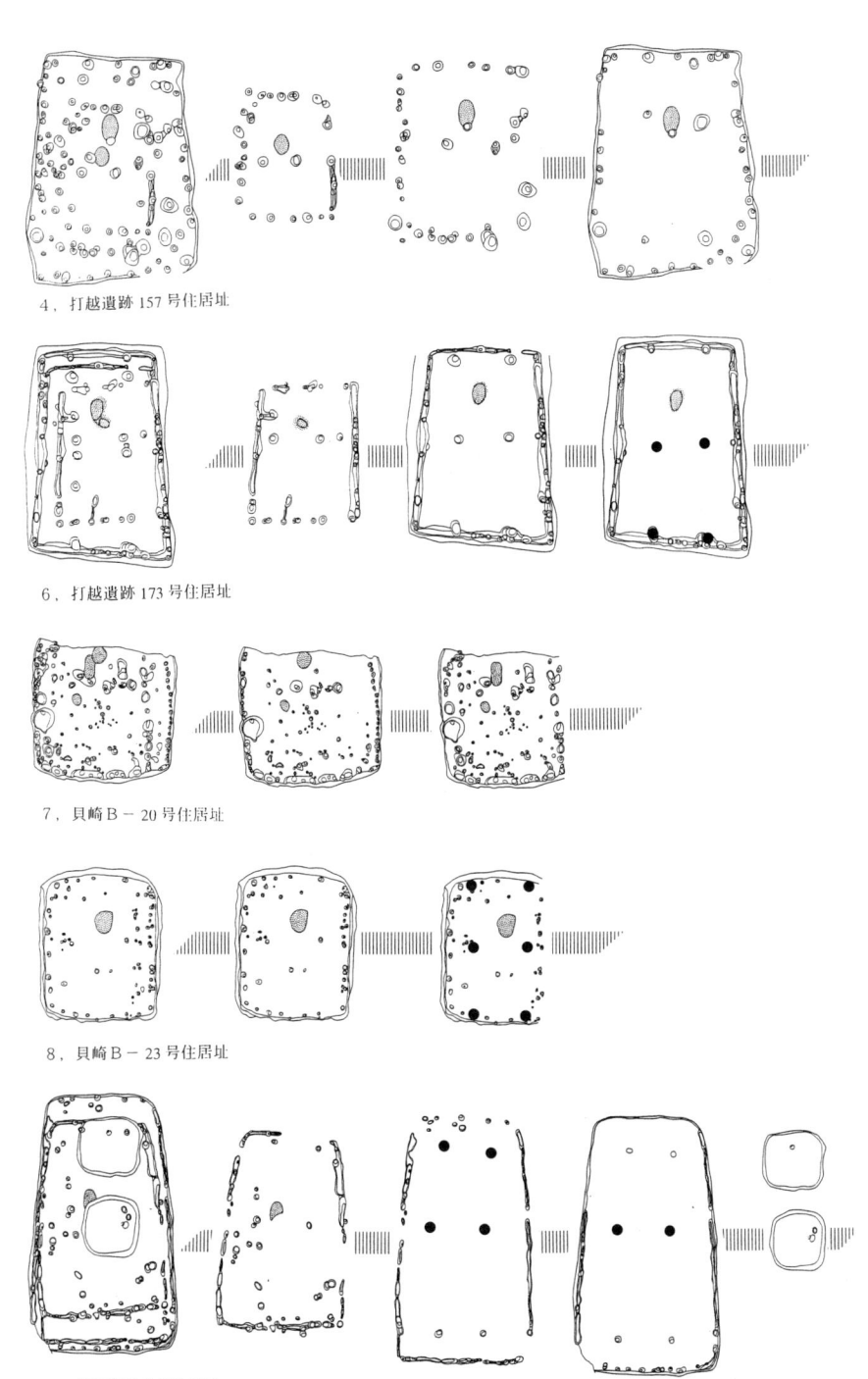

9．宮廻遺跡1号住居址

●は先行する住居と共有する柱穴。壁柱穴・壁溝については示していない。

図9　反復住居の規模変動（1）

いるが、住居の右側縁に２列の柱穴列が認められ、位置的に掘り戻されたとする土層のラインに一致することから、むしろ住居がその幅を減じて建て直され、竪穴の余った部分が埋め戻されたと理解すべきだろう。貝殻が投棄され、貝層が形成されたのは、幅を減じて建て直された、左側の住居址ということになる。右側縁以外の柱穴に建て替えた痕跡が観察されないことから、規模の縮小は主柱や左側縁・上底辺側の壁柱等の上屋構造物の大部分を残したままで行われた可能性が高い。内側に新しく構築された柱穴列はやや左側に寄りすぎ、住居プランとしてのバランスを欠いている。

事例９　富士見市宮廻遺跡１号住居址（黒浜式期）

　長軸10ｍをこえる規模の大きな住居址であるが、長軸6.9ｍ・短軸5.3ｍ、長軸９ｍ・短軸5.3ｍ、長軸10.3ｍ・短軸6.1ｍの３つの住居の反復である。更に、住居と主軸をそろえて一辺2.5ｍの方形の竪穴が２基認められ、これも住居状の施設と捉えれば、４回ないし５回の反復があったことも考えられる。報告者は、１・２層が住居址のほぼ全面を覆い、しかも最も外側に位置する長軸10.3ｍの床面レベルと一致するという土層の観察から、当初最も内側の住居が構築され、その後底辺に近い主柱２本を建て替え棟方向に規模を拡げ、３度目の反復において４方向特に上辺方向に規模を大きく拡張したものとの反復過程を想定している。内側の住居２軒は６本の主柱のうちの４本（上辺側と中央のもの）と東・西・北側の壁溝・壁柱を共有し、反復にあたって両者の間に大きな時間的断絶を考えがたい。外側の住居は内側に位置する住居と壁溝・壁柱を全く共有せず、床面も若干高いレベルに位置するが、中央の主柱２本のみは先行する住居と共有している。先行する住居との床面のレベル差が埋め戻されたものではないとすれば、多少の覆土が形成される断絶期間を間におくことが可能かもしれない。なお、２基の竪穴状の掘り込みについて、報告者は最も内側の住居に伴うものとしているが、各住居が共有する中央の主柱の１本を切ること、また土層図から外側の住居の床面に相当する面を切っていることがうかがわれることから、住居反復の最終段階で営まれたものと考えるべきだろう。

事例10　蓮田市天神前遺跡２号住居址（黒浜～諸磯ａ式期）

　長軸10ｍ、短軸７ｍの大形の住居址。炉・Ｃピットの移設、主柱の建て替え、壁溝の切り合いから４回の反復が想定される。報告に従えば、最も内側に位置する壁溝が最初に営まれた住居に相当し、長軸5.2ｍ、短軸5.32ｍを測る長方形に近い台形状の平面形態を呈する。次段階は上辺側の床を拡張したもので、長軸7.15ｍを測り、床面はほぼ前段階を踏襲し、長方形に近い台形状を呈する。反復にあたって主柱は４本とも建て直され、また炉・Ｃピットも移設されたものと想定される。第３段階はやはり上辺側の床面を拡張し長軸は7.82ｍを測る。本段階では主柱の建て替えは認められない。炉・Ｃピットのみが移設されたものと考えられる。入口施設と考えられる底辺側の２本の小柱穴は、ここまで３回の反復にあたって、建て替えの痕跡が認められ

第Ⅱ章　集落と生業

10．天神前遺跡2号住居址　（紙幅の都合から第一段階の住居は省略。）

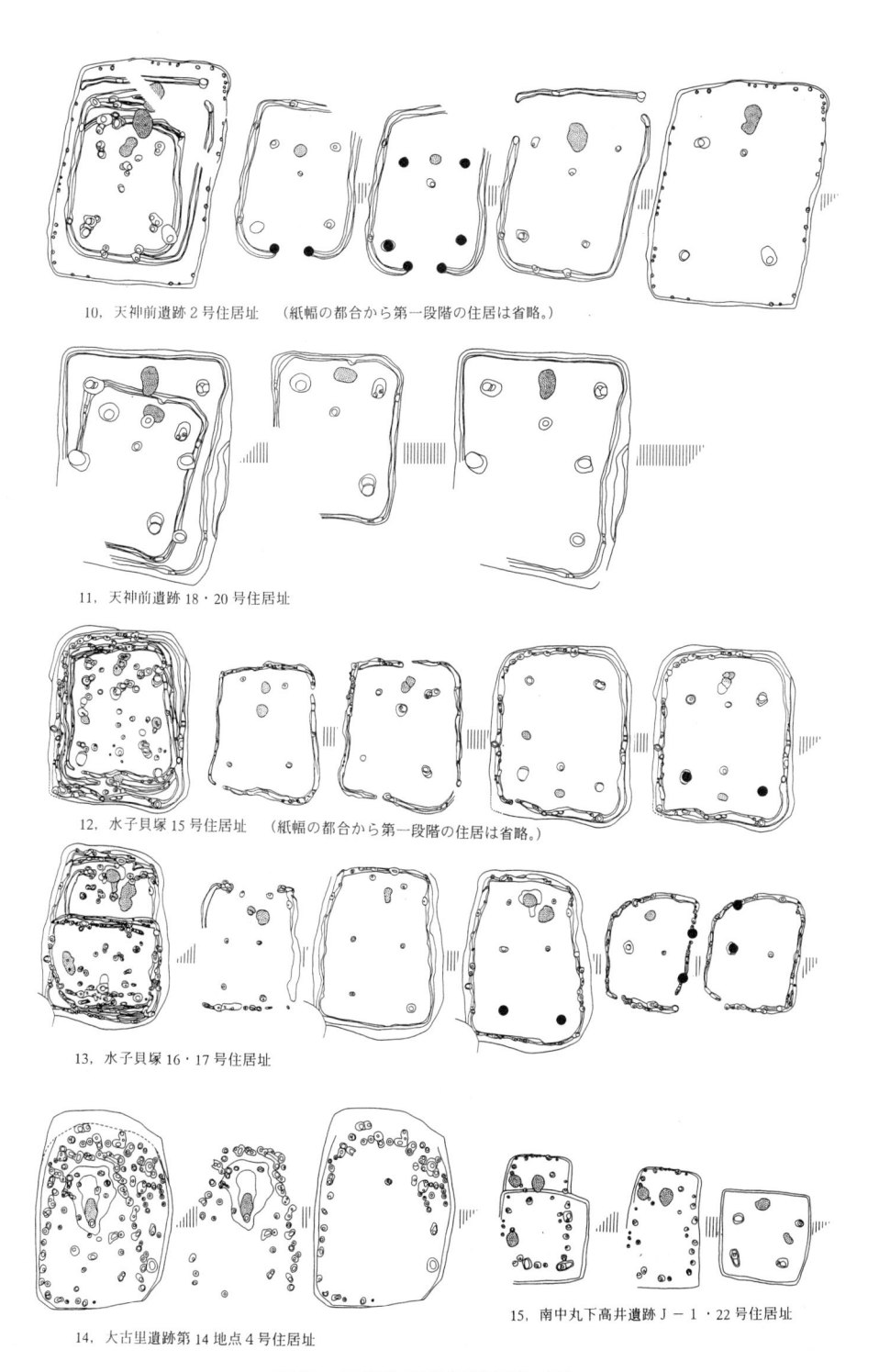

11．天神前遺跡18・20号住居址

12．水子貝塚15号住居址　（紙幅の都合から第一段階の住居は省略。）

13．水子貝塚16・17号住居址

14．大古里遺跡第14地点4号住居址

15．南中丸下高井遺跡J-1・22号住居址

図10　反復住居の規模変動（2）

— 45 —

ず、壁溝の大部分同様に反復する住居間で共有されている。第4段階は上辺及び右側縁を大きく拡張するもので、その規模は長軸8.2m、短軸6mを測る。主柱・入口施設は建て替えられ、炉・Cピットも移設される。本段階に伴うと想定される炉址のみに土器が埋設され、しかも4回の造り替えが行われている。最終段階の住居は全方位に拡張され、長軸9.98m、短軸7.15mを測る。主柱・炉・Cピットは移設される。これまで各段階を通じて見られた壁溝・入口施設は認められず、壁際には小ピットが配されている。以上本住居址の反復は、最も内側の住居→長軸方向に拡張・主柱の建て替え→長軸方向に拡張→長軸方向、右側縁を拡張・主柱・入口施設の建て替え→全方位への拡張・主柱の建て替えと整理できる。4回の反復を通じ、住居の主軸は維持される。3回目の反復時を除いて主柱は建て替えられているが、住居左側縁と底辺側の壁は4回目の反復に至るまで維持され、また入口施設もこの間2回の建て替えを経ているのみであることから、これは柱の腐朽に伴うものというよりは、住居の規模の変動に伴う主柱の移設と理解すべきであろう。つまりは左側の壁溝に埋め込まれていた壁体と入口施設が機能しなくなる前に主柱が建て替えられていることになる。（壁体や入口施設よりも先により太くしっかりした主柱が先に建て替えられるという一見矛盾したようなこの現象は、例えば鷺森遺跡の諸磯式期の住居址でも観察されている。）とすれば、第一段階から第四段階にいたるまでの住居は比較的短期間のうちに（具体的には壁体の一部が利用可能なうちに）営まれたことが想定できる。第五段階においては、前段階と規模が隔絶するばかりではなく全方位への竪穴の拡張が行われているが、先行する第四段階において4回もの埋甕炉の造り替えが見られるように、住居の利用が比較的長期にわたり、壁体の再利用ができず、壁の削り直しが必要だったことも原因の一つとして考えられる。

事例11　天神前遺跡18・20号住居址（黒浜式期）

　18号住居址は長軸10.2m、短軸8mを測る長方形の大形住居。主柱穴は6本検出されている。20号住居址は18号住居址の貼床面下から検出されたもので、長軸7.4m、短軸5.96mを測り、主柱4本、長方形の住居である。主軸方位が若干異なるため、報告者は一応異なる住居の重複として扱っているが、18号住が先行する20号住をすっぽり取り込んでいることから、規模拡張を伴う住居の反復ととらえるべきだろう。もっとも主軸が一致せず、また主柱・壁・床面等の施設の共有が見られないことから、竪穴が反復して利用される間に若干の時間的な断絶を置くことも可能かもしれない。

事例12　富士見市水子貝塚15号住居址（黒浜式期）

　長軸7.7m、短軸6.5mの長台形の住居址。主柱の建て替えの痕跡、壁溝の切り合い、炉の移設から住居の反復が予想され、建て替えで廃された柱穴・壁溝の上面にローム塊が詰め込まれていたこと、また一部の柱穴に貝層の落ち込みがみられたこと、加えて各施設の切り合い関係を

第Ⅱ章　集落と生業

根拠に、5段階にわたる詳細な反復行為の復元が試みられている。第1段階の住居は最も内側に位置するもので、長軸6m、短軸4.1m。第2段階は、第1段階と壁溝を共有し、反復に伴う規模変動は見られず、主柱・炉・Cピットのみが移設される。規模が変わらないにもかかわらず、炉が上辺側に大きく移動し、主柱2本が同様に上辺側にその位置を変えていることが注意を引く。第3段階、当初の壁溝の外側に新しい壁溝がつくられ、長軸6.8m、短軸5.4mとなる。主柱も建て直されるが、炉・Cピットは前段階のものが踏襲される。第4段階、壁溝はさらに外側に設けられ、長軸7.7m、短軸6.5mに達する。主柱もこれにともなって大きく外側に移動する。炉・Cピットは図の底辺側に移設され、住居の主軸は180度逆転する。移設された炉に加え、副炉とも称すべきものが側方に設けられる。第5段階には、炉は元の位置に戻され、主軸は再び180度逆転する。主柱は底辺側の2本が前段階と共有され、上辺側の2本はやや内側に移されている。ただ全体の規模は前段階から変化しないようである。第4段階のものとした炉とCピットは、覆土の状態から廃絶時に存在した可能性もあり、この場合炉・Cピットが主軸線上に2組あったことになる。5段階の反復は長軸6m、短軸4.1mの住居→主柱の建て直し（規模の変動なし）→長軸6.8m、短軸5.4mの住居→長軸7.7m、短軸6.5mの住居（主軸の逆転）→再度の主軸の逆転と整理できる。

事例13　水子貝塚16・17号住居址　（黒浜式期）

　長軸8.2m、短軸6m（17号住居址）と、その下半分の壁を共有しながら主軸を90度転換させて反復される長軸5.9m、短軸4.9m（16号住居址）2つの住居址。主柱の建て替え、壁溝の切り合い等からさらに数回の反復が観察される。住居址内に見られる貝層の範囲が平面・断面ともに16号住に合致し、16号住内の貝層形成時、すでに17号住が埋没していたことを示す。第1段階の住居は17号住の最も内側の周溝・主柱・炉が相当するものと考えられ、長軸5.5m、短軸4.2mの規模を有する。第2段階は第一段階の住居と右側の壁を共有しながら、三方向に拡張したもので、規模は長軸6.6m、短軸5.1m。主柱は6本全てが建て替えられ、炉は上辺側に移設されている。第3段階、上辺側のみ拡張され、長軸8.2m、短軸6mの規模に達する。主柱は底辺側に位置する2本を前段階と共有するほかは建て直され、炉は再び上辺側に移設される。報告者は本段階までを17号住居址、続く第4・5段階を16号住居址として把握している。第4段階、主軸を90度回転させ第3段階の住居の底辺側下半分に新しい住居を構築する。長軸5.9m、短軸4.9m。住居の右辺側は、第1～3段階の中央の主柱穴の位置に一致し、第3段階の主柱の一部が本段階の壁柱穴として利用されたものと考えられる。また、土層の観察から17号住の上半部に相当する部分は一気に埋め戻された可能性が指摘されている。主柱は6本のうち上下辺側に位置するものは壁溝内にある。第5段階、形態は前段階を踏襲する。主柱は2本を前段階と共有しながら、4本を建て替える。また横幅を若干拡張するが、変化は小さい。これは上屋の更

新に伴うものと理解されている。炉は前段階と同じものをやや規模を大きくして使用している。各段階を通じて、時間的に先行する炉址・柱穴が浅いこと、特に第1～3段階と第4・5段階の床面に数cmのレベル差が認められることから、反復にあたって床面が削り込まれたことが考えられる。また、第3段階の柱穴は第4・5段階の住居内にあるもののみロームブロックによる埋め戻しを受けており、反復にあたってこれらの柱が引き抜かれたことを想定させる。壁・主柱等の共有が各段階に見られることから、5回にわたる反復は大きな時間的断絶を置くことなく行われたと考えられる。

　主軸を90度転回させて規模を半分近くに縮小させるさせる同様の事例は、関宿町飯塚貝塚2・18号住居址、四街道市木戸作遺跡1号住居址、前述の打越遺跡203号住居址等に知られる。また時間的前後関係は不明だが、主軸を90度変えて規模の異なる住居が反復する例に打越遺跡169号住居址があげられ、本事例を特殊な例外とすることはできない。むしろ当該期における反復の一形態と理解すべきものだろう

事例14　浦和市大古里遺跡第14地点4号住居址　（関山・黒浜式期）

　長軸8.8m、短軸6.4mの長台形の住居址と考えられる。北、南側は傾斜面と攪乱によって不明である。壁柱穴は、壁際にほぼ長方形に並ぶものと、左側に連なる台形状のものがある。住居址内からは関山式・黒浜式期の土器が出土し、報告者は内側の台形を呈する柱穴列を壁とする関山式期の住居と、外側の長方形に並ぶ壁柱穴を有する黒浜式期の住居の重複としているが、主軸、プランともに前段階のものを踏襲し、左側の壁を共有するなど、時期を異とする竪穴住居の単純な重複ではなく、関山式期の竪穴が黒浜式期に反復利用されたものと考えられる。

事例15　大宮市南中丸下高井遺跡第J－1・22号住居址　（関山・諸磯a式期）

　壁柱穴を有する長台形の住居址（長軸5.7m、短軸3.4m）と方形4本柱穴の住居址（一辺4m）の反復である。方形の住居址はほぼ全面を貝層に覆われていた。出土土器と住居址の形態から、長台形の住居址は関山式期、方形の住居址は諸磯a式期に比定されるが、壁を共有し、方位を一致させるなど、大古里遺跡例同様に埋没しきらなかった竪穴の反復利用と理解される。両事例を時期の異なる住居がたまたま主軸をあわせて重複した偶然の結果と考えるべきではないだろう。

第Ⅱ章　集落と生業

（3）拡張と縮小・断絶と回帰

　住居址に観察される頻繁な反復拡張の痕跡は、関野による指摘以来、その平面プランが長方形あるいは長台形を呈することとともに、当該地域における前期の竪穴住居址の特性とされてきたが、前述の反復住居の諸事例から、以下のことをその特性に付け加えておく必要があるだろう。

　第一に、反復に伴う規模の変動はその一方的な拡張ではなく、側ヶ谷戸貝塚2号住居址、同4号住居址、貝崎貝塚B－20、23号住居址、水子貝塚16・17号住居址、の諸例に見るように、規模の縮小もありえるということである。第二に、反復する住居間の時間的な断絶には、例えば側ヶ谷戸貝塚2号住居址、打越遺跡173号住居址、貝崎貝塚B－23号住居址、天神前遺跡2号住居址の事例のように、先行する住居と主柱・壁柱・入り口施設等の構造材を共有する（おそらくはこれらの諸施設がまだ使用に耐えるうちに次の住居が営まれる）住居の営為に断絶を置かない継続的なもの、あるいは比較的短い断絶期間しか想定できないものから、（反復する住居間に施設の共有が全く認められないこと自体は時間的な連続性を否定するものではありえないが）側ヶ谷戸貝塚3号住居址に見るような若干の覆土が形成される程度の断絶期間を置くもの、関山式期の住居址に黒浜式期の住居が反復して営まれた大古里遺跡例、同じく関山式期の住居と諸磯a式期の住居が一辺の壁を共有しながら反復する南中丸下高井遺跡例に示される異なる土器型式間にまたがる長期の断絶をおいて反復されるものまで、継続的居住から短期・長期にわたる多様な変異が存在する。また側ヶ谷戸貝塚4号住居址の事例に見るように、同一住居址上の反復においてもそこに観察される断絶期間の長短は規則的なものではない。第三に、これが一番重要なのだが、竪穴住居の反復とそれに伴う規模の変動（拡張と縮小）がきわめてシステマティックに行われるという点である。竪穴住居の反復利用の目的は居住の断絶の有無あるいはその長短を問わず竪穴と構造材の再利用にあるとしてよいだろう。これまで見てきた反復の多くの事例においては、こうした諸施設が効率的に新しい住居に取り込まれている。上屋の大部分を残したまま棟方向に拡張されたと考えられる打越遺跡173号住居址の2回目の反復や、竪穴と柱材の一部が再利用された側ヶ谷戸貝塚2・4号住居址、天神前遺跡2号住居址、竪穴のみが再利用される諸例は、多くが反復する竪穴住居のプランが先行するそれを踏襲する点で一致し、逆にその相違点は諸施設を共有する度合いの変異でしかない。これは住居営為の断絶が異なる土器型式間に及ぶ上述の大古里遺跡14号住居址、南中丸下高井遺跡J－1・22号住居址の例にも適用できるだろう。両事例は、先行する住居の施設を効率的に取り込むという反復の特性のもとで古い竪穴（矩形）が再利用されたものと理解される。あわせて、主柱が2・4・6本で対になり、方形・長方形を呈する前期の竪穴プランは、例えば主柱が4・5・6本で円形を呈する中期のそれに比較して、一ないし複数方向の壁の長さをのばしたり縮めたりす

る方法によって、わずかな作業量での規模の拡張や縮小を可能にしていることも付け加えておこう。先行する住居（17号住居址）の下半分を利用し、またその中央の主柱2本を反復する住居の壁柱として取り込み、住居規模をちょうど半分にする水子貝塚16号住居址の事例はその典型であり、こうした点できわめて示唆的である。

　頻繁に拡張を繰り返すと認識されてきた前期奥東京湾沿岸域に見られた住居の諸特性は、先行する住居の諸施設を効率的に再利用しながら、異なる規模の住居を繰り返し建て直した結果であり、左右で対になった主柱配置と方形・長方形を呈する住居プランは、こうした住居の反復利用とそれに伴う規模変動を前提とするものであったと考えられる。このことはまた、そうした諸特性をもたらした前期の当該地域における居住システムの存在をうかがわせる。前期と中期の住居をめぐるかつての渡辺の問いかけ（渡辺1966）に対し、これが両者の居住システムの相違に基づくものであった見通しを提示できるだろう。では、これまで前期の奥東京湾沿岸域に見てきた反復居住をもたらした居住システムとはいかなるものであったのか。

（4）大形・中形・小形

　前期奥東京湾沿岸域の竪穴住居をめぐる居住システムについて論じる前に、これまで述べてきた諸特性に前期当該地域の住居の規模が大形から小形のものまできわめて変異に富むこと、また他時期に比較して相対的に大形のものが目立つことを付け加えておく必要があるだろう。この傾向は同地域内に所在する他時期の遺跡と比較することによってより明確となる（図11）。中期後半に属する代表的な遺跡である羽沢遺跡・松ノ木遺跡の住居址は、前者が4.5〜5m、後者で5〜5.5m未満の規模にそれぞれピークをみながら、ともに4.5〜6m未満の範囲に纏まりをみせるのに対し、打越遺跡の関山式期の住居は長軸3.5〜5.5m、6〜8mの範囲に大きな2つの纏まりをみせる。また、羽沢遺跡の住居規模が最小のもので直径3m、最大のものが長軸7.6m短軸3.8m、同じく松ノ木遺跡の最小のものが長軸3.7m短軸3.3m、最大で長軸7m短軸6.2mであり、長軸8mをこえる事例が皆無であるのに対して、打越遺跡の関山式期の住居では長軸8mをこえる事例が6例、最も規模の大きい88号住で長軸9.8m短軸6.1m、169号住で長軸9.4m短軸8.4m、また黒浜〜諸磯a式期の住居址が多数検出された天神前遺跡の2号住が長軸10m短軸7m、18号住が長軸10.2m短軸8m、両遺跡で検出された最小規模の住居が、打越遺跡で5号住の長軸3.5m短軸2.7m、天神前遺跡で1号住の長軸3.9m短軸2.9mであるから（もちろん中期の住居プランが円形であるのに対して前期のそれが長方形であるという点、単純な比較には慎重であるべきだが）前期の住居規模の変異の幅の広さが示される。見かたを変えれば、著しい規模変動を伴う反復を繰り返す前期住居の事例の多くは、このような住居規模の変異を1住居址で体現しているとも言えるだろう。

第Ⅱ章　集落と生業

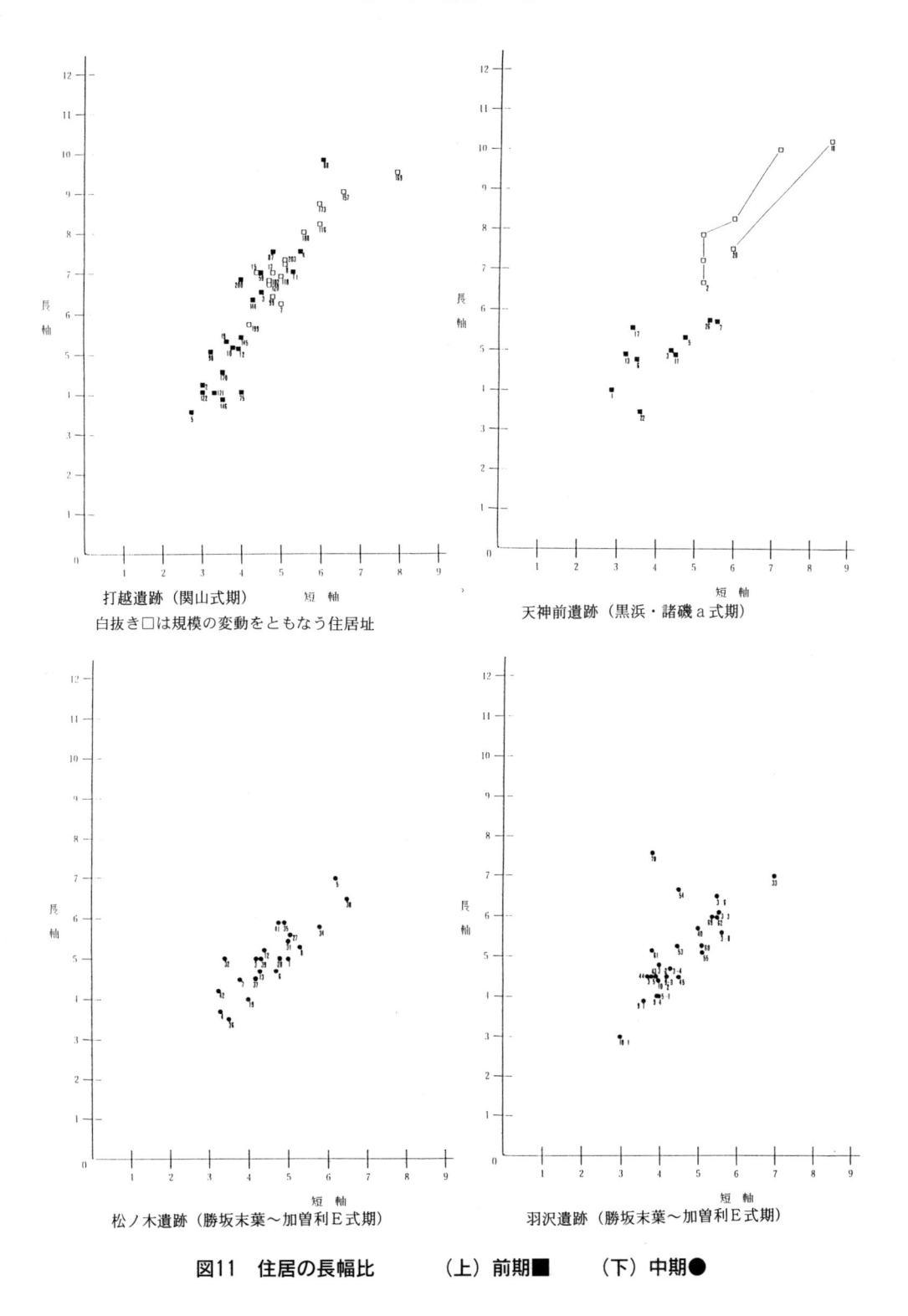

打越遺跡（関山式期）
白抜き□は規模の変動をともなう住居址

天神前遺跡（黒浜・諸磯a式期）

松ノ木遺跡（勝坂末葉〜加曽利E式期）

羽沢遺跡（勝坂末葉〜加曽利E式期）

図11　住居の長幅比　　　（上）前期■　　　（下）中期●

― 51 ―

（5）移動と回帰、分散と集中

　システマティックに行われる住居の反復と規模の変動、反復にあたっての時間的な断絶の多様性、こうした諸特性の前提となった前期奥東京湾沿岸域の居住システムとはどのようなものであったか。関野が上福岡貝塚D地点住居址のそれを居住人員（家族）の増加で説明し、同様に林も住居の拡張に家族の増員を想定していることについては既にふれた。住居の拡張を例えば配偶者の獲得に求める同様の理解は例えば鈴木の後期の住居についての作業に見ることができる（鈴木1995）。しかしながらこれまで見てきた住居規模の変動は、天神前遺跡18・20号住居址、下手遺跡2号住居址の様に2倍近い規模に拡張される事例、逆に半分に縮小される水子貝塚16・17号住居址の事例、前後関係は不明だが反復する住居間に同様に2倍近い差のある例として打越遺跡169号住居址等があり、配偶者の獲得や出産といった家族の自然増（あるいは死別による減少）では説明のつかないことのほうがむしろ多い。またこうした変動が長〜短期の居住の断絶をおいて行われる一方、貝崎貝塚B－23号住居址、天神前遺跡2号住居址等のように主柱・壁柱・入口施設等（特に壁柱・入口施設は、主柱の様な施設に比較して耐用年数が相当に短いことが予想される）の付属施設がまだ使用に耐える極めて短い時間的なスパンでしかも連続的に行われている事例が少なくないことも付け加えておこう。

　一方で、該期住居の特性が石井の言うような居住地の移動と回帰に伴う住居の反復使用、それに伴う「壁の削り直し」といった行為のみによって説明しきれないことも、縮小等の事例から、また明らかであろう。むしろそれは、前節で述べたような前期住居のもう一つの特色とあわせて理解されるべきものと考える。一般に20〜30m^2とされる竪穴住居の面積（もちろんこれは表に示した羽沢・松ノ木両遺跡の例に見るように、圧倒的多数が検出されている中期の住居に基礎を置く数値だろうが）に比べ相対的に大きなものが目立ち、いわゆる大形住居と認識される例も少なくないこと、その一方で大形から小形のものまで住居規模がきわめて変異に富むことは、住居に居住する集団（世帯）の性格が他の時期のそれとはだいぶ異なったものであったことを示唆する。

　住居面積が居住する人員数の反映であるとするいくぶん単純な前提に立てば、大形住居と目される打越遺跡88号住居址（59.4m^2）、169号住居址（68.1m^2）、173号住居址（49.6m^2）、御庵遺跡5号住居址（58.6m^2）、天神前遺跡2号住居址（71.3m^2）、18号住居址（80m^2）等の世帯規模は、一般的とした竪穴住居の倍あるいはそれ以上であったことになる。一方で、こうした大形のものから小形まで変異に富んだ住居の規模は、世帯規模とその構成の多様性を背景とするものだろう。反復に伴う著しい規模の拡張と縮小は、既に述べたように、この世帯規模と構成の多様性が反復して営まれた住居の上に体現されたものと理解すべきである。さらに、このような世帯の規模と構成の変動が、長期的継続的な居住の結果というよりは長期から短期にわたる断絶

第Ⅱ章　集落と生業

を挟んだ後の反復に伴って、また一方では、住居の諸施設が使用に耐えうる極めて短期間のうちに行われていることは、ともに居住集団の移動性の高さと構成の不安定性を示すと考えられる。つまり居住集団の移動と回帰のサイクルの中で住居が反復利用されるとき、他集団との合流または集団の分裂によって、世帯規模が拡大していれば拡張が、小さくなっていれば縮小が行われ、住居に居住する集団の大部分が移動することなく他集団と合流あるいは小集団への分裂がおこれば、住居営為の断絶を挟むことなく比較的短い期間のうちに拡張あるいは縮小が行われることとなる。前期当該地域の住居は、居住人員の変動にあわせて規模の拡張と縮小を繰り返すのである。関野が注目し本章冒頭に取りあげた上福岡貝塚D地点住居址の事例は、継続的に住居規模が拡張された結果ではなく、最も規模の大きな6本柱の住居址と無柱穴・最小規模の住居址を両極とし、6本柱の住居址に主軸を直行させる4本柱の住居址を間に置いて、棟・桁方向に、まるでアコーディオンのように伸縮を繰り返した結果であると解釈できる（註2）。土器型式を越えて竪穴が反復利用された事例に見るように、移動してきた別集団によって反復居住された例もあったろう（註3）。

　20～30㎡の平均的な竪穴住居に居住した世帯が、言われるように5～6人程度の基本（核）家族（註4）であったとすれば、その倍以上の面積を有する該期の大形住居に居住した世帯は、基本家族の2つ以上が複合したもの、あるいは基本家族にそれを構成するに至らない一人ないしは数人の居住者（単身者、父と子または母と子、兄弟または祖父とその孫といった組み合わせからなる基本家族の非構成単位）が加わったものと考えられる。関野の公式をもとにして反復する住居間に世帯規模の変動を追っていけば、例えば打越遺跡173号住居址では1期6人、2期10人、3期で13人に増加し、天神前遺跡2号住居址で1期10.4人、2期11.4人、3期12.5人、4期15.5人、5期22.8人、18号住では14人から26人まで倍近い増大が、逆に水子貝塚16・17号住居址では1期6.7人、2期10.2人、3期15.4人、4・5期8.7人の増減が読みとれる（図12）。一定のパターンはつかみがたいが、こうした居住人員の振幅の幅が、関野が算出した1回1人の居住人員増より大きいことは注目してよく、公式から2人～4人ときには12人と導かれる人数は、基本家族（あるいはその複数分）のそれに近い。こうした反復住居には、コアとなる基本家族を中心として複数の基本家族が、また前述したような基本家族の非構成単位が結合と分裂を繰り返す姿が思い描けるのではないだろうか（註5）。こうした居住形態は、2つ以上の基本家族が合同して1つの住居を営むという、武藤康弘が民族誌から推定する竪穴住居の複合居住（武藤1993、1995）に重なる。武藤の引用する民族誌には、残念ながら住居の規模変動に関する記述は見当たらないが、竪穴住居の耐久性が思いのほか短く、ほとんどが1シーズンで建て直され、居住地の移動が頻繁に行われるなかで、回帰してきた集団によって残された竪穴が清掃・反復利用されるというその居住形態は、これまで見てきた移動と回帰にともなう竪穴住居の著

— 53 —

1．打越遺跡173号住居址
　第1期　6人　　第2期　10人　　第3期　13人

2．天神前遺跡18・20号住居址
　第1期　13.8人　　第2期　26.2人

3．天神前遺跡2号住居址
　第1期　10.4人　　第2期　11.4人　　第3期　12.5人　　第4期　15.5人　　第5期　22.8人

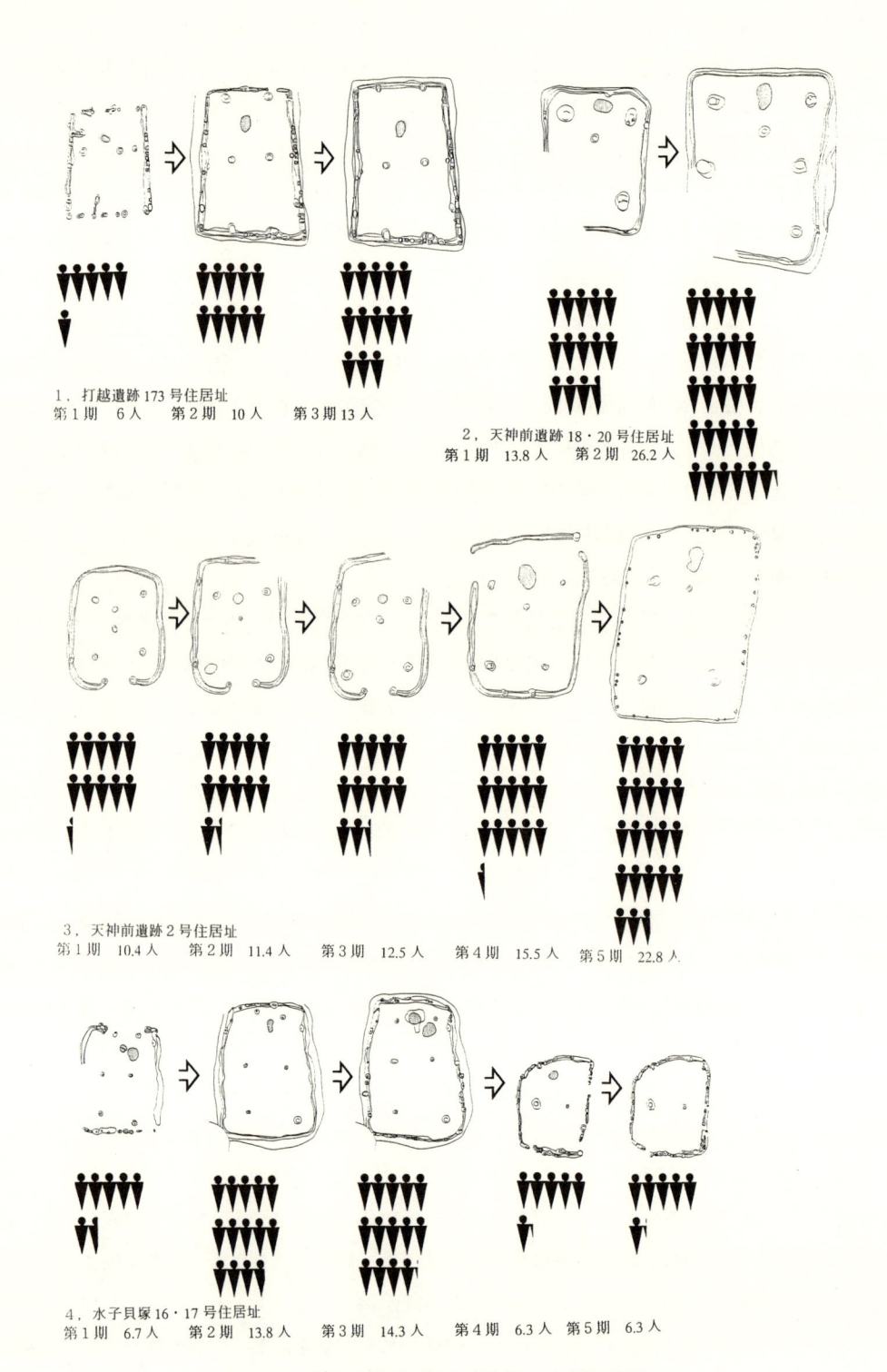

4．水子貝塚16・17号住居址
　第1期　6.7人　　第2期　13.8人　　第3期　14.3人　　第4期　6.3人　　第5期　6.3人

図12　住居の居住集団（世帯）の規模変動

第Ⅱ章　集落と生業

しい反復利用の痕跡を想起させてくれる（註6）。例えば側ヶ谷戸貝塚2号住居址や4号住居址に観察された床面の削り込みは、再居住に伴う竪穴床面の清掃行為によるものとの解釈も可能だろう。

2　前期奥東京湾沿岸の集団構造
(1) 基本（核）家族・世帯・世帯群

　林謙作は狩猟採集民としてのアイヌの集落動態（遠藤1996）をモデルに、また秋田県大湯環状列石の分析から、縄文時代の居住集団が頻繁に集落の構成員を入れ替えていた可能性を指摘している。石井寛が強調する住居営為の断絶期間は住居を営んだ集団（世帯）の移動と回帰に係わるものと考えられる。また、近年さかんに推進されている土器型式の細分に基づく同時期存在住居の抽出作業も、こうした世帯の動き、あるいは集落遺跡における竪穴住居の非営為期間の実態にせまるだろう。本稿も、前期奥東京湾沿岸域の竪穴住居址に観察される反復居住の痕跡、特に反復する住居の著しい規模変動を、世帯のコア（核）となる基本家族を中心に複数の基本家族または基本家族の非構成単位が結合と分離を繰り返す離合集散と可塑性に富んだ集団構成・居住形態が考古学的に可視化したものととらえた。富士見市打越遺跡の集落分析（中村1985）に示される土器の細分型式によって分けられた各段階の住居群は（打越遺跡は反復住居の存在も含めて更なる細分の可能性も考えられるが）、このような多様な構成をもった世帯が1ないし数軒集まって景観上の集落（石川1970）を構成した状況を示す。前期における当該地域には住居（世帯）単位そして基本家族あるいは個人単位での居住集団の離合集散が思い描けるだろう。かつて当該地域にも適用を試みられた「二棟一組」（下村1982）のような固定的な住居群の構成はここには想定しがたい。住居群としての集落・世帯・基本家族とうい集団構成の各レベルにおける結合性は極めてルーズで、小林達雄の言葉（小林1993）を借りれば（小林が言葉に込めた意図とは逆になるが）該期の集落はまさしく「トレーラーハウスの集まり」であり、個々のトレーラーハウスの住人そのものも入れ替わることになる姿が思い描ける。ここには言われてきたような強固な結合と協力を見せる集団「世帯共同体」の姿をイメージすることは難しい。ある一定時期居住と活動をともにする離合集散性に富んだ集団、例えば都出が使用する「世帯群」（都出1989）としての性格がより適当と思われる。

(2) 中核家族・中核世帯

　継続的に反復利用されながら著しい規模変動が観察される住居址、富士見市水子貝塚16・17号住居址、大宮市下手遺跡2号住居址、上福岡市上福岡貝塚D地点住居址、富士見市打越遺跡169号住居址等の拡張前あるいは縮小後の住居に、流動性に富んで安定しない世帯構成の中心と

なった基本家族の姿を見ることができるだろう。また、小形（20㎡）中形（20〜35㎡未満）大形（35〜40㎡以上）という住居面積の変異の幅に、単一の基本家族（4〜5人）から基本家族に単身者のようなその非構成単位が加わったもの（5〜8人）、あるいは複数の基本家族が複合したような世帯の規模と構成の多様性を想定することも可能かもしれない（註7）。世帯の最小構成単位であり、複数の基本家族とその非構成単位が同一の住居に複合し一世帯を構成する際の核となる基本家族を、仮に中核家族と呼んでおく。

　一方、縄文前期段階の典型的な集落遺跡に位置づけられている富士見市打越遺跡、蓮田市天神前遺跡の住居群の展開には、その要となる大形の住居址の存在が知られる。その集落の展開がⅠa〜Ⅱbの5期に区分される関山式期の打越遺跡においては、Ⅰa期の169号住居址（940×840cm）、Ⅰb期の188号住居址（800×560cm）・17号住居址（700×500cm）・87号住居址（760×440cm）・Ⅰc期の88号住居址（980×610cm）・Ⅱb期173号住居址（870×660cm）とⅡa期を除く各期に長軸700cmをこえる大形住居址の存在を認め得る（麻生、小島1975、荒井1983）（図13）。当該期の住居規模が大形から小形まで変異に富み、その変化が漸移的であること、また反復を繰り返すなかでその規模が常に保たれてきたわけではないことは、既に指摘した通りであるが、反復と規模変動を繰り返すなかですべての住居址が最終的に大形化した姿を残すわけではなく、相対的とはいえ各期にわたって傑出した規模を有する住居址が存在するのは無視できない。

　集落としての営為期間の中心が黒浜式期から諸磯a式期にある天神前遺跡の場合、2号住居址（諸磯a式期）、18・20号住居址（黒浜式期）がこれに相当するだろう。近接する両住居址には、ともに反復の痕跡（2号住居址に7回、18・20号住居址に1回）が観察され、その位置は環状に展開する住居址群のちょうど要の位置にあたる。またその規模は打越遺跡での事例以上に他の住居址と隔絶しているのである（田中1991、1999）（図14）。同様の事例には埼玉県浦和市大古里遺跡の大形住居址を、また地域は異なるが千葉県四街道市木戸先遺跡（高橋他1994）、群馬県安中市中野谷松原遺跡（大工原1998）の同種の遺構をあげることができる。住居群との関係については不明な点も多いが、埼玉県富士見市御庵遺跡2号住居址（荒井1979）、同県蓮田市関山貝塚1号住居址（庄野1974）、同県与野市円阿弥貝塚の大形住居址（安岡1968）、東京都板橋区四葉遺跡の住居址にもその可能性が考えられるし、埼玉県岩槻市黒谷貝塚第2地点検出の住居址（岩槻市史編纂室1983）も、環状に展開する貝塚の要の位置にあるその立地から同様の想定ができるかもしれない（註8）。

　かつて集落の中で公共的な性格を担うものとされた（麻生、小島1975）こうした大形住居址については、形態が一般的な住居址と変わらないこと、反復拡張の結果として大形化したと考えられることから、その「公共的な性格」が疑問視されているが（小薬1991）、ここではその疑義に対して若干の保留をかけておく必要があるだろう。少なくともこうした大形住居が、中小

第Ⅱ章　集落と生業

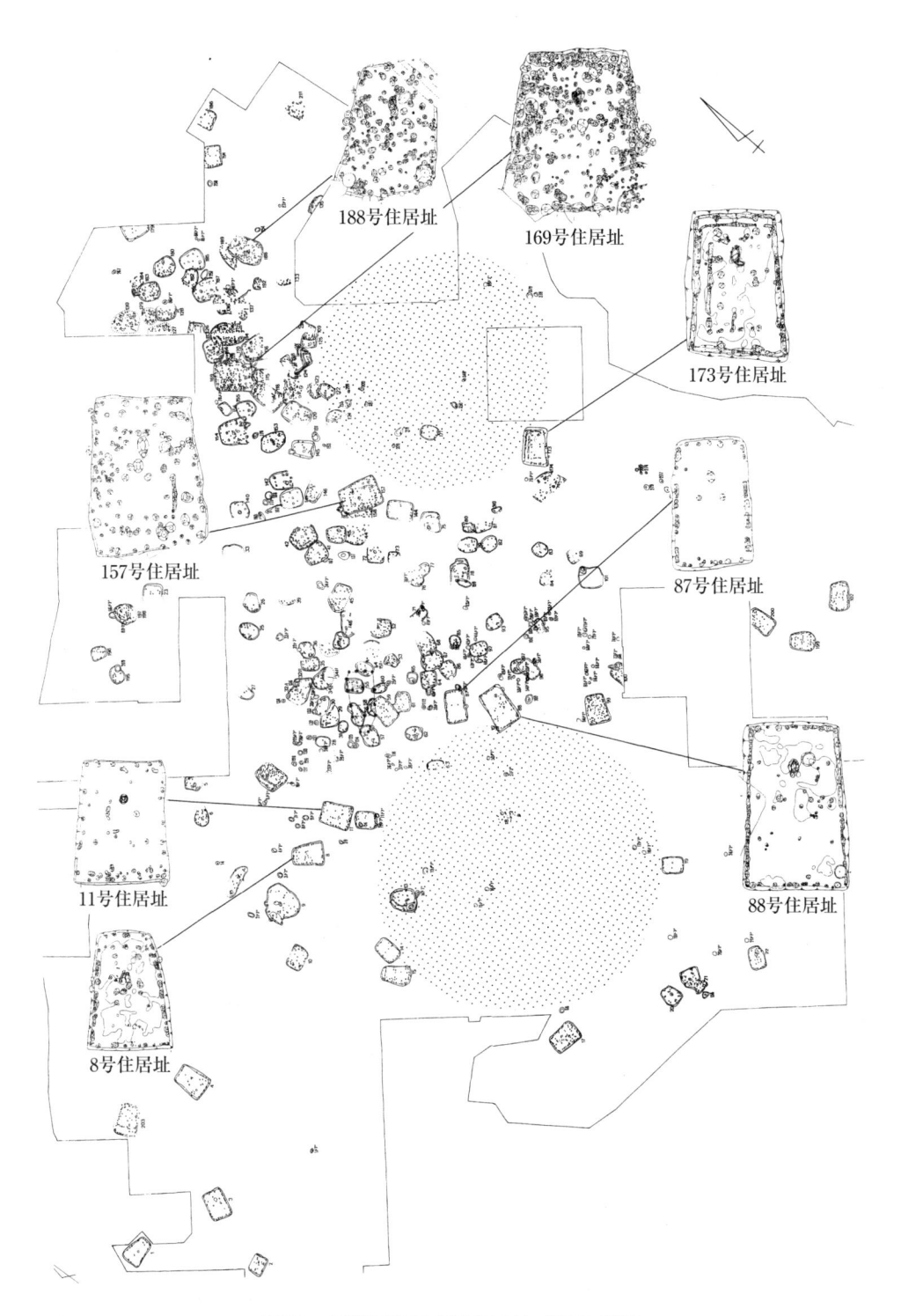

図13　打越遺跡の大形住居址（関山式期）

の住居をとりまぜた集落遺跡における住居群の展開の「要」となっていることは指摘できる。石井寛は後期後半段階の集落遺跡において要の位置に検出される多重複住居址に集落の核となる住居「核家屋」の存在を認め、集落営為の中心となる「長」の居住を想定している（石井1994）。前期の集落遺跡に見られる大形住居にも石井の言う「核家屋」と同じ様な性格を考えることが可能だろう。打越遺跡の169号住居址、157号住居址の営まれる場所は、切り合い関係を把握するのが困難なくらいの住居址の多重複ヶ所に隣接しており、169号、157号両住居址自体に最低3回にわたる反復の痕跡が観察されること、同じく打越遺跡の87号、88号、99号住居址、あるいは天神前遺跡において2号、18・20号住居址が隣接して営まれていることは、この点で示唆的である（図13、14）。解釈レベルでは、こうした大型住居について石井の言うような「長」ではなく、それ自体が離合集散性に富む世帯群にあって活動の中心となる世帯の存在をそこに想定しておきたい。前述の中核家族にならって（世帯群における）中核世帯と呼んでおく。当該期の集落において、規模の大小をとりまぜた住居が営まれるうえで、その面積から想定される相対的に規模の大きな世帯が、この集落の中心になることはおそらく間違いない。他の時期に比較して規模の大きくなる傾向のある当該期の住居址そのものも、前述したような安定性を欠いた集団構成の中で世帯（あるいは家族）がその周囲に可能な限り多くの構成員を引き寄せることを志向した結果とも考えられるだろう。また集落における特定中核世帯以外の世帯も、そうした中核世帯のもとを離れ自らも新たな世帯群の核となる機会を有していた可能性も想定できる。

　基本家族・世帯・世帯群という集団の階層構造を念頭に置けば、該期の集落には「単一の基本家族からなる世帯」・「基本家族とその非構成者の結合によって拡大した世帯」・「複数の基本家族が（場合によっては非構成者も加え）複合した世帯」という構成を有した世帯が1軒あるいは数軒集まることによって形成される、最小で単一の基本家族からなる一世帯～最大複数の基本家族とその非構成者からなる世帯が結合した世帯群という集団規模の大きな幅が想定される。安定性を欠ききわめて変異に富んだ前期奥東京湾沿岸域の集団構造は、中核家族と中核世帯を中心として集団の各レベルで離合集散を繰り返すフラクタルで境界線のあいまいな姿として描けるだろう（図15(1)）（註8）。

　こうした集団構造は、煎本孝や小山修三の報告する技術や威信を保持する男性とその家族を中心として何らかの血縁関係を有する基本家族や単身者が集結する狩猟採集民の集団を思い起こさせる（煎本1996）（小山1986）。あるいはまた、複数の「単位家族」（小稿の基本家族）が「家長」を中心とした「拡大家族」を構成し、こうした「拡大家族」が2つから3つ以上集まって「集落」つくるというフィリピン・ネグリートのピナトゥボ・アエタの社会構成についての清水展の記述（清水1990）も、そのイメージの参考になるだろう（註9）。

第Ⅱ章　集落と生業

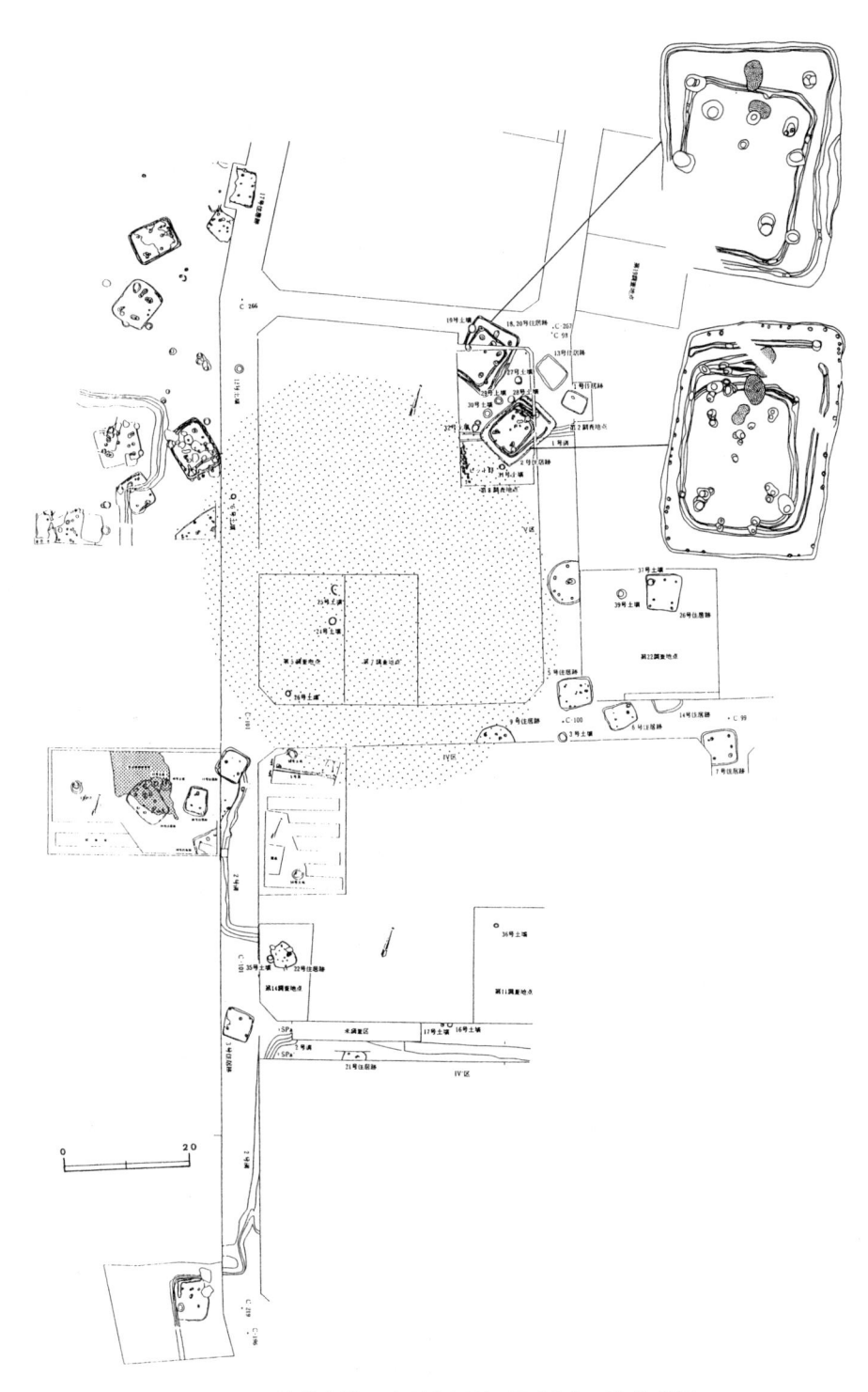

図14　天神前遺跡の大形住居址（黒浜式～諸磯式期）

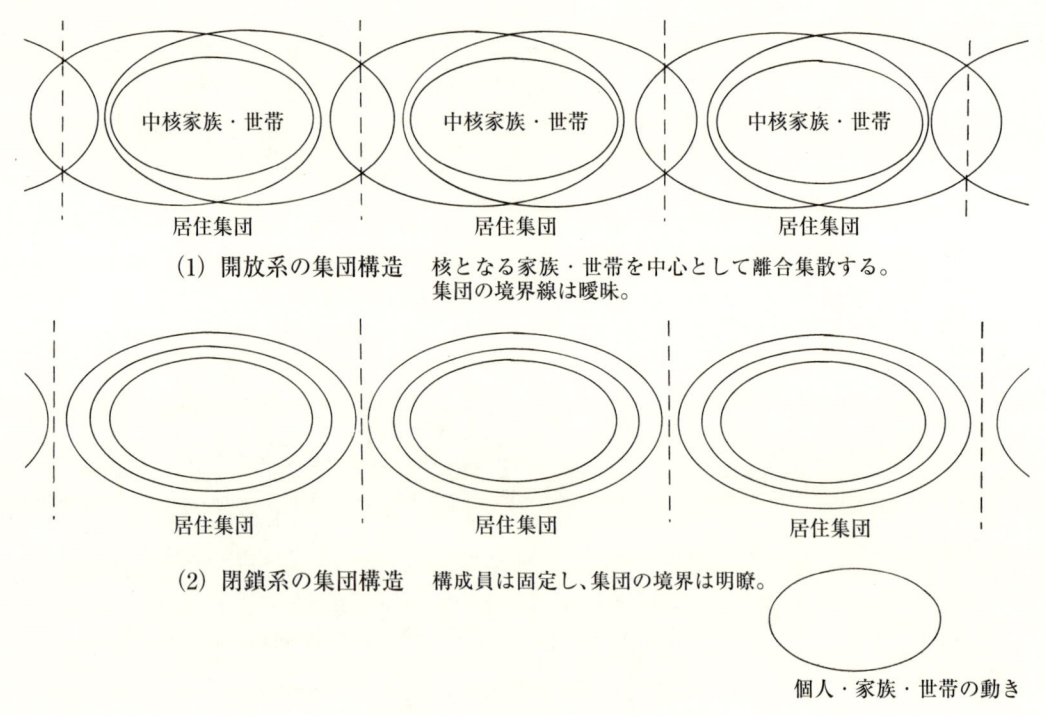

(1) 開放系の集団構造　核となる家族・世帯を中心として離合集散する。
集団の境界線は曖昧。

(2) 閉鎖系の集団構造　構成員は固定し、集団の境界は明瞭。

個人・家族・世帯の動き

図15　集団構造の模式図

3　環境・技術・社会

　海水面の上昇がクライマックスに達した縄文時代前期の奥東京湾沿岸域には、海水の停滞、河川の沖積作用によって干潟・デルタが発達し、台地部・河口・内海水面をあわせた複雑な生態系が形成されていたことが知られ、活発な貝塚形成とあわせ、高い資源量が想定されている。ここには、打越貝塚・水子貝塚をはじめとする広場を囲んだ定型的な集落の出現、集落遺跡の集中とあいまって、先験的に定住性の高い社会の成立がイメージされてきた。本稿が該期の奥東京湾沿岸域に想定する移動性の高い居住形態は、こうした一般的な定住社会のイメージと必ずしも合致するものではないように映る。縄文集落研究にあって定住性を強調する「伝統的」な集落論と、移動性を強調する「見直し論」の離齬が、ご多分にもれずここにも生じた格好となったが、ここでの離齬の背景には、当該地域が集落研究の舞台とされたことがほとんど無く、したがって（もっともそれはここに限ったことではないのだろうが）その「定住」の内容が必ずしも明らかではないこと、またその成立の根拠に数えられる資源量に潜在的な可能性がそのまま借定され、考古学的な調査に基づいた具体的な内容が顧みられなかったこと、何よりも利用可能な資源量の基盤であるところの技術的側面に全くと言ってよいほど目が向けられなかっ

第Ⅱ章　集落と生業

　たことがあげられる。単なる「自然的現実」が人間にとっての資源となるのは、「人間が、残りの自然からこの資源を分離して、自分の目的に役立たせうる技術的手段」を保有しているという条件下においてである（ゴドリエ1985）のだから、考古学的に把握された諸相を通じた生業活動の具体像、またその技術的基盤の分析を抜きにした議論は、粗雑な環境還元論へと陥るだろう。一般に、集落の移動性を強調する主張の背景には「不安定な採取経済観」があるとされるが（長崎1980）、生業活動の具体的な内容についての検討を欠いてきたことは、定住性を強調する側も（いくつかの例外を除けば）同様であったことは見落とされてはならない。幸運にも当該地域には、貝塚調査にともなう動物遺存体についての、また海進時の古環境復元を目的としたデーターが蓄積されている。花粉・珪藻化石等の分析が復元する海進最高位期に前後する時期の環境とはどのようなものか。遺跡出土の動植物遺存体そして石器群が示す生業活動の様態はそうした環境といかなる関係をとり結んだものだったのか。そしてその関係態の特質とは何か。環境と資源をめぐる問題を止揚するうえで、これら各分野の矛盾点を整合させすり合わせをはかるよりも、矛盾点そのものを読み解く作業が不可避のものとなっている。

　第1章でも述べたが、羽生淳子は居住形態を資源分布と生業活動からとらえる視座の必要を提起している。羽生は、集団の移動・離合集散・居住地の安定性といった問題が、資源の量的側面よりもその分布状態と季節的な変異、そして資源獲得戦略に対応してものであったことを指摘し、居住・生業システムの概念を縄文集落研究に挿入する（羽生1990a）。羽生の作業については、前述したように種々の批判があり、筆者も、羽生が縄文社会の居住形態を上記のような資源の分布やその獲得戦略から説明するあるいは縄文時代の資源獲得戦略の具体像について分析するよりも、モデルから縄文集落の季節的移動の可能性を論じることにその関心を偏らせてきたこと、また歴史性を無視した静態的なその視点は、批判されなければならないと考える。しかしながら、羽生が指摘するように、「定住」をめぐる論議において、それぞれ次元の異なる問題が同一のレベルで扱われ、混乱を招いてきたことは否定できない。居住地の移動や安定性の問題を「定住」の問題から一旦切り離し、生業活動における戦略としてとらえなおす羽生の主張する枠組みは（万能の処方箋ではないが）、この点で不可欠の視座を提供する。またそれは、「定住」と「移動」、そして環境と資源をめぐる本章前半の問題と必然的にリンクしてくる。環境と集団の係わりのなかで、当該地域にいかなる生業活動が展開されたのか。本書が竪穴住居の観察から導いてきた移動性と可塑性に富んだ居住形態はいかなる生業活動・資源獲得戦略から組織されたものなのか。

(1) 内湾・干潟・森林

　金山喜昭は9000年前に開始された海進が6500－5500年前に最高位をむかえ、この時期の海水準変動の停滞と陸部からの物質供給の増大が、奥東京湾に干潮時の広大な干潟を形成したこと、そしてこの時期が、早期後半～前期前半の貝塚の盛行時期と重なることを指摘している。湾内各所に現れた干潟には、貝類を主とした高い水産資源の存在が予想されるが、意外にも遺跡内に形成される貝塚はそうした想定と必ずしも一致するものではない。金子浩昌・丹羽百合子・中村若枝は、多数の地点貝塚を有する当地域の代表的な集落遺跡である打越遺跡について、早期末葉から花積下層式期、関山式期を通じた集落構成と貝塚形成の消長を詳細に追っているが（金子・丹羽・中村1980）、時期ごとの貝塚形成には大きなばらつきが見られ、貝塚が全く見られない集落営為期間も存在する。貝類の採取は恒常的なものでは無く、規則性は認められないのである。特に打越遺跡における重畳的な集落営為が開始された早期末葉における貝塚形成が著しく貧弱であることは注目していい。前期における重層的な集落遺跡の形成を貝類等水産資源の存在に求める見解があるが（小薬1985、1991）、その代表的な遺跡であるところの打越遺跡において貝類の存在は（少なくとも残された考古学的な痕跡を覗く限りでは）集落形成の端緒となってはいないのである。打越遺跡に隣接し時期的に後続する水子貝塚では、前述の15、16号住居址を埋めていた貝層から貝塚全体の消費量の算定を試みているが、はじき出された数字は1人当たり年間6kg・可食部2kgで、（1人1日当たり必要な熱量を2000kcal、蛋白質を50gと仮定すれば）そこから得られる熱量は1000kcalで半日分、蛋白質140gで3日分にすぎないとしている（荒井1995）。計算式の前提となった数値の問題を（特に竪穴の平均使用年数35年との仮定は、本稿の分析と比較して長すぎるが）考慮に入れても、その量は著しく少ない。貝塚形成のばらつきや貧弱さは他の遺跡でも指摘され、槙の内遺跡における黒浜式期の貝層について小池裕子は、アサリ殻の分析の結果、貝の採取シーズンは貝層ごとにまちまちで、また貝層の堆積の連続性は少なく、従って貝類採取活動は生業の中で不安定な位置にあったことを指摘している（小池1987b）。同じく、小杉正人等は沖積層の珪藻化石群の検討をもとに、集落遺跡が形成された場所でも、その接する低地に貝類採取に適した環境とそうではない環境が観察されること、貝塚の形成は貝類採取に適した環境が推定される場所の周囲にのみ見られることから、貝類採取が該期集落の絶対の要件では無かった可能性を述べる（小杉1989）。当該地域にありながら貝塚を形成しない遺跡はまま認められる。一般には貝塚の形成をもって特徴づけられる当該地域ではあるが、集落が「生業活動の適地を求めてある条件のもとに集中する傾向があるものの、食生活の上では貝類を含む海の食料資源が絶対不可欠ではなかったこと」（井上1990）は、ここをフィールドとする多くの研究者の首肯するところだろう。当該期の貝塚について分析を試みた鈴木素行また前述の小杉が貝類に非常食としての役割を推定していることは示唆に富む

第Ⅱ章　集落と生業

（鈴木1984、小杉1989）。貝塚形成の貧弱さを採取環境の貧しさに還元することは、想定される古環境とも矛盾するし正しくはない。むしろ、貝類はきわめて豊富な資源量が予想され、採取も容易な資源でありながら、生業活動にとってクリティカルな存在（ビンフォード1980）ではなく、採取対象の選択肢の（極めて重要な一角を担うものではあるだろうが）一つにすぎないと考えるべきである。貝塚形成が前期の各段階を通じ、住居址あるいは土坑内に貝が廃棄される地点貝塚にとどまり、中後期に見られるような大規模な環状貝塚を形成しないことも、貝類の採取が日帰りの採集活動（ビンフォードの言うフォーレジング）の範囲を越えず、大規模な貯蔵に向けられなかった（あるいは、貯蔵に向けた大量の採取つまりロジスティカルな活動が行われなかった）傍証となるだろう。

　貝類以外の動物遺存体としては、打越遺跡でイノシシ・シカ・ウサギ・ガンカモ科・コイ・ウグイ・ウナギ・ハモ・メナダ・スズキ・マダイ・カサゴ目・マゴチ・カレイ（金子他1980）、モズクガニ・アシハラガニ（井上1990）、水子貝塚でイノシシ・シカ・タヌキ・ウサギ・タンチョウ？・アオザメ？・トビエイ・コイ・クロダイ属・タイ科・コチ・カツオ？・カニ（荒井1995）、天神前遺跡のイノシシ・シカ・エイ・タイ・スズキ・マイワシ・ボラ・カレイ・ガザミ・ノコギリガザミ（田中1991）、等が知られる。魚類の種類は豊富で、淡水種のコイ、内湾性もクロダイ・スズキ・コチ・エイ、またカニ類など河口の湿地、淡水域から汽水域を経て内湾性の海域に至る環境を示し、貝塚から出土する貝類、珪藻化石を通して復元される古環境との整合性を見せるが、その出土量は決して多くはなく、宮ヶ谷塔貝塚、大針貝塚、尾ヶ崎遺跡、槙の内遺跡、山崎貝塚等、貝層が形成されながら魚骨の検出されない遺跡も少なくない。これは後述する漁労具の僅少性とも重なる現象であろう。魚類は貝類以上に遺跡間の変差が大きく、同一遺跡での時期によるばらつきも指摘される（田中1990）。イノシシ・シカ等陸上獣の出土も同様に少なく限定的である。

　動物遺存体に対する、遺跡出土の石器群の様相とはどのようなものだろうか。該期におけるこの地域の石器群は概して貧弱である。関山式期から黒浜式、諸磯a式期にいたる時期の比較的まとまった石器群が出土した遺跡の石器組成を（表1）に（またⅢ章の図23～26の円グラフに）示す（註10）。

　関山式期においては、打越遺跡、井沼方遺跡のように組成の中で石鏃が卓越した出土を見せる遺跡のある一方で、宮ヶ谷塔貝塚、稲荷台遺跡、御庵遺跡のようにその出土が極く少量に限られる遺跡もあり、石鏃は遺跡ごとのばらつきが大きく組成の中で安定的な存在ではない。厚手の打製石斧、礫斧、局部磨製石斧、磨製石斧を含め木材の伐採・加工具と考えられる石斧類、植物性食料の処理・加工具としての機能が想定される磨石・敲石類、石皿類は安定的な出土を見せ、特に石斧類は多くの遺跡で高い比率を見せる。

		石鏃	掻・削器	礫斧類	磨製石斧	打製石斧	礫器	磨凹叩石	石皿	骨製ヤス	土器片錘	石錘	軽石	合計
関山式期	1 打越	91	55	25			36	40	14	2				263
	2 御庵	4	2	10				13	2			1		32
	3 殿山			1				1						2
	4 幸田	25	5	3			3	5	6	2				49
	5 宮ヶ谷塔	2	4	13	1		4	42	5					71
	6 稲荷台	3	3	6				10	2				1	25
	7 後山	6	1	2			3	3	1					16
	8 井沼方	25	5	7				12	3					52
	9 宮本	4	1	2				8	2					17
	10 大古里	31	3	9	1			15	4					63
	11 貝崎	2	2	4				2	2					12
	12 関山	2	2	2				2	2					10
黒浜式～諸磯a	13 水子	10	16	10	22	13	8	136	10				55	280
	14 天神前	9	3		4			48	4				1	69
	15 貝崎	1			2	3		1	1					8
	16 大古里	6	1		4			2						13
	17 大谷場	4	1		5	1		3						14
	18 米島	1	3		11	4		4	2					30
	19 掛		1		4	1		10	9					25
	20 尾ヶ崎	4	3	1	4	3		6						21
	21 黒谷	7	1		30	2	6	9	3					58
	22 殿山	1	1		4	1		2						9
	23 山崎				5	2		3						10
	24 上福岡		2	2	7	1		4	1					17
	25 峰岸北	23	1	3		15		28	4				5	79
	26 八栄北				2	1	1	11					34	49
	27 飯山満東	28	4		13		12	57	6				48	168
	28 鴻ノ巣	2	1		17	1		7	4		1		2	35

表1　奥東京湾沿岸域における主要遺跡の石器組成

　黒浜〜諸磯a式期に入ってもこの傾向に大きな変化はない。やはり遺跡ごとの石鏃のばらつきは大きい。天神前遺跡、黒谷貝塚は石鏃の多い部類に入れられるだろうか。本格的な伐採具としての乳棒状磨製石斧の出現は該期に位置づけられ、また薄手で土掘具としての機能が推定される中期的な打製石斧が、早期以来の厚手の石斧類に取って代わる時期とされる。また同時期の内陸部にはこの打製石斧を中心とした中期的な様相を先取りしたような石器組成を有する遺跡の存在が知られるが、ここにとりあげた遺跡について言えば、それまで礫斧を中心としてきた石斧類が占めてきた伐採具としての位置に乳棒状磨製石斧が置き換わるのみで、薄手の打製石斧は顕著な存在ではない。石器の構成を（木材の伐採具、土掘り具、植物性食料の処理加工具等の）推定される機能別にすれば、関山式期との大きな違いは見られないことになる。

　漁労具は打越遺跡で骨角製のヤス、大谷場貝塚、天神前遺跡、米島貝塚等で軽石製の浮子、また表には示せなかったが本郷貝塚で土器片錘、浮子、銛の存在が知られる程度で、魚類の量的な貧弱さ、遺跡ごとの偏りと一致を見せている。同様に、石鏃の組成に占めるばらつきも、

第Ⅱ章　集落と生業

陸上獣の出土の僅少性とあわせて理解できるだろう。小杉は前期奥東京湾沿岸域に生業活動が、水産資源よりも植物性食料に高い比重を置くものであった可能性を述べる（小杉1989）。

植物性の食料としてメジャーフードとしての利用が想定されるのは根茎類と堅果類であるが、関山式期には土掘り具としての薄手の打製石斧は知られていない。打製石斧の存在が顕著ではないことは続く黒浜式、諸磯a式期も同様で、新器種の参入にもかかわらず、大きな変化を見せない。出土石器群の様相がそのまま活動を反映するものではないことは言うまでもないが、少なくともこの時期の奥東京湾沿岸に、根茎類の活発な利用を考えることはできない。消去法からメジャーフードとして高い利用が想定されるのは堅果類であり、組成中で安定的な存在である磨石・石皿類をその加工・処理具とすれば整合的である。

寿能泥炭層遺跡の花粉分析では、前期は遺跡のD花粉帯に相当し、コナラ亜属の優先する落葉広葉樹林の発達が推定されている（堀口1984）。同遺跡出土の樹木は、得られた資料のうち、ハンノキ6、クヌギ30、ナラ類18、クリ8、種子はオニグルミ1、ミズナラ1で、花粉分析の結果とほぼ一致する。水子貝塚においても、遺跡が面する低地のボーリング調査によって前期に相当する層からコナラ亜属を主としてクリ属、ケヤキ属等の花粉が検出され、寿能遺跡同様にコナラ亜属が卓越する落葉広葉樹の存在が推定されている（吉川他1995）。また本稿で度々引用した同遺跡の15、16号住居址からは多数の炭化種子が検出され、15号住居址出土の45点はオニグルミ、16号住居址出土のものはオニグルミ28点、その他堅果18点、クヌギ近似種8点、栗1点と同定されている（藤根1995）。同じく事例として引用した宮廻遺跡の黒浜式期の土坑からは、1リットル近い炭化種子が検出されクヌギと同定されている（丸山1980）。両遺跡における遺存体の事例に見るように、クヌギ・コナラ・クリ・オニグルミ等の落葉広葉樹の堅果類が採取対象として大きな比重を占めていたと考えられる。

（2）落葉広葉樹の森

今村啓爾は、縄文時代前期以降の生業の中で、土掘り具としての打製石斧中心の組成を見せる遺跡と、磨石・石皿類中心の組成を見せる遺跡がそれぞれ時期と分布を異とすること、後者には堅果類の貯蔵穴と考えられるフラスコ状土坑の存在が顕著であることから、前者と結びつけられる根茎類の利用と堅果類が相補的というより対照的な位置にあったことを明らかにしている（今村1989）。今村の指摘から言えば、当該地域には貯蔵穴の存在が顕著でなければならないが、実状はこれと異なる。

桐生直彦は東京都における縄文時代の袋状土坑について纏める中で、前期の事例が径80～100cm、深度30～70cm程度の規模が多く、中期以降の事例に比較し小型であること、検出事例が少ないことを述べている（桐生1985）。他地域の事例として取り上げられた打越遺跡を除けば、

集積されたデーターに当該地域に相当する例は含まれていないが、東京都の事例について桐生の指摘する傾向と大きく変わるものではない。黒浜～諸磯 a 式期の袋状土坑が多数検出された天神前遺跡の事例は、桐生が取り上げた稲荷丸北遺跡の事例に規模・分布状況ともに類似する。貝崎貝塚における事例（諸磯 a 式期）の規模もこれらと同程度のものである。規模・検出数ともに顕著な存在とすることはできそうにない。桐生は論考中で、打越遺跡の花積下層式期の事例をあげ、検出された 7 基の袋状土坑が特定の場所にまとまって分布すること、その規模が卓越し大型化の傾向が顕著な後期の事例に比較しても遜色がないものがあることを指摘している。しかしながらその数は、同時期の検出住居址数27軒と比較してやはり著しく少ない。加えて、関山式期には一部の大形住居内につくられた屋内貯蔵穴（打越遺跡88号住、157号住、御庵遺跡5号住）（図16）を除けば、同種の遺構は知られていない。しかもこれらは屋外のものに比較して相対的に小型である（註11）。クヌギの種子が蓄えられていた宮廻遺跡の土坑は、口が広く浅い形態のもので袋状あるいはフラスコ状を呈さない。所属時期を確定することは出来ないが、同じような土坑内からクヌギに近似した炭化種子が多数出土する事例は大宮市中川貝塚にもあり、こうした形態の土坑が貯蔵にあてられた可能性は高い。しかしながら仮にそうだとしてもその容量は小さく、袋状の土坑の小容量・僅少性を補い代替する存在とは考え難い。

　貯蔵傾向の低さに関連して、堅果類の利用にもう一つ問題をなげかけるのが、採取対象と想定される落葉広葉樹の年次的な豊凶の著しさである。小山修三は縄文時代の食糧資源についての調査を進めるなかで、クヌギを中心とした落葉広葉樹林の堅果類の生産が、気候の変化を受けやすく、極めて不安定であることを報告している（小山1984）。実は、落葉広葉樹の堅果類には年による結実の豊凶が存在する。小山の調査対象となったクヌギは 2～3 年周期、ブナでは 5～6 年周期に豊作があり、その間に平作年と凶作年が交互し、豊作の次の年は必ず凶作になるという。小山は最初の年の豊作と次の年の凶作を、その年に襲った冷夏に関連づけて説明しているが、これは調査がクヌギ自体の豊作年と凶作年のサイクルにまたがったために生じたものと考えられる。畠山剛は、東北山村における堅果類利用の聞き取り調査と小山同様の木の実の落下量調査から、クリの豊作年が 3 年に 1 回程度であること、シタミ（ナラ類の堅果）の豊作年が 4 年に 1 回で、1 年目が豊作の場合、2 年目は平年作、次の 1 年は凶作であること、数年、時には 7 年にもおよぶ凶作の連続があることを指摘している（畠山1989、1997）（註12）。

　交易等の方法によって他集団から入手することを考えなければ、季節的な資源の窮乏期あるいは資源の年次的な変動を乗り越える方法は 3 つに纏められる。1、資源を貯蔵すること。2、他の利用可能な資源に振り替えること。3、資源の量とその分布にあわせて集団がその規模を縮小し拡散することである。メジャーフードあるいはクリティカルリソースとしての堅果類の収量が年次的に変動する一方、貯蔵施設の貧弱さから伺われる貯蔵を行う傾向の相対的な低さ

第Ⅱ章　集落と生業

という条件下、居住集団は安定的な居住地に獲得した資源を集積するよりも、堅果類の豊凶にあわせて集団規模を調節しその構成員を再配置（拡散あるいは集中）する方法をとったことが予想される（註13）。これはその組織レベルでは、その流動性・可塑性となって現れるだろう。このような居住形態のもとで生業活動は相当柔軟性に富んだフレキシブルなものであった可能性が高い。極めて厳密な

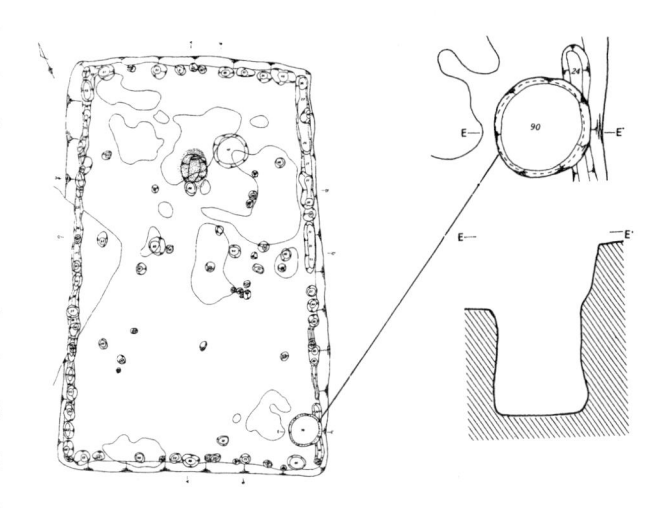

図16　打越遺跡88号住居址（関山式期）の屋内貯蔵穴

スケジュールに従った集約的な採取活動あるいは資源利用を前期の当該地域に想定するのは無理があるように感じられる。むしろそれは、堅果類のような、彼らの選好ヒエラルキーにかない、比較的採取活動が容易または低い労働コストで大容量の採取がかなうものに採集対象を絞りながら、その資源が何らかの理由によって利用不可能あるいは限られた量しか得られないときは、資源の許容範囲に集団規模を調節し、あるいは貝類の利用に見たように、他の選択肢に振り替えるものであったと考えられる。森林・干潟・内湾が複雑に入り組んだ景観が域内のかなりの部分に連続する奥東京湾の環境も、拡散した小集団にとって他の有用な資源の獲得を保障するという意味で（集団の拡散と移動を可能とする人口の相対的な希薄さのもとでは）こうした居住形態に有利に働いただろう。集団の移動と資源の過小開発を前提とするこのシステムは、しかしながら貯蔵行為によって特定資源に対する傾斜を強め、その資源を集団にとって文字通りクリティカルな（集団の死命を制する）ものにしてしまうシステムと比較して、資源開発の選択制・自由度の高さという意味において、集団の生計維持に高い柔軟性を保障し得ると考えられる（註14）。つまりは、居住集団の移動・離合集散性と、（変動する資源量の最低ラインに合わせたであろう）資源の過少開発こそが、その生存を保障する安全弁なのである。本書が奥東京湾沿岸域の竪穴住居址に観察される反復居住と規模の変動から想定してきた離合集散性に富んだ居住形態は、上記のような集落・生業システムから説明されるだろう（註15）。

　しかしながら前にも述べたように、こうした資源獲得戦略は、集団の自由な移動と再配置を許容する人口の希薄さを前提としている。環境のキャパシティ（人口許容量）は豊富にある時期の資源量ではなく、（季節的、年次的に）最も貧弱な時期の資源量によって決められることになる。人口密度が高まった環境においては、これと異なるより効率的な資源開発が求められる

ことになるだろう。つまりは資源の豊富な時に集約的な資源開発とその大量貯蔵を行い、利用可能な資源量を増大させる方法である。これまで見てきた資源獲得戦略が、実のところ静態的なものではなく、人口と技術と環境の極めて暫定的な安定性の上に立脚するものであることを指摘して、本書後半への布石としておく。

註
(註1) ここで述べている反復過程はあくまで筆者の調査所見に基づくものであり、報告書の記載とは必ずしも一致してはいないことを、おことわりしておく。
(註2) 上福岡貝塚D地点住居址については、前述したように、拡張にあわせて旧来の壁溝を埋めて移動したとされた炉と住居壁溝の切り合い関係が実際には不明であったこと、前期における住居址形態の変化が、主柱6本から主柱4本に移行することから、6本柱の住居が古く4本柱の住居が新しいとして、その継続的な拡張に疑義を唱えた笹森健一による論考がある（笹森1996）。笹森によるD地点住居址の再分析は、筆者が竪穴住居の縮小について考える一つのきっかけとなったもので、示唆を受けた点は少なくない。しかしながら、主柱6本のものから4本のものへという住居型式の時間的な変遷を、反復住居にあてはめたその反復順序は結論としては首肯できない。実際には、事例11の蓮田市天神前遺跡18・20号住居址の例に見るような4本柱の住居址（古）→6本柱の住居址（新）という反復例や、事例13の富士見市水子貝塚16・17号住居址の事例のように、笹森の言う住居型式の変遷と逆行する反復例は、まま見られる。笹森による前期住居型式の変遷過程は大勢として間違いないだろうが、こうした事例は、住居型式が土器型式と異なり、複数型式の住居が居住集団をめぐる様々な状況にあわせて選択的に利用され（武藤1993）、古い住居型式もこうした選択肢として残っていくことを示すものであろう。上福岡貝塚D地点住居址の事例は、6本柱の住居址（古）→4本柱の住居址（新）と理解するよりも（もちろんその蓋然性は小さくないと考えるものであるが）、本文中にも述べたように最も大きな住居址と最も小さな住居址を両極とした、多様な反復の可能性を考える必要があるだろう。
(註3) これは同時に、小薬が当該地域に想定する「住居型式」を異とする集団の存在への疑問へと繋がる。分布圏を重ねる前期の「住居型式」は、異なる集団の存在を示すのではなく、同一集団のとる多様な集団規模に対応していると考えるべきであろう。
(註4) 「1人の父と1人の母、および彼らの子供からなる集団」。文中で、あえて「基本家族」（elementary family）の語を使用し、より一般的な「核家族」（nuclear family）の使用を避けたのは、マードックが後者を前者「基本家族」の人的構成に性、生殖、教育、基本的消費の諸機能を交錯させて定義していること（G.P.Murdock1949内藤訳1978）を意識したものである。後述するように、該期の基本（核）家族は、その属する「世帯」に対する特に生計上の自立・自足の度合いが相対的に低く、ここににマードックの言うような諸機能を特定しないと考えたためである。なお、考古学的に認識することはほとんどの場合不可能であるが、夫婦のどちらか1人とその子供達、祖父母とその孫といった家族構成も十分予想されることであり、小稿ではこれらも基本家族に含むものとする。また集団としての家族構成をとらない単身者、あるいはそうした単身者が（兄弟、親族関係といった）何らかの関係性に基づいて複合した2～3人の小集団は、「基本家族

第Ⅱ章　集落と生業

　　　　の非構成者」またその「非構成単位」としておく。

（註5）　同様の現象は早期撚糸文系土器の段階の竪穴住居址にも指摘できる。東京都町田市成瀬西遺跡では、2号住居址－拡張→1号住居址、4号住居址－拡張→3号住居址（3号住居址内に検出された称竪穴も居住施設の1種ととらえれば、4号住居址－縮小→小竪穴－拡張→3号住居址）と、住居の反復利用に伴う規模変動が観察されている（戸田1990）。該期の住居址が多数検出された東京都武蔵台遺跡の状況も同様のものである（河内1994）。撚糸文系土器段階の住居址が、前期のそれと同じく、やや不整形とはいえ方形を呈し、東京天文台遺跡（今村1983）や上記の成瀬西遺跡、武蔵台遺跡の例に見るように著しい反復の痕跡を見せること、また住居規模が大形から小形まで変異に富むこと（戸田1983、原田1983、林1994）は偶然ではない。該期の反復に伴う規模変動や住居址規模の振幅には、前期同様の（あるいはそれ以上の）居住集団の紐帯の弱さや離合集散性が想定できるだろう。縄文時代の関東地方に繰り返し（また点滅的に）見られる定住的集落の形成期とされる早期の撚糸文系土器段階と前期に、同様の現象が断続的に認められるのは非常に興味深い。

（註6）　例えば、R.ジョナサンが描くアマサリミウトの民族誌は、（もちろん、縄文時代前期の集団とグリーンランドのイヌイットであるアマサリミウトは異なる環境と異なる文化的伝統のもとに置かれた狩猟採集民である。全く同じというわけではないが）移動と回帰を繰り返す中で竪穴住居が再利用されるというこうした居住形態を彷彿とさせる。「五月末まで人々は狩りをし、犬橇が行き交う。六月のはじめに「アマサート」がフィヨルドの決まった場所にやってくると、人々は冬の家を棄てて、夏至の頃の終わりなき日々のうちに、テントの大集落へ移動を始める。それから家族は、それぞれ三ヶ月間、動物の移動を追って散っていく。それは採集の季節でもある。女や子供達は、たくさんのコケモモの実、スイバや木の根を集め、生で食べるか、保存する。（中略）九月半ばに、家族のテントが冬営場所に再び集合するのが見られる。そこでは家父長のもとの大きな家が、その年々で変わる住人の数に合わせながら、元通りの状態に修復される。（中略）傾斜地の横腹につけて半地下式につくられた長方形の大きな家は、夏のはじめにはがらんとした状態で放置される。各家族は家財道具（男の道具箱、石ランプ、女の石鍋）を運び出し、めいめいが、必要な流木の木ぎれやテントの杭や梁の一部などを持っていく。（中略）九月にやるこの家の再建は、そこに住むために戻ってくる男や女や子供達の共同作業である。彼らは住人の数に合わせて平たい石や土塊でできた側面の壁を、たっぷりとした長さをとって建て直すことによって家の長方形の長さを増したり、減らしたりする。」（Robert　Gessain　1969：Ammassalik　ou　la　Civilisation　Obligatoine　宮地美江子訳1977）

（註7）　一般的とは言い難いが、通常の炉に加え副炉とも称すべき炉が住居側方に設けられる水子貝塚15号住居址の第4段階の住居、また住居の主軸上に2基の炉が並ぶ同住居址の第5段階、また同様に6本ある主柱の中央2本を真ん中に挟んで主軸上に2基の炉が並ぶ上福岡市川崎遺跡の7号住居址（長軸12m短軸8mの大形住居）や、新座市内畑遺跡1号住居址、寄居町南大塚遺跡1号住居址、炉が複数見られる板橋区四葉地区遺跡の大形住居址（1号住居址）に、複合居住する2つの基本家族（あるいはその非構成単位も含めた拡大家族）が世帯（住居）内で顕在化した姿を見ることができるだろう。こうした状況が観察されたのは、いまのところ黒浜式期以降の住居址に限られるようである。こうした世帯内での家族の顕在化は、あるいは後続する諸磯式期以降の住居の小形化に見られる世帯規模の縮小とその構成の固定化（後述）に先行する現象として理解

できるかもしれない。
(註8) 栃木県宇都宮市根古谷台遺跡あるいは青森県近野遺跡、同県富ノ沢（2）遺跡、秋田県上ノ山遺跡、新潟県清水上遺跡等、長軸8〜15mの長大な住居址によって集落が構成されている事例も、基本的にはこうした複数基本家族の複合居住と同様の現象と理解される。武藤康弘は縄文時代の一般的な竪穴住居においても複数家族が共住している可能性が高いこと、そして主として東北、北陸地方の前・中期に見られる上記の大形住居も複数家族の共住という点では一般の竪穴住居と「相同」の関係にあることを指摘している（武藤1993）。東北・北陸の諸例よりもより小稿が対象とする奥東京湾沿岸に近い宇都宮市根古谷台遺跡において大形の竪穴住居あるいは長方形大形建物と一般的な規模の竪穴住居が同一集落内に共存していることはこの点で示唆的である。おそらくは世帯規模にあわせた多様な規模の住居が構築された結果と理解でき、（各世帯と集落に居住する集団の規模はかなり大きなものだが）その基本的構造は天神前遺跡や打越遺跡のそれと変わらないものとなる。この場合大形の竪穴住居に居住する世帯には、本文中の中核世帯と同様の性格が想定できるだろう。（ただし、長方形大形建物については、一般的な住居ではなく打越遺跡や安中市の中野谷松原遺跡で確認されている長方形の大形掘建柱建物と同様の性格を有する可能性も考えられ、その判断を保留したい。）

(註9) 清水の記述によれば、各「拡大家族」における「単位家族」（基本家族）は、その流動性の高さの一方で、生計上の自立性は低い。清水が報告する1970年代末の彼らの社会は、狩猟採集を行いながらも生計の大部分を焼畑耕作に依存し、また援助団体の支援を受け水稲耕作を行う家族もあったが、「拡大家族」間の結合は弱く、高い離合集散性を有していた。（清水1990）

(註10) 石匙は搔・削器類に集計。礫斧・直刃斧・局部磨製石斧等の伐採・加工具としての機能が想定される石斧は礫斧類に、磨石・凹石・敲石またスタンプ形石器は磨凹敲石類にまとめた。表中の打製石斧は土掘り具としてのそれに限定する。

(註11) 事例が少ないことまたその多くが小型であることを、出現期ゆえの稚拙さ貧弱さとすることは、打越遺跡に見る規模的には後期のものに匹敵する早期末葉・前期初頭の事例から逆に不可能だろう。理由は別のところに求められなければならない。

(註12) なお、畠山はクリが甘みが強すぎて主食糧に向かないこと、加えて生栗、干し栗を問わず虫が付きやすく、トチやナラ等の堅果類に比較して保存が困難なことを指摘する。また堅果類は、小山の作業（小山1984）以来、落果時の短期間にその採集が行われたと想定されているが、畠山の聞き取り調査では、春先に落ち葉の下に隠れて冬を越した堅果を採集して食べたこともあったことが明らかにされている。（ちなみに、東北地方のニホンザルにも同様の採食行動が観察されている。伊沢1982）畠山の作業には、縄文時代の貯蔵等について一部誤解や彼自身の思いこみとしかとれない部分も存在するが、堅果類の採集について参考となる点が少なくない。

(註13) 堅果類の収穫量の年次的な変動については小池裕子、玉田芳英等によっても指摘されている（小池1987a・玉田1996）。特に、小池は堅果類を冬越し用の主要食糧とするイノシシとツキノワグマの例をあげ、両者の活動域が堅果類の豊凶にあわせて変動すること、両者が固定的なテリトリーを有していないことから、特定の木の占有が収穫量の保障に繋がらないこと、広域の範囲を共有することが安定的な供給をもたらしたのではないかとしている。小池の指摘は、この問題を考える上で示唆に富む

(註14) 貯蔵経済をめぐって、縄文時代研究でも近年引用されることの多いA．テスタールは、その

第Ⅱ章 集落と生業

　重要性を指摘する一方で、貯蔵に基づく経済が柔軟性を欠くものであったことも指摘している。
(註14) 前に同様の集団の離合集散を指摘した撚糸文系土器段階（註5）における関東地方の植生も落葉広葉樹が卓越する（林1994）。その一方で、早期後半以降に見られるフラスコ状土坑も認められていないなど、前期以上に資源の貯蔵傾向は低調である。

第Ⅲ章　広場の社会学

1　環状集落・定型的集落あるいは縄文モデル村

　Ⅱ章においては、従来定住性が強調されてきた縄文時代前期の奥東京湾沿岸域の社会における、その離合集散性を指摘し、こうした離合集散性に富んだ居住形態を、当該期社会のおかれた生態学的・技術的な条件そして生業戦略の側面から説明しようと試みてきた。環状集落・セトルメントパターンＡ・定型的集落あるいは縄文モデル村と呼ぼうか、Ⅰ章でも述べてきたように、小稿は離合集散と移動性に富む居住形態を強調することによって、これらの言葉で示されてきた広場を囲んで展開する集落遺跡の形態、またセトルメント・システム論に代表されるような集落構造の違いと営為期間・活動内容の相違に基づいた遺跡群の階層構造の存在を否定しようと意図するものではない。

　かつて宮坂英式が尖石遺跡の調査からその存在を指摘し（宮坂1946）、宮坂が「社会的地区」と呼んだ中央広場を、和島誠一は集団の強い社会的規制によるものと位置づけ、ここに家族・世帯が分立する以前の氏族共同体の姿を見ようとしてきた（和島1948、1956、1958）。和島とその理論的な立場を異とする研究者の成長にともない、和島がシェーマとしてきた氏族共同体から世帯共同体の分立という図式が、史的唯物論の機械的な適用として力を失い、またその後の土器編年研究の進展が竪穴住居の景観的な環状配置を否定する一方で、多くの集落研究者は経験的に認知された環状集落のイメージを保持し、こうした集落構造に社会的諸関係の影響を読みとろうと試みてきた。その形態を肯定的に評価するか、あるいは否定的立場に立つかを問わず、縄文時代集落研究にあってこの問題を避けて通ることはできない。小林達雄のセトルメント・システム論に見るように、それは個別集落研究にとどまらず、遺跡群研究においても同様であろう。

　もっとも、近年　土器型式の細分、土器の遺構間接合を武器に集落遺跡における同時存在住居の抽出（いわゆる横切りの集落論）を志向する土井義夫・黒尾和久等の作業（黒尾1988、1995a、1995b、土井1985、1988a、1988b、1991土井・黒尾1992）、また鈴木素行による千葉県木戸作貝塚に関する同様の作業（鈴木1995、1996）は、多数の住居址が営まれた集落遺跡においても同時存在した可能性のある住居は極めて少数であることあるいは限りなく1軒に近づくことを明らかにしている。土井・黒尾の作業は主として中期集落に関してのもので、鈴木が分析対象とした木戸作貝塚は後期に属するが、同様の傾向は前期の集落遺跡にも言えるだろう。武藤が民族誌から指摘するように竪穴住居の営為期間を（1〜数年と）短く見積もれば、同一土器型式内に括られた住居址さえ細別される可能性があることになり、こうした傾向はさらに著しいも

—72—

第Ⅲ章　広場の社会学

のとなることが予想される。「環状集落」という言葉が、集落遺跡における竪穴住居の景観的な展開に関しては正しくないことは間違いない。

とはいえこれは、小林達雄がセトルメント・システムについての作業を通じて具体的に示し（小林1980、1986）、また佐々木藤雄が指摘するように（佐々木1992）、定型的集落・広場を囲んだ集落形態の存在とは「次元の異なる問題」にすぎない。集落遺跡の性格は「横切りの集落論」論者の主張する集落景観（というよりも同時存在住居址数）によって決められるものではない。上記のような集落遺跡に観察される住居址をはじめとする遺構の重層、遺跡としての利用頻度の高さは、こうした集落がその居住集団をめぐる社会的諸関係の再生産に果たした「場」としての重要性と係わるものとして位置づけられる必要があるだろう。

こと「環状集落」と「中央広場」の問題に関しては、その否定派と肯定派（の多く）がこの２つの言葉を同義語として扱っていることはもっと注意される必要がある。つまり両者は考古学的に可視化した住居址を先験的にポジティブな存在として捉え、「中央広場」をそのポジとしての住居址群によって浮かびあがる相対的にネガティブな空間と認識するうえでは同じ立場に立つのである。その代表的な１人である鈴木の「地形的な景観である台地の中央部は、縁辺部に位置する１軒の住居に対して「中央広場」ではあり得ない」（鈴木1996）という記述に端的に示されるように、否定派は時期的細分によってポジとしての住居址が限りなく１軒に近づいてネガとしての広場が見えなくなることから、「中央広場」が存在しなかったと考え（多分に皮肉を込めて見れば、否定派にとって「環状集落」とは「広場を囲んだ集落プラン」あるいは集落の「中央広場」の巧妙な言いかえに他ならない）、逆に肯定派はポジとしての住居址の時間的累積を強調し、極端な例では（環状構造が失われてしまうので）否定派の時期的細分にまで疑義を呈するのである。しかしながら、両者は「環状集落」と「中央広場」の存在という前述した佐々木の言葉を借りれば「次元の異なる」問題を同列に論じているにすぎない。「環状集落」と「中央広場」の存在は同義ではなく、区別して論じられる必要があると考える。つまりは、住居群の展開によって広場が成立するのではなく、物質的なフレームワーク（枠組み）としての広場によって住居群の展開が規制されているのである。小林謙一が言う（小林1998）のとは別の意味で「計画環状」でも「結果環状」でもない。ネガ・ポジという言葉にもどせば、広場こそポジであり営まれる住居はネガということになるだろう。（皮肉にも考古学的に可視化する段階では、この現象は逆転した姿を見せる。）この逆に住居がフレームとして広場を規制している好例は、（縄文時代のそれではなく）古墳時代集落から小笠原が抽出した住居小群の配列とその移動の過程に見ることができる。小笠原の作業において抽出された段階ごとの住居群はそれぞれ広場を囲んで展開するが、その広場を継続的に維持することなく、集落遺跡としては住居址が一見したところ規則性無く混在する形態を示すのである（小笠原1989）。縄文時代集落において

住居の構築を規制する物質的なフレームとして広場が存在していたことを考古学的に直接証明することは困難であるが、(否定派が納得するかどうかは別にして)広場への死者の継続的な埋葬や広場を囲んで並ぶ方形柱穴列の存在等(佐々木1984、1993)、その傍証はいくつかあげることが可能である(註1)。

　田中良之は蓮田市天神前遺跡と周辺の同時期に属する遺跡の集落構造を比較するなかで、継続的・累積的な集落営為が行われ住居址群が環状を呈する天神前遺跡では、竪穴住居址の大部分が、環状に展開する住居址群の中心つまりは「中央広場」の方に住居の入口あるいは主軸を向けているのに対し、周辺遺跡における竪穴住居址の主軸が遺跡の接する沖積低地側・往時の海側を向いていることを指摘している(図17、18)(註2)。こうした構造は、例えば四街道市南羽鳥中岬遺跡群における、墓壙群を囲んで展開するE地点住居址群と、A・B地点の住居群の間や、また同市の木戸先遺跡等、同時期の集落遺跡に知られる(註3)。南羽鳥中岬遺跡群のE地点における住居址の主軸が集落中央の墓壙群を強く意識するのに対し、B地点の住居址は斜面の等高線にその主軸を直行させ、A地点の7軒の住居址は主軸を等高線に平行させるなど、むしろ地形を意識した主軸方位をとるのである(図19)。また、木戸先遺跡の大形住居址も主軸を集落中央の墓壙群へと向けている。田中が指摘する天神前遺跡や、南羽鳥中岬遺跡群よりは若干明確さを欠いているが、同様の傾向は富士見市打越遺跡と同時期の周辺遺の住居址群跡にも見てとれる。関山式期の打越遺跡においては既に見てきたように、Ⅰa～Ⅱb期の各段階にわたり比較的大形の住居址(169号住居址、88号住居址、173号住居址等)を要とした住居群の展開が見られ、各住居址は田中が天神前遺跡について指摘するように、住居址群の中心にその主軸の底辺側(黒浜～諸磯式期の住居址に顕在化するように、この底辺側に入口があったものと考えられる)を向けている(図20)。(Ⅰa期からⅠb期にかけての住居址157号住居址・169号住居址・188号住居址等は、早期末以来の展開してきた住居址群の中央に主軸を向けている。Ⅰb期からⅠc期、8号住居址・11号住居址・59号住居址・87号住居址・88号住居址等の住居址群は南側に展開し同様の環状構造を形づくるが、主軸をその中央へ向ける傾向に変化は見られない。Ⅱa期以降、173号住居址等に見るように、住居は再び旧来の集落が営まれた北側へと移るようである。)

　一方で、同じ関山式期に属する富士見市御庵遺跡、蓮田市関山貝塚、上尾市稲荷台遺跡、大宮市貝崎貝塚(深作東部遺跡群)等で検出された住居群にはこうした主軸方位は観察されない。打越遺跡と同じ武蔵野台地上に位置する御庵遺跡には長軸8.5mの大形住居址を中心とした住居群が見られるが、これらは大形住居址を要に据えた打越遺跡のような扇形の展開を見せることはなく、その主軸を遺跡西側の低地へ向けている。大宮台地上の稲荷台遺跡や関山貝塚においても、検出された住居群はその主軸を低地側を向けているのである(註4)。

第Ⅲ章 広場の社会学

図17 天神前遺跡の住居主軸方向（黒浜式〜諸磯 a 式期）

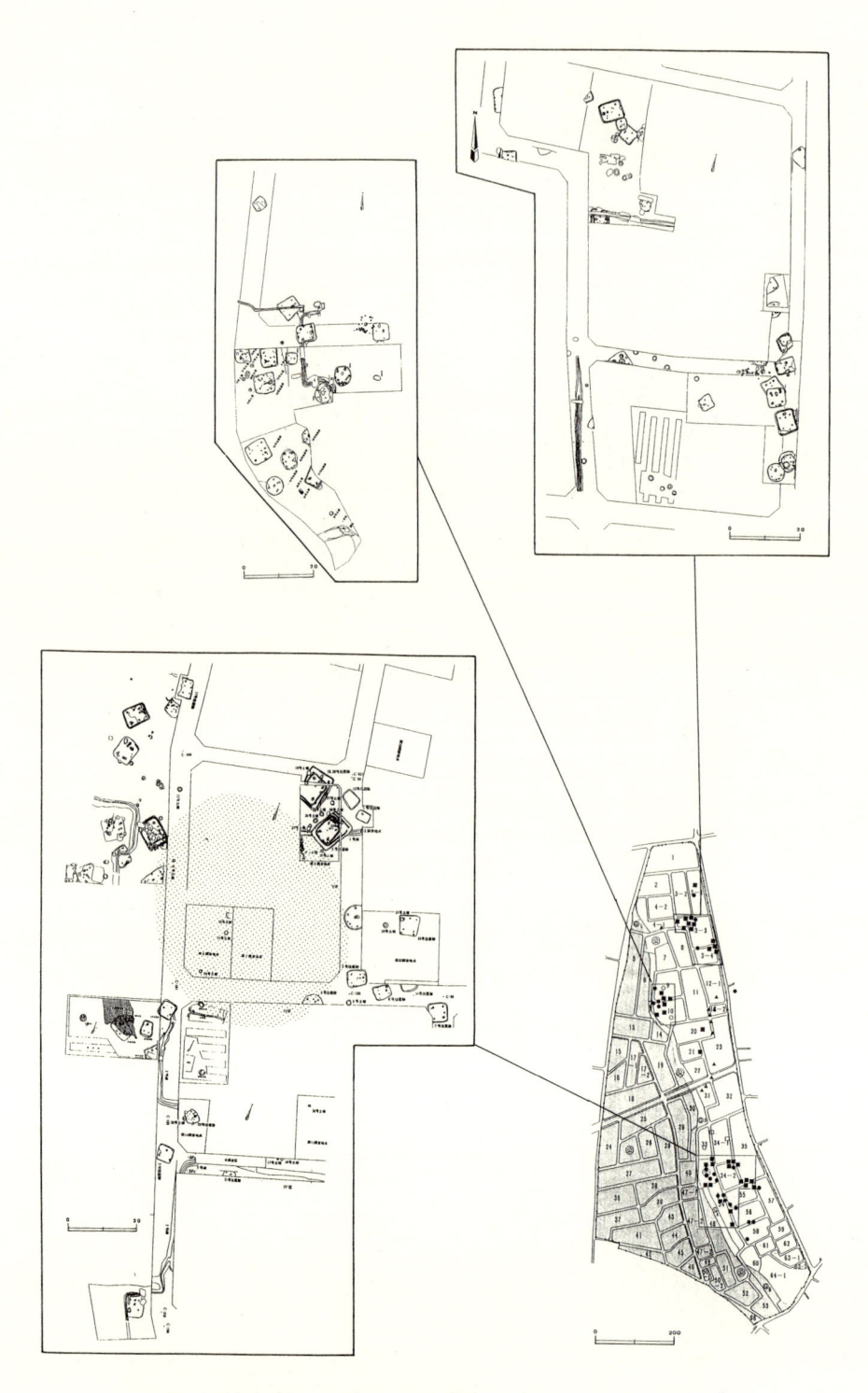

図18　天神前遺跡と周辺の集落遺跡　（田中1999を一部改変）

― 76 ―

第Ⅲ章　広場の社会学

図19　南羽鳥中岬遺跡群（A地点、B地点、E地点の住居主軸方向）　　（宇田他1997原図）

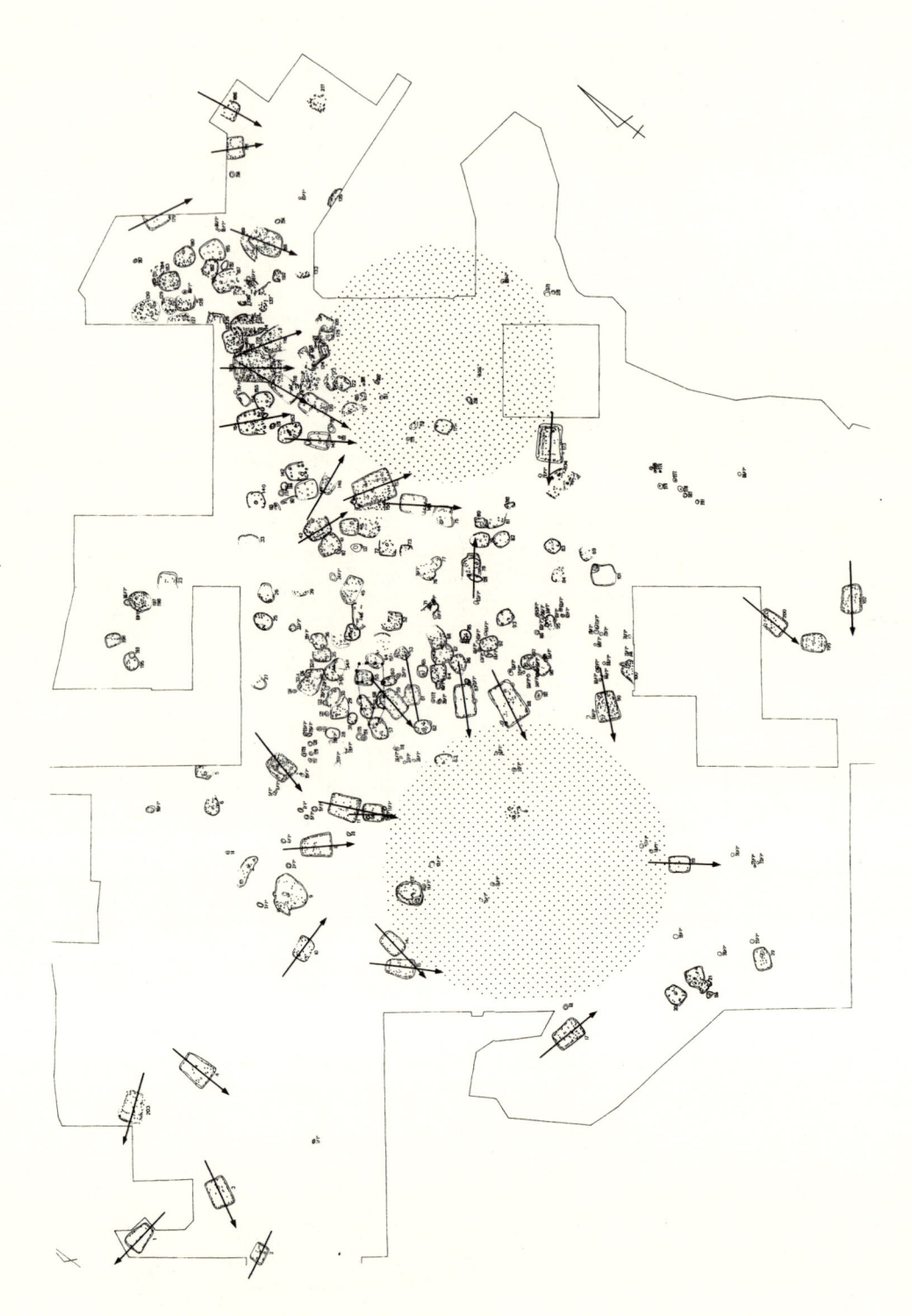

図20　打越遺跡の住居主軸方向（関山式期）　（荒井他1983原図を一部改変）

― 78 ―

第Ⅲ章　広場の社会学

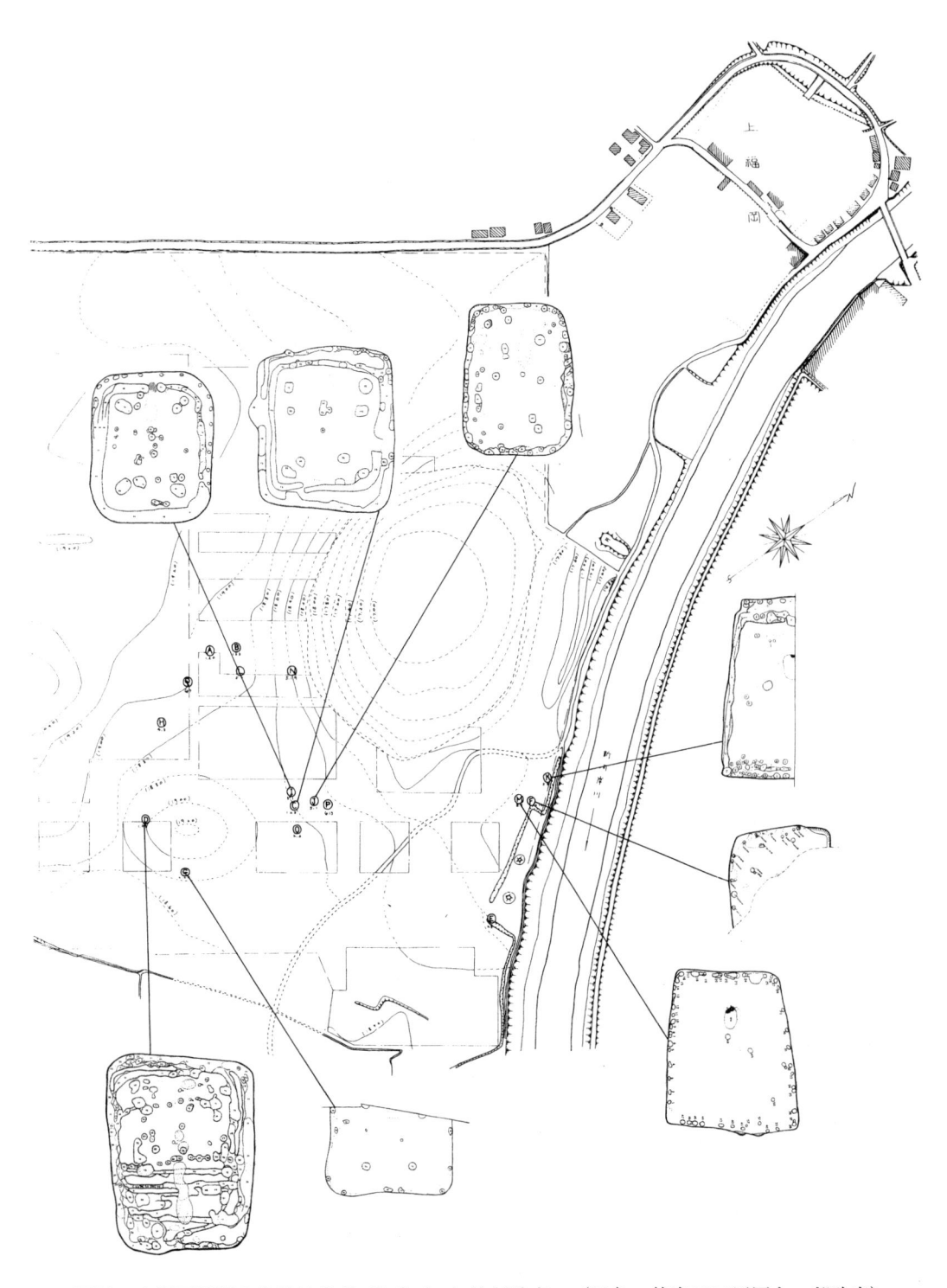

図21　上福岡貝塚の住居址C.D.F.G.I.J.K.M地点　　（川名、笹森1994原図を一部改変）

関野によって報告された上福岡貝塚の各住居址は、こうした状況をより典型的に示す（関野1938）（図21）。反復・拡張（既に述べたように必ずしも拡張とは言い難いが）の代表として扱われる同貝塚のD地点住居址は、現在の住居址表示の方法とは、炉の寄った上辺側と入口があったと想定される底辺側が、逆転した形で表示されているが、これは調査の対象となったものの中で本住居址のみが主軸の底辺側を北に向けていたためと考えられる。D地点住居址よりも北側に位置するC、I、Jの各住居址が入口を南側に向けているのに対し、G地点住居址とともに遺跡の最も南側に位置するD地点住居址は、あえてその入口を他の住居址とは反対側の日の光が射し込まない北側に向けているのである。つまり、これらの住居址は住居址と地点貝塚に囲まれた集落の中央広場にその入口を向けていることになる。また、環状に展開する住居址群から離れて新河岸川の崖近くに位置するF、K、M地点の各住居址は、D地点住居址をはじめとするC、I、J地点他の住居址群に先行する関山式期のものであり、そこには中央広場を形成しない貝崎貝塚や関山貝塚・稲荷台遺跡と同様の集落構造が想定できる。低地側に主軸を向け少数の住居址が展開する関山式期の集落から、広場を囲んで住居址が営まれる黒浜式期への、同遺跡における集落構造の推移を示し興味深い。広場と住居址の関係を示唆する同様の傾向は、例えば栃木県宇都宮市の根古屋台遺跡にもうかがえる（梁木1988）。佐々木藤雄は、根古谷台遺跡の住居址と長方形大形建物がその主軸を集落の中央広場に向けていることを、中央広場の存在を強調する立場から指摘している（佐々木1993）。根古谷台遺跡の構造はその規模が大きなことを除けば、打越遺跡や天神前遺跡に見る集落構造に類似する。

　田中の指摘する傾向は、土井や黒尾等の一連の批判キャンペーンに関して2つの点で重要である。1つは土井・黒尾が、集落遺跡における住居群が景観的に環状を呈さないことから否定しようと試みた「中央広場」が、交差する住居址の主軸線に示されるように、その周囲に営まれる住居に明らかに意識されていることであり（広場は単に住居の構築されなかった空閑地だったのではなく、その周囲に営まれた住居に明らかに意識された空間だったのである。言いかえれば広場の存在は集落の居住者の「認知マップ」（註5）上に記憶され、またその記憶は世代を越えて継承されたことになる。）もう1つは、こうした中央広場がすべての集落遺跡に伴うものではなく、重畳的な居住行為が営まれた集落遺跡に限定されていること、少数の住居址が営まれただけで廃絶する短期間しか営まれない集落遺跡に、広場はたまたま顕在化しなかったのではなく、最初から存在していなかったことを示している点である。前期の奥東京湾沿岸域には、広場を有しその周囲に重畳的な居住行為の営まれる集落と、広場を有することなく住居営為が比較的少ない集落からなる階層構造が認められることになる。「広場」の存在を意識していたという点であわせて無視できないのは、こうした環状構造を有する集落遺跡にあって、住居の新しい構築場所として広場側が選択されるということ、新たに構築される住居はかつての住

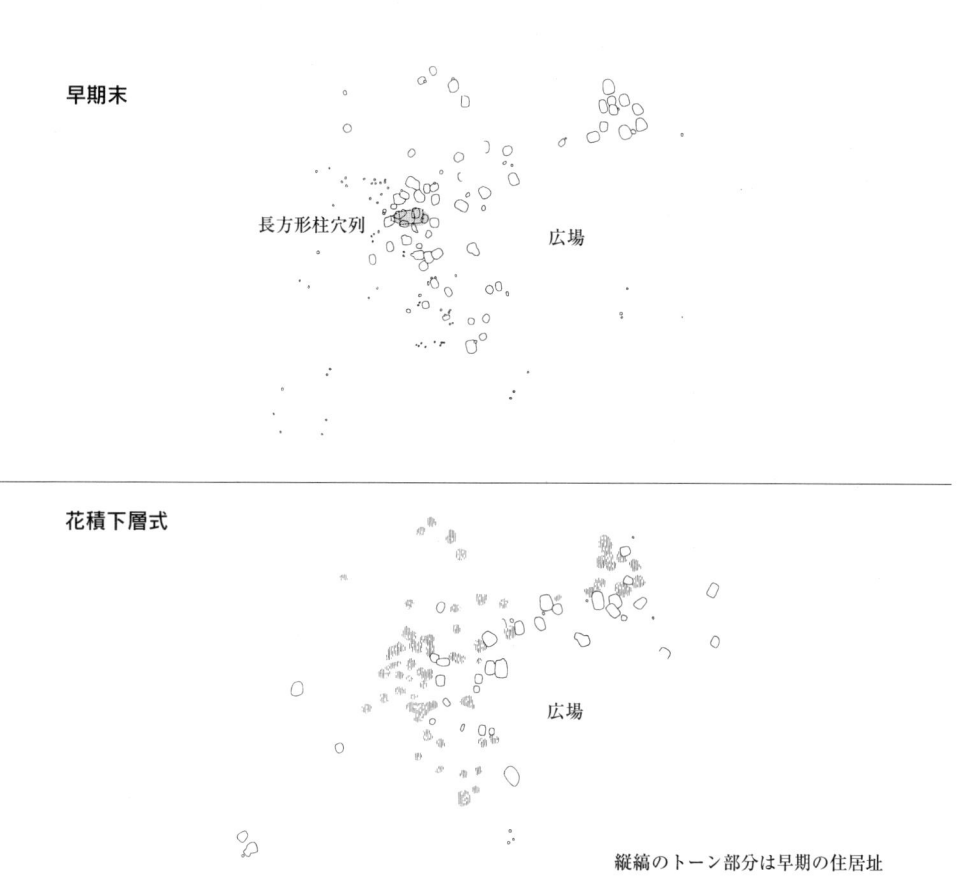

第Ⅲ章 広場の社会学

早期末

長方形柱穴列　　広場

花積下層式

広場

縦縞のトーン部分は早期の住居址

関山式

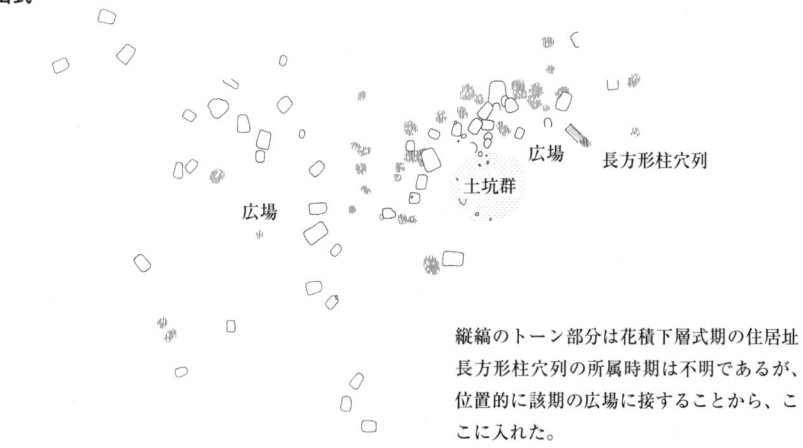

広場　　　土坑群　　広場　　長方形柱穴列

縦縞のトーン部分は花積下層式期の住居址
長方形柱穴列の所属時期は不明であるが、位置的に該期の広場に接することから、ここに入れた。

図22　打越遺跡の変遷

— 81 —

居の跡よりも内側に構築されるということである（谷口1998a）。住居跡の窪地を、住居と「広場」との間にはさむことを、「広場」そのものの面積を削ってまで避けている。つまり、こうした集落遺跡における各住居は、「広場」中央への進出が許されない一方で、必ず広場そのものに接していなければならないのであり、縄文集落を特色づける「広場」が単なる空閑地ではなかったことを教えてくれる。こうした住居構築にあたっての「約束事」は、中期集落の展開に度々指摘されてきたが、早期末から前期前半に形成された富士見市打越遺跡（図13・20・22）においても、早期末の住居址群の内側に花積下層式期の住居址群、さらにその内側に関山式期の住居址と土坑群が形成されている。関山式期の中葉には集落の内側に向けた住居の構築が広場との面積的な係わりの中で限界をむかえたらしく、前節でも述べたように、その南側に新しい広場を形成している。こうした住居構築の運動律とも言うべき傾向が、広場を囲んだ集落形態の初源から既に見られることは重要である。以下本書では、広場を有する集落形態を「環状集落」にかわって（それが名称として適当ではないことは既に述べた）「広場集落」、広場を有さない集落形態を「非広場集落」と呼称する。小林のセトルメントパターンの分類に基づけば、前者はパターンA、後者はパターンB、Cに位置づけられるだろう。

2　狩猟系遺跡・非狩猟系遺跡
（1）石鏃・儀礼・希少財

　土井・黒尾あるいは鈴木の言うように、縄文時代の集落群は等質な存在の連続として把握されるのか。集落遺跡の階層性の問題を別の角度から照射してみたい。かつて小林はセトルメント・パターンの設定が、住居の多寡や諸施設の有無によるものだけではなく、遺跡からどのような遺物が出土するのか、いわば「遺跡の財産目録」にもよるものであることを強調している（註6）。小林のこの考え方は、遺物が多様なプロセスを経て遺跡内に集積されたもので遺跡における活動の直接的反映であるというよりその結果として遺棄ないし廃棄された間接的な反映であると理解されること、また遺跡形成過程における人間あるいは自然に起因する様々な影響を考慮に入れなければならないことが指摘される現在においては、若干の修正を要求されるかもしれないが、その方向性は、大筋で羽生淳子、山本典幸による石器組成と集落間分析を連関させた研究に引き継がれ発展しているものと位置づけられる（羽生1993、山本1995）。

　遺跡から出土する遺物の様相が居住者の様々な行為と直接・間接のその影響（遺棄、廃棄、かたづけ、道具の管理性の違い、儀礼的意味etc）の結果であり、生業・儀礼・交換等の諸活動の単純な反映ではないにしても、重層する各活動の最大公約数としての傾向はここに伺われるだろう。

　図23～26に当該地域において活発な遺跡形成が知られる関山式期から諸磯a式期にかけての

第Ⅲ章　広場の社会学

主要遺跡の石器群の様相を示す。（グラフに付けた番号はⅡ章の表1と共通である。）

　木材の伐採・加工具と考えられる石斧類（関山式期以前には礫斧あるいは局部磨製石斧と直刃片刃打製石斧、黒浜式期以降においては乳棒状磨製石斧を中心とする磨製石斧類）、植物性食料特に堅果類の処理加工具としての機能が想定される磨石・石皿類が各遺跡を通じて安定的な存在であることは既に指摘したとおりであるが、狩猟具である石鏃については、打越遺跡（関山式期91点）、幸田貝塚（関山式期25点）、井沼方遺跡（関山式期25点）、飯塚貝塚（黒浜式期18点）、飯山満東遺跡（黒浜～諸磯式期26点）峰岸北遺跡（黒浜式期23点）、大古里遺跡（関山～黒浜式期37点）、黒谷貝塚（黒浜式期7点）、水子貝塚（黒浜式期10点）、天神前遺跡（黒浜式期～諸磯a式期9点）等、多数の出土を見せる遺跡のある一方、宮ヶ谷塔貝塚（関山式期2点）、稲荷台遺跡（関山式期3点）、御庵遺跡（関山式期4点）、米島貝塚（黒浜式期1点）上福岡貝塚（黒浜式期0点）、掛貝塚（黒浜～諸磯a式期0点）大谷場貝塚（黒浜式期4点）等きわめて限られた出土数しか見られない遺跡も少なくない。宮ヶ谷塔貝塚では石鏃以外の器種が69点、米島貝塚では26点、掛貝塚では28点出土している（表1、図23～26）。石鏃以外の石器は安定しているわけだから、石鏃出土数の偏差が単に遺跡としての営為期間の差や、遺跡において同様の活動が重ねられた程度の差によるものでないことは明らかであり、むしろそこで営まれた活動内容に違いがあったものと理解すべきだろう。同一地域内において、石鏃が多数出土する集落遺跡と、その出土が全く見られず石皿・磨石等の植物性食料の処理・加工具を石器組成の主体とする集落遺跡のあることは、同じく前期に属する茨城県竜ヶ崎ニュータウン内の遺跡についても指摘されている（中村1996）。報告書によって記載内容の程度が異なるため、具体的なデーターの比較は困難であるが、石鏃の制作に係わるものと考えられるその未製品・石核・剥片類の出土が、打越遺跡、井沼方遺跡、飯塚貝塚、水子貝塚等石鏃が多数出土する傾向のある遺跡で顕著な一方、石鏃出土の少ない遺跡では目立たないことから、こうした石鏃出土の多寡が単に集落における石鏃の保有、狩猟活動の活発・不活発ばかりではなく、原材料の入手、石鏃の制作、狩猟活動の組織、狩りの執行等の活動の有無に係わるものであった可能性は高い（阿部1991）。

　図27は、側ヶ谷戸遺跡4号住居址床面の炉脇に安置されていたイノシシ頭骨の出土状況である。同住居址ではこの頭骨を中心として、床面上に散乱する獣骨を覆う形で貝層が形成されていた。側ヶ谷戸遺跡におけるイノシシ頭骨の出土はこれ1例のみであるが、前述した石鏃が多数出土する打越遺跡や幸田貝塚にはこれと類似すると思われるイノシシ頭骨や獣骨の出土状況が少なからず観察されている。打越遺跡173号住居址では、同様のイノシシ頭骨を中心としてイノシシ・シカ他の獣骨が集められ、その上に貝層が形成されていた（図28）。報告者の金子浩昌は積極的に「動物祭祀の聖地」「祭祀の場所」としての機能をここに見ている（金子他1985）。

― 83 ―

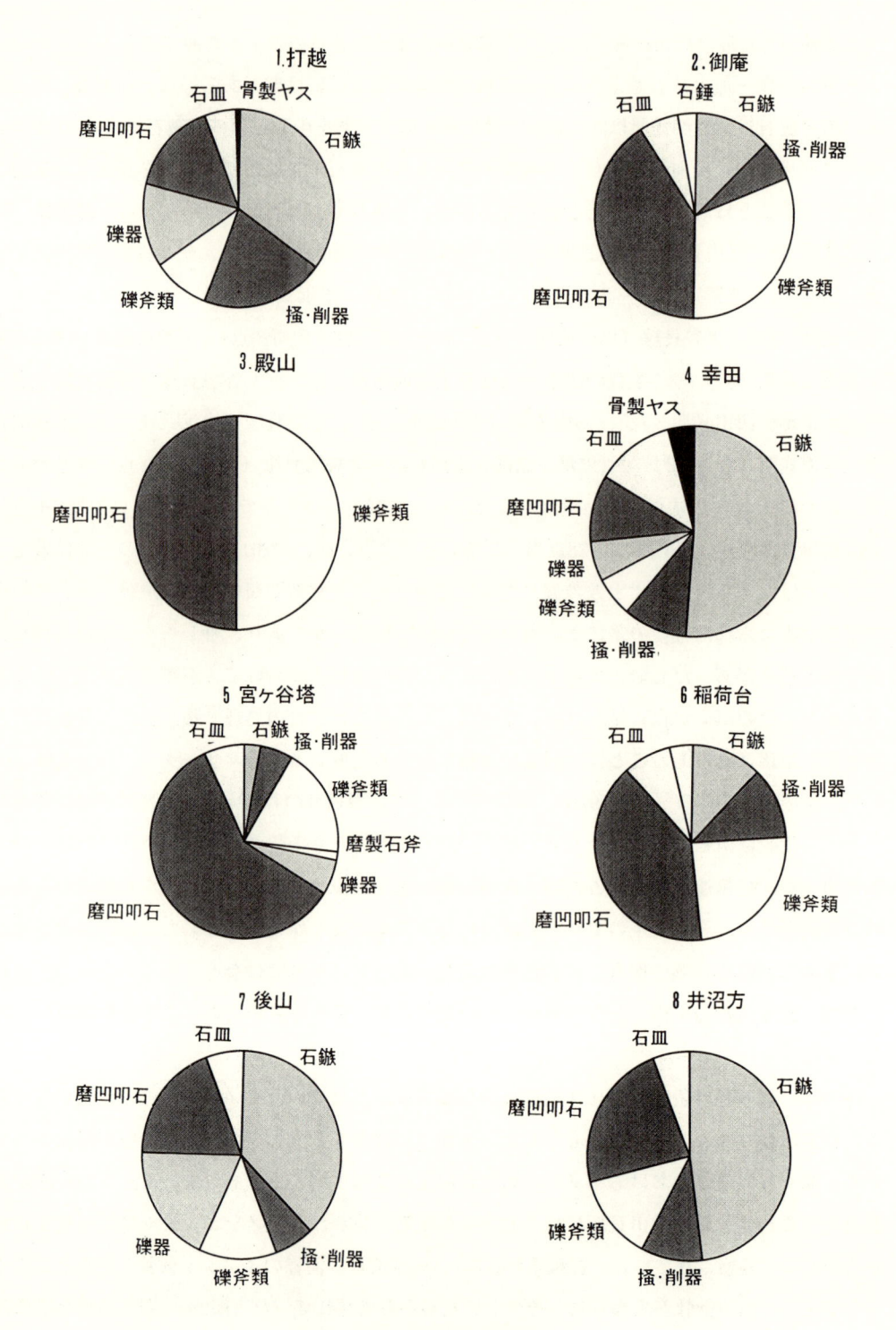

図23 関山式期の石器組成（1）

第Ⅲ章　広場の社会学

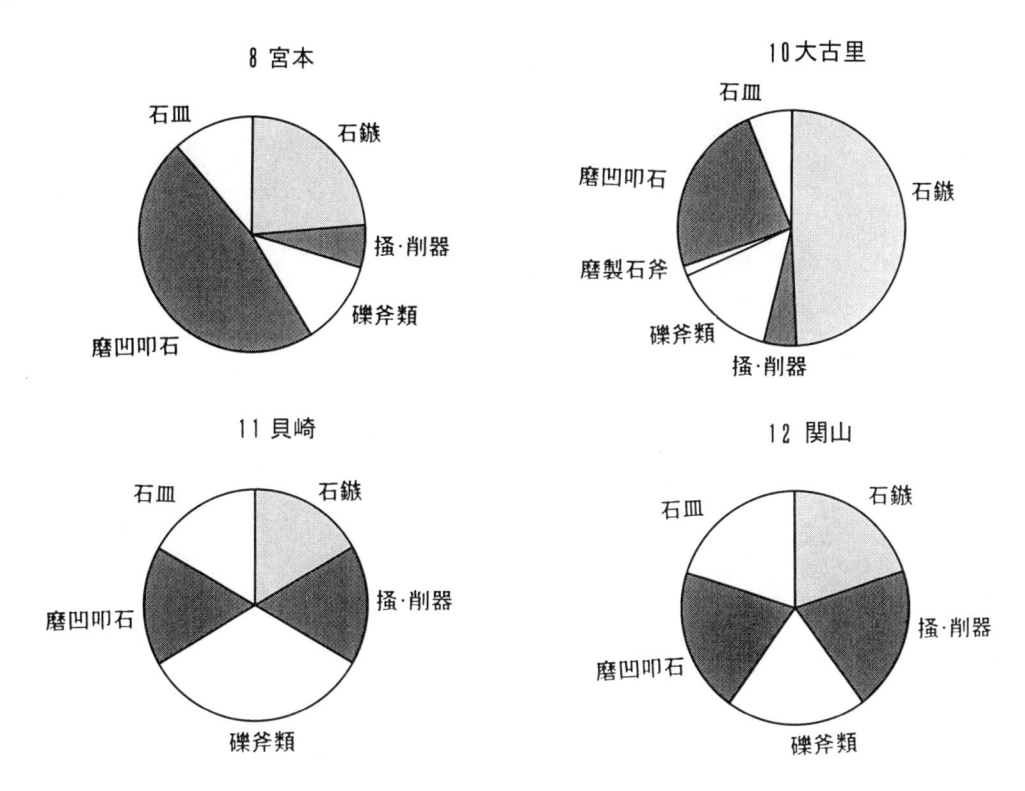

図24　関山式期の石器組成（2）

打越遺跡では他に88号住居址から数個体分のイノシシ顎骨の出土、170号住居址、144号住居址に獣骨の集積があったことが報告されている。また、幸田貝塚203号住居址に床面からのイノシシ頭骨の出土、208号住居址の床面にも獣骨の出土が知られる（倉田1999）。頭骨や顎骨をはじめとする多数の獣骨の上に貝層の形成が見られる点も同様のものであろう。当該期の遺跡としては獣骨の出土が比較的多数にのぼることに加え、何らかの動物祭祀を伺わせるこうした状況も、打越遺跡・幸田貝塚において石鏃と石核・剥片類が多数出土する傾向と関連しているものと考えてよいだろう（註7）。

耳飾・垂飾・管玉等の希少財、奢侈・威信財あるいは「第二の道具」と認識される遺物にも、石鏃同様にに遺跡間の偏差が顕著に認められる。その出土が打越遺跡、タタラ山遺跡、井沼方遺跡、大古里遺跡、水子貝塚、天神前遺跡等、前述の石鏃多出遺跡に集中していることは特筆される。

石器組成から見ても、縄文時代前期の奥東京湾沿岸に展開していた集落は決して等質な存在ではなかったと考えてよいだろう。石鏃と希少財の集中に示されるように、いくつかの集落遺跡においては特定の活動が重ねられていた可能性が高い。石器組成の違いに、遺跡の果たした

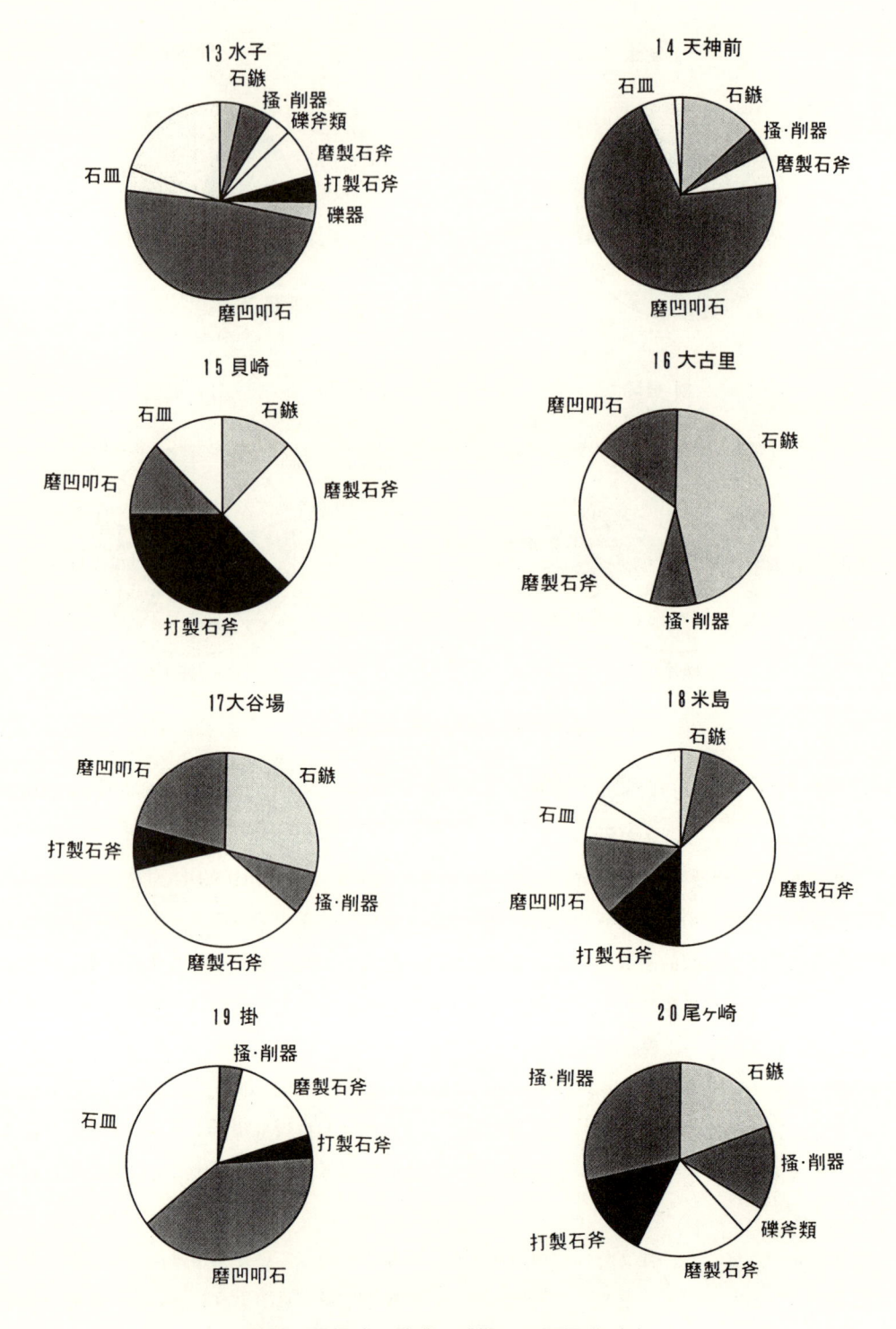

図25 黒浜式～諸磯 a 式期の石器組成（1）

第Ⅲ章　広場の社会学

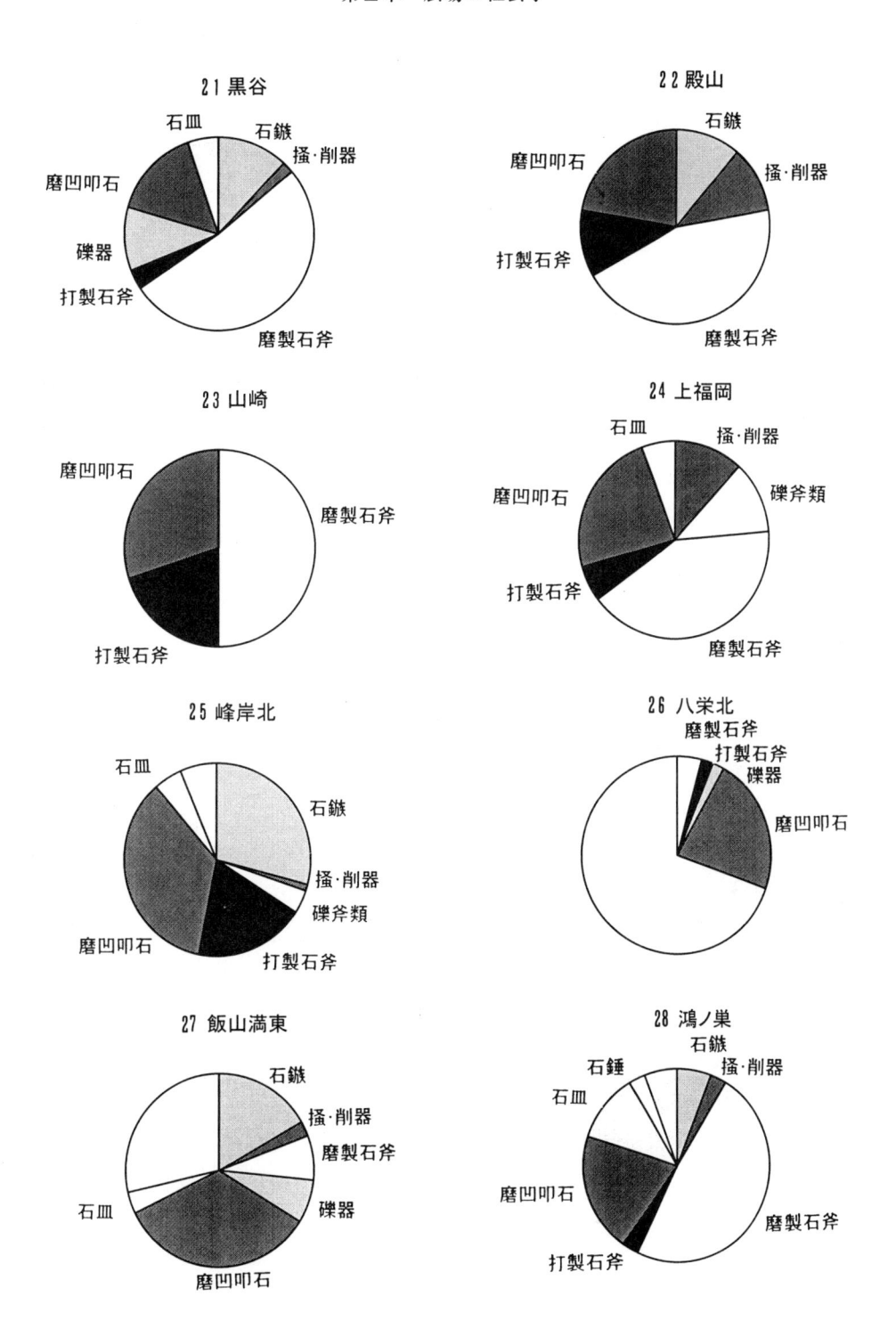

図26　黒浜式〜諸磯 a 式期の石器組成（2）

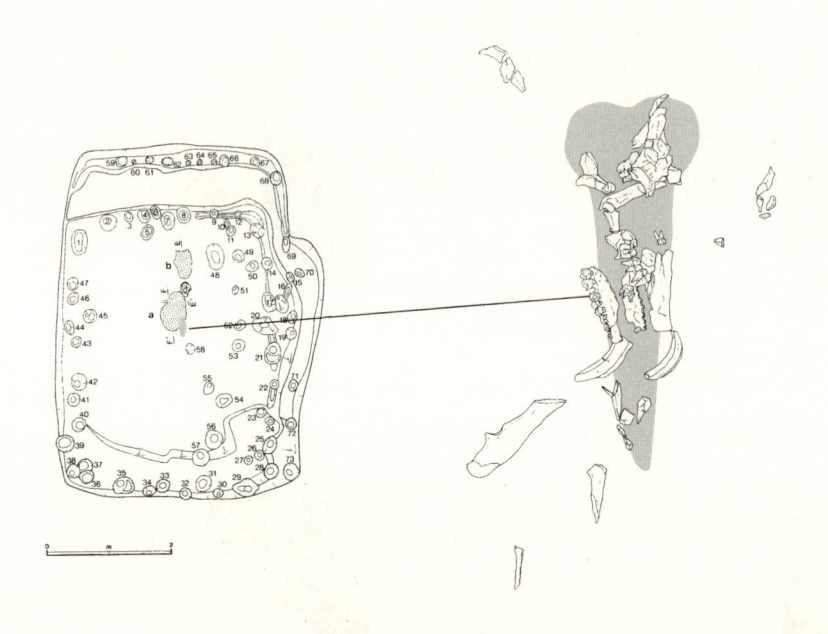

図27　側ヶ谷戸貝塚4号住居址（関山式期）イノシシ頭骨出土状況

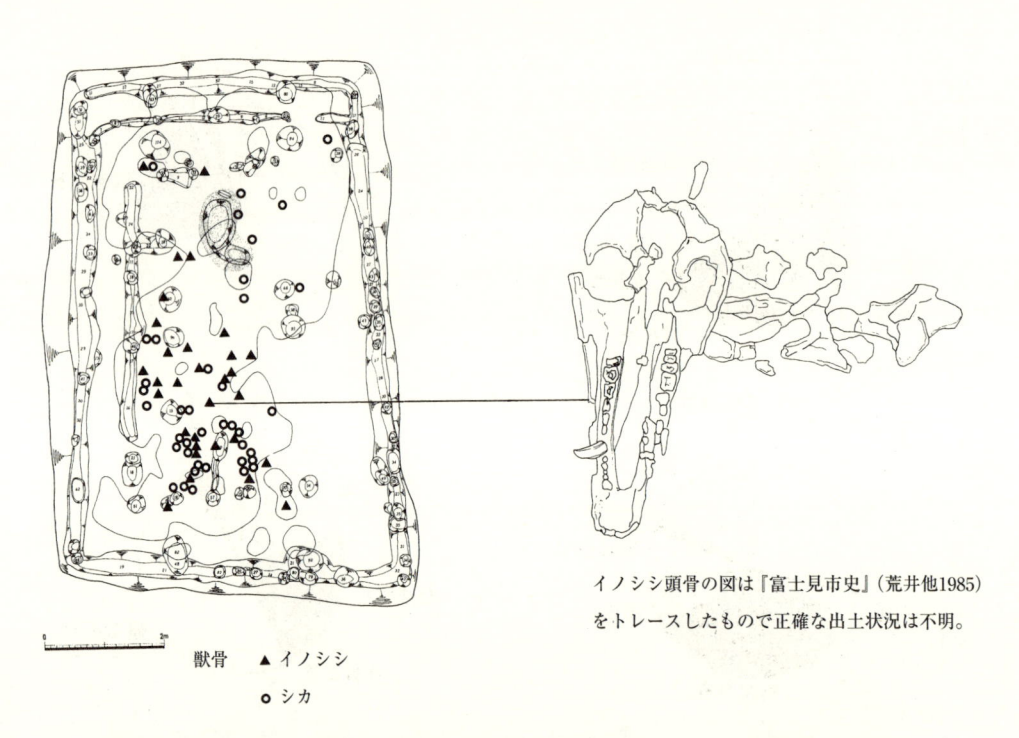

獣骨　▲イノシシ
　　　○シカ

イノシシ頭骨の図は『富士見市史』（荒井他1985）をトレースしたもので正確な出土状況は不明。

図28　打越遺跡173号住居址（関山式期）獣骨分布とイノシシ頭骨出土位置
（獣骨出土位置は金子他1985による）

第Ⅲ章　広場の社会学

「場」としての機能差を求め、例えば石鏃が多数出土する集落遺跡を狩猟シーズンの居住地とし、石鏃がほとんど出土しない遺跡との間に季節的な移動が行われていたとする解釈（羽生1993、2000、山本典幸1995）もあるが、両者は石斧類・磨石・石皿類等の他の主要器種の出土については共通した傾向を見せ、また同様に竪穴住居が営まれるなど、同一集団によって営まれた機能の異なる「場」であるとするより、（集団の離合集散による構成員の入れ替えはあるとしても）むしろ別々の居住単位として理解すべきであろう。竪穴住居を冬家であるとする民族誌に基づいた指摘（武藤1993）を重視するのであれば、こうした竪穴住居を有する居住地間の季節的な移動という解釈はさらに想定しがたい。両者の石器組成の違いは、石斧（ここでいう石斧類とは木材の伐採・加工具である）・磨石・石皿類を使用する活動をともに生業活動の基盤としながら、前者において行われ、その痕跡が重層していく狩猟をはじめとしたいくつかの活動の存在にあったのだろう。

図29に示したように、石鏃・希少財の多数出土する遺跡が前述の広場集落に重なることが注意を引く。（黒浜〜諸磯a式期においては、石鏃がほとんど出土していない広場集落も見られるが、石鏃の出土が広場集落に偏るという傾向そのものに基本的な変化はない。言いかえれば広場集落であることは石鏃が多数出土する必要条件ではあるが、十分条件ではないということになるだろうか。黒浜式〜諸磯a式期におけるこの変化は、該期における遺跡数の増大と関連した現象と考えている。これについては後で詳しく述べたい。）小林達雄はかつて縄文時代のセトルメント・システムについての説明の中で、パターンAの広場を介し広場を有さないパターンB・Cの集団が結びつけられていた可能性を述べているが（小林1985）、ここにはその具体像の一例を見ることが可能かもしれない。つまりは流動性に富んだ境界線の曖昧な社会の中で、こうした広場集落が狩猟活動を介して複数集落の核となっていた姿を想定できるのである。

（2）専業狩猟集団・狩猟系家族

石鏃や希少財の集中する遺跡が、異なる集団が入れ替わり占拠し、その場でしか行われない活動を営んだ結果であるとは考えがたい（註8）。他の集落遺跡と共通性を有しつつ、その一方で特定の器種（ここでは石鏃・耳飾・垂飾・管玉等）では卓越する石器組成の背景には、それらの器種の係わる活動を継続的あるいは断続的に行う集団の存在が浮かびあがる。このことは同時に、構成員が頻繁に入れ替わる移動性と可塑性に富んだ居住形態が想定できる当該段階にあっても、居住集団を営むうえでの核となっていた前述の中核世帯（あるいはその中核家族と周辺の人々）によって、営為の断絶期間をはさむことがあったとしても、集落が継続的あるいは断続的に利用されていたこと、特に石鏃多出－広場集落の中核世帯が狩猟を中心とする諸活動の専従集団であったことを想像させるものである。（もっともこのことは、石鏃の出土が僅少

は狩猟具、は木材の伐採加工具、は植物性食料の処理加工具、は土掘具、は漁労具、記号の大小は出土数の多寡を示す。示される大きさは、出土数によっているので円グラフの比率とは必ずしも一致していない。◉は広場集落ないし広場集落と考えられるもの。●は非広場集落、○は不明のもの。遺跡の番号は組成表、円グラフと共通である。

図29 奥東京湾沿岸域における石器群の様相 （上）関山式期（下）黒浜式〜諸磯a式期

第Ⅲ章　広場の社会学

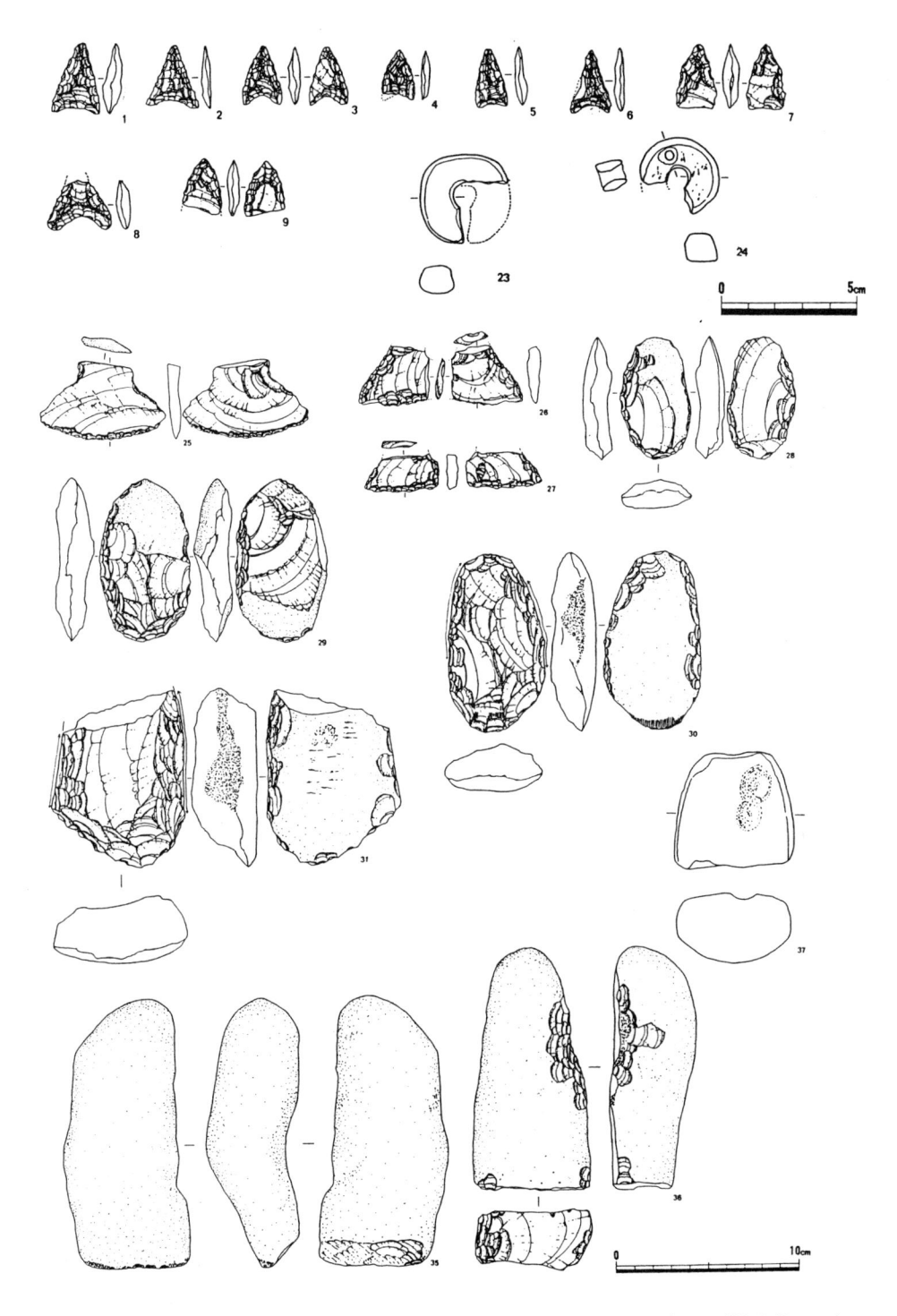

図30　石鏃が多数出土する遺跡の石器群（打越遺跡169号住居址）　　（荒井他1983）

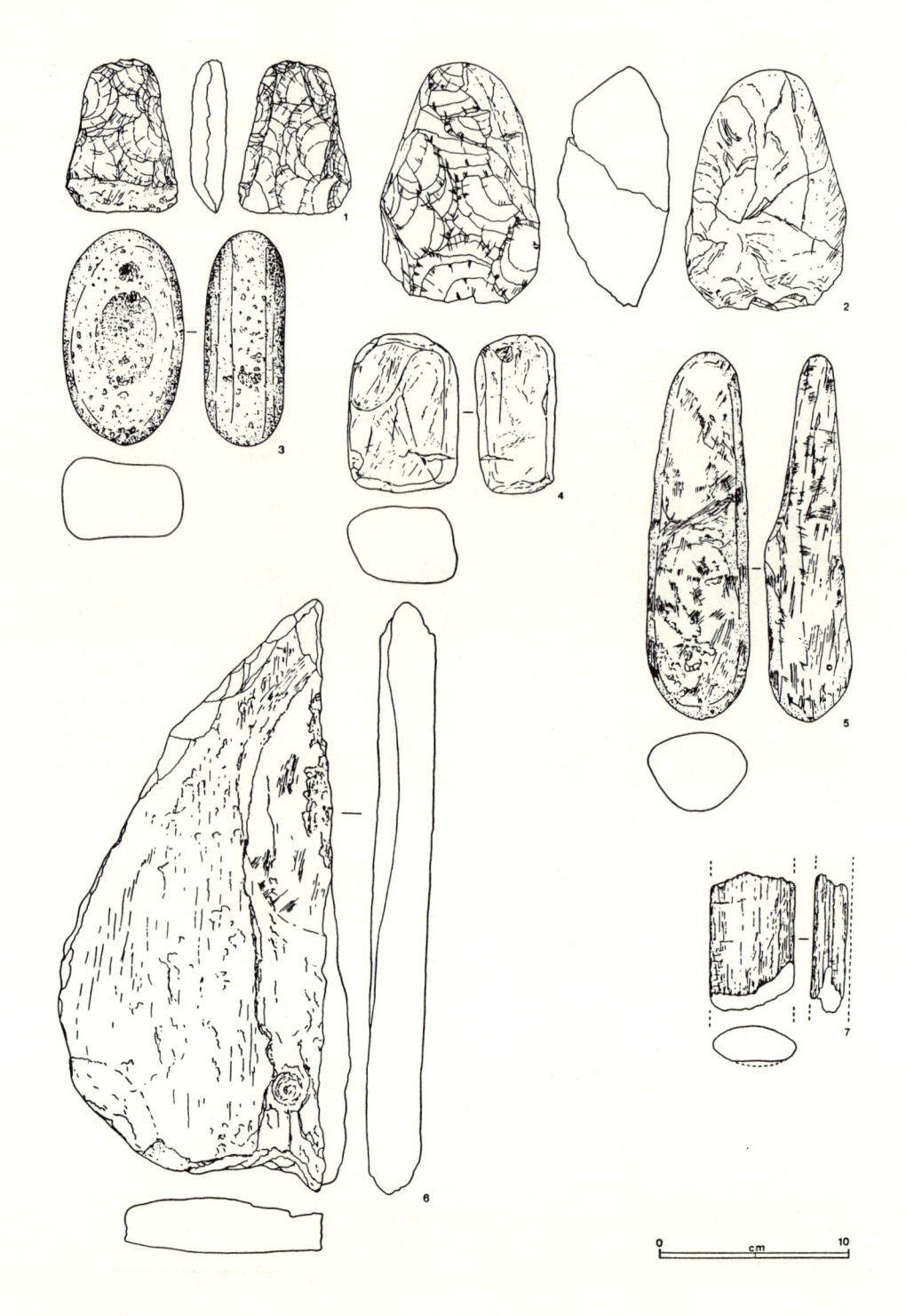

図31　石鏃の出土が僅少な遺跡の石器群（1）（宮ヶ谷塔貝塚11号住居址）　　　（田代他1985）

第Ⅲ章　広場の社会学

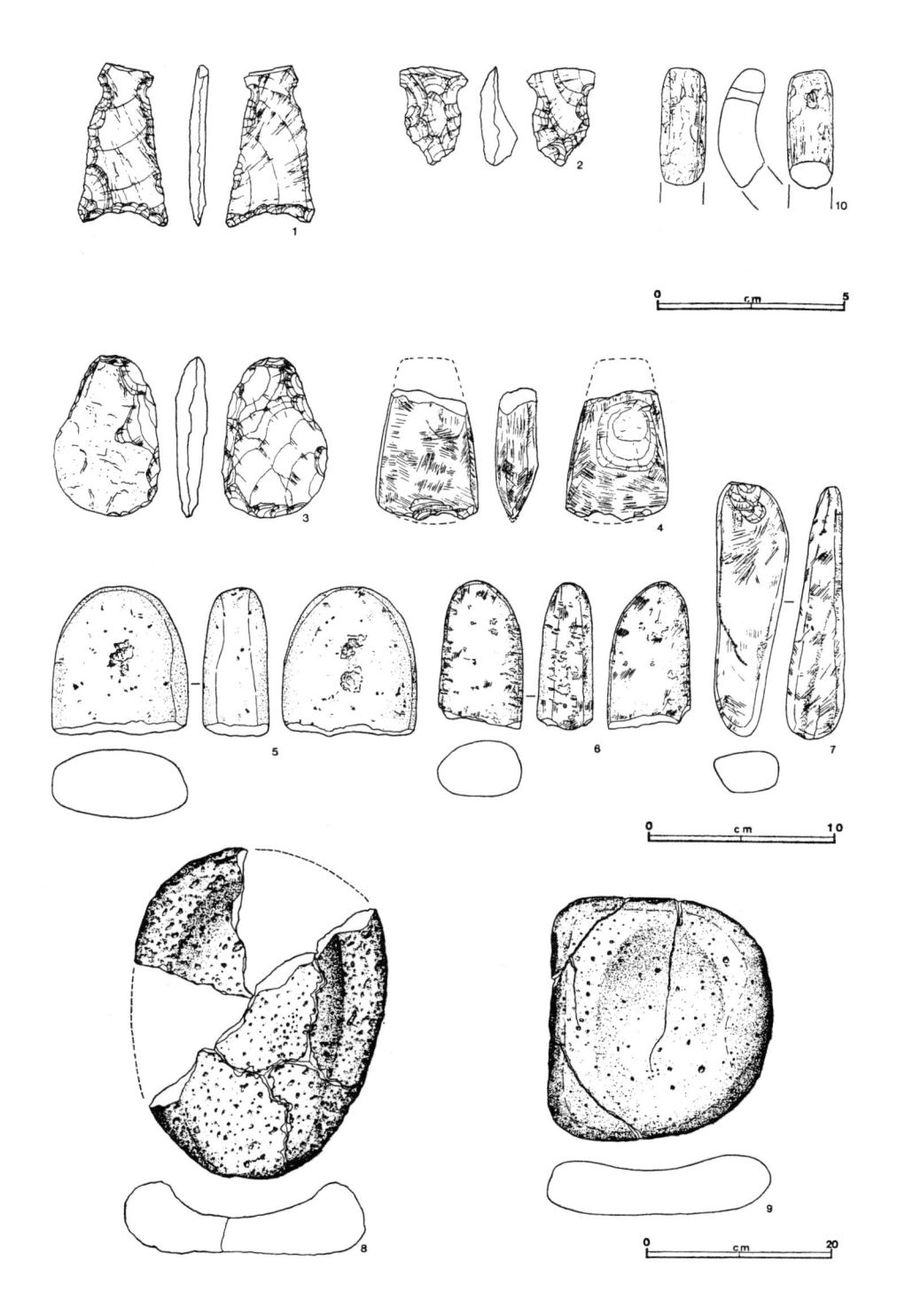

図32　石鏃の出土が僅少な遺跡の石器群（2）（宮ヶ谷塔貝塚14号住居址）　（田代他1985）

な遺跡において、狩猟活動が全く行われなかったことを意味するものではないし、また逆に、石鏃が多数出土する遺跡における狩猟活動の断絶期間の存在を否定するものではない。）継続的あるいは断続的なその利用を「占有」と言いかえてもよい。いくつかの広場集落で著しい反復を見せる大形住居（中核世帯のものと考えられる）が営まれたり、時間的に前後する同種の住居址が隣接して検出されることはその傍証となるだろう。前節において移動と離合集散性に富んだ居住形態を民族誌に見る狩猟採集民のそれと重ねたが、それは必ずしも適切では無かったように思う。中核世帯には単に世帯群の離合集散の核としてだけではなく、より固定的・継続的な性格が付与される必要があると考える。例えば泉靖一による沙流川流域のアイヌ社会についての民族誌的な報告の中で記述されるアイヌ集落におけるコタンコンクル（泉1952）（註9）やテイトが記述する北米プラトー地方の集落の中心集団が（Teit 1900、D.Alexander 1992、S.Romanoff 1992）、それをモデル化する上での参考となるだろう。

　石鏃が多数出土する広場集落の占有集団－集落の中核世帯には、かつて和島誠一がその存在を想定し、また近年渡辺仁によってその豊富な民族誌的知見の中から再構成され、阿部芳郎によって考古学的にその存在が抽出された「狩猟系家族」（渡辺1990）、「専業狩猟者集団」（阿部1992）、あるいは、D.アレクサンダーやS.ロマノフが報告する北米プラトー地方における同様の専業狩猟者としての性格が伺われる（D.Alexander 1992、S.Romanoff 1992）（註10）。

　打越遺跡に顕著に見られた石核・剥片類の出土や動物祭祀と考えられるイノシシ頭骨を中心とする動物骨の特徴的な出土状況（図27、28）に示されるように、こうした専業狩猟者集団（狩猟系家族）としての世帯は単に狩猟活動を行うばかりではなく、石器石材の入手、石器製作、狩猟の計画、狩猟に係わる動物祭祀等の狩猟とそれに伴う種々の技術・儀礼を継承し組織する存在であったろう。石鏃とその製作に係わる遺物の出土が全般としては貧弱な当該地域において、こうした遺物が集中する遺跡には単に狩猟集団の居住地としてばかりではなく、石器石材の交易センターと理解されている糸井宮前遺跡や中野谷松原遺跡に近い性格が想定できるかもしれない（金山1993）。狩猟系家族が単に専業のハンターであるだけではなく富者層として威信財等の交換を独占しているという渡辺の指摘はこの点で重要である。類似した現象は、北米プラトー地方の狩猟採集民サスワップの専業狩猟者が、交易網を通じて銃をいちはやく入手し、狩猟活動の組織において指導的立場に立ったというD.アレクサンダーの記述のなかにも見ることができる（D.Alexander1992）。銃を石材に置き換え、その姿を縄文時代に映してみることは少々乱暴な議論ではあるが、全く的はずれというものでもないだろう。

　玦状耳飾り・垂飾等の奢侈・威信財と認識される遺物の集中的な出土も、こうした世帯の富者としての性格に重なる。（こうした装身具が着装者の社会的位置の表徴であるとする考え方は、縄文時代における階層性を主張する側も否定する側も受け入れることだろう。両者の考え方の

第Ⅲ章　広場の社会学

差異は装身具に示される社会的位置を階層性ととらえるか否かにすぎないといえる。）前期の関東地方において墓壙に副葬される希少財を、林は世帯の主人やその妻を表象するものと理解する（林1999）。おそらくこの理解は正しい。しかしながら林の想定には、こうした希少財をどの世帯でも入手可能であったのかという疑問が生じる。ここには希少財の入手にかかるコストや剰余の視点が欠落していると言えるだろう。（林は希少財や威信財の入手に蓄積された剰余が当てられることを指摘している。林の作業全般にこうした視点が抜け落ちているという意味ではない。）彼ら自身には生産できないこうした希少財の獲得には、その入手に充当するための剰余の存在とその蓄積が前提となる。

「アイヌでは威信獲得用品の大部分が和人からの輸入品であってそれが彼らの「宝物」ikoroとなっていた。その主座を占めたのは和製の漆塗木製大形容器shintokoと太刀emushiであって、すべて彼等の最大の集団儀礼であるクマ祭りに欠かせない重要な祭具であると同時に、その品質と数量がアイヌの富者nishipaの富の尺度、高位者の象徴となっていた。」「ギリヤークの富者は狩猟の成功者であって、それは超自然界との関係が良好な者に限られた。彼らの社会で富者が尊敬されたのは、富の蓄積が、その人の技量や才能だけの結果ではなく、自然界の神々の恩寵の結果、即ち神々とのとの社交能力－超自然界の制御能力の結果とみなされたからである。」（渡辺1990）

アイヌやニブヒにとって「ゆたかになるには、よき狩人、よき漁夫でなければならず、このことで、毛皮や油の剰余を蓄積でき、外部財との交換を成功させることができる。だが個人的な如才のなさや才能だけではまだ十分ではなく、狩りや漁には幸運が必要である。この幸運は神々の善意に、つまり獲物、海洋性哺乳類あるいは魚の主、動物を支配してその多寡を司るイズなど、さまざまな自然の主の善意にかかっている。ニブヒ族では、富者は、その超自然との特恵的な関係をさらに強調するために、イズ（主）と呼ばれていた。アイヌ族は、物質的に裕福な人々は多くの供物を捧げものだというこの因果関係をひっくりかえして、富のなかに神々に対する尊敬の結果を見ていた」
アイヌの「祭りの豪華さは、すぐれて富の象徴であり、同時に神々への尊敬の印しでもある《宝物》の展示と対になっていた。」
「明らかに奢侈財の主要機能は、社会的不平等を表示することにあった。最も明白な不平等の印しであると同時にまた、超自然的な報応の印しでもあったわけである。」（A．Teatart　1982、山内訳1995）

渡辺仁やテスタールは、アイヌやニブヒ（ギリヤーク）の民族誌を通じ、これらの社会において奢侈・希少財の入手が、単に獲得した者の威信を示すに留まらず、神々の恩寵の結果－神々への尊敬の証として、富者と貧者という経済的な格差・隔たりを正当化するイデオロギーとして機能することを明らかにしている。

威信財の入手が、（あまり穏当な表現ではないが）上述したように「階級対立」を隠蔽する「イデオロギー」として機能するという極端な形態をとらなかったとしても、奢侈・希少財の存在とその偏在は、剰余の存在と蓄積という経済的な優位性が許容される社会の構造を示すもの

としてよいだろう。逆に、墓壙への副葬に見られるように、こうした財貨が共同体の管理下にあったとする積極的な根拠は見出しがたい。経済的な優位性は、希少財・奢侈財への転換を通じ、社会的威信あるいは地位へと転化されたと考える。少々婉曲な表現になるが、ここでの威信財は地位を表徴しているのではなく、地位を主張しているのである（それは社会的関係の静態的な表徴なのではなく、社会関係の能動的な媒体なのである）といえるだろう。

　前節において、基本家族－世帯（中核家族を中心とする同一住居の居住集団）－集落（中核世帯を中心とする世帯の集まり。世帯群）という階層構造として把握した集落の集団構造は、石鏃の出土が顕著な広場集落（狩猟系集団を中心とした世帯群）を核とした集落間関係へと拡大できるだろう。前期の奥東京湾沿岸域における社会はこうした広場集落を中心とした（しかしながら）フラクタルで境界線のあいまいな集落群の連なりとして再構成できる。

3　集落における広場と墓域をめぐる素描

　「過去が現在との関係で想起され、言語・図像・儀礼などによって再提示"re-present"つまり表象されるとき、それが『歴史』としての位置を占め、現在に対してある意味を帯びることになる。過去を想起するというのは想像力を過去へ投影することだ。ただその時、過去を想起する、あるいは想像力を投影する拠りどころとなる、過去のしるしがあるか、あるとすればどんなものかが問題となる。」（川田順造1999）

　集落遺跡における広場のポジティブな性格を端的に示す現象の一つが、広場に繰り返される死者の埋葬（墓壙群の形成）にあることは、これまで何度となく指摘されてきた（山本1991、谷口1998）。その典型は横浜市南堀貝塚、千葉県四街道市木戸先遺跡、同市南羽鳥中岬遺跡E地点、市原市飯山満東遺跡、埼玉県上福岡市鷺森遺跡、東京都北区七社神社前遺跡、栃木県宇都宮市根古谷台遺跡等、前期の集落遺跡に見ることができる。当該地域における打越遺跡の関山式期の住居群に囲まれたその土坑群は、その代表的かつ最も初源的な事例になるだろう（図20、22）。「環状集落」「縄文モデル村」と呼称される広場を囲んだ集落プラン、小稿でいう広場集落の出現段階とされる当該期のそれに、墓壙群の形成が既に認められることは、縄文時代集落の広場がその当初から墓域として機能したこと（あるいは、死者の埋葬との深い関わりの中で営まれたこと）を示すものとして重要である。

　なぜ墓壙が集落内に設けられるのか（死者の埋葬が繰り返し集落内に行われるのか）。それは単に、集落と墓域が未分化な「原始集落」（あるいは集落と墓地）のプリミティブな様態を示すものではない。死者の埋葬を居住地内に行うことは「自然」なことだろうか。また、多くの研究者は広場に設けられた墓域を先験的に「共同墓地」と認識して、本質的に平等な社会像を見

第Ⅲ章　広場の社会学

ようとしてきた。縄文時代の墓地に、死者間の明確な差異化をはかることの無い社会、死者と生者の（単に物理的なものにとどまらない）距離の近さ、日常におけるマジカルな領分の高さを、弥生時代以降の溝に囲まれ盛土を有する墓地に家族の序列、政治的意図の表明を見て、両者の断絶性を強調するのは容易ではあるが、そうした考え方（例えば水野1987のような）は、しかしながら正しくはないだろう。

　死者の埋葬、葬送儀礼が社会的諸関係の再生産に果たした役割については、溝口孝司によってその理論的基盤が固められている（溝口1991、1994、1996）。儀礼、特に葬送のそれをめぐって喚起される記憶・イメージの利用（資源化）が、社会的諸関係の確認・再生産に果たす役割（いわば権力や権威を正当化「聖化」あるいは「自然化」する儀礼の政治性）を提起する議論の射程には、当然縄文時代も含まれるはずである。方形周溝墓への埋葬をめぐって家族内の権威関係が表示され秩序づけられていくこと、古墳の造営、その形態と規模が造営主体者の序列、政治的関係のパワフルな表現であることは度々指摘されている。集落内、住居の傍らに営まれた縄文時代の墓に後の時代には見られないような生者と死者の緊密な関係（註11）が伺われることは間違いないが、前二者弥生・古墳時代の墓同様に、それは個人・家族・世帯・世帯群・地域集団といった集団間あるいは集団内の関係を表示し確認するために、集落に居住して埋葬行為を行う主体者の側からその客体側に示されたものと理解すべきであろう。死者の埋葬と集落遺跡の広場を通じ何が表明されたのか、そこに集団間・集団内の関係をめぐるいかなる意図が付託されていたのか考える必要がある。

　死者の埋葬を繰り返すことによって形成される墓域は偶然の産物ではない。墓域が形成されるには（当然のことではあるが）先行する死者の埋葬から次の死者の埋葬までその「記憶」が（もしその間の集落営為に断絶期間があれば、その期間を挟んでなお）集落の居住者に保存され続けることが前提となる。集落営為に近年指摘されるような断絶期間があるとすれば、「記憶」の保存は（前述した広場の「記憶」とともに）こうした断絶期間をはさんでなお維持されたことになる。また、死者の埋葬が単なる「死体の処理」にすぎないとすれば、墓域が（ましてや集落内に）形成される必然性は無いことになる。埋葬された死者は、黒尾等が言うように（黒尾1988）「うち捨てられた」わけでは、けっしてないのである。こうした意味で墓域－広場は、死者の埋葬とともに死者についての「記憶」と「イメージ」が次々と付加されていく場として位置づけられるだろう。（墓壙が明確な墓域を形成することなく集落遺跡内に散在する事例（鈴木1991）も、墓が集落内に営まれそこが儀礼の場となるという意味では同様のものと考える。）（註12）ここには繰り返される埋葬－新しい死者の先行する死者達への追加をめぐって3つの関係が生じることになる。第一は生者と彼らによって埋葬される死者の関係。第二は新たに埋葬される死者と既に埋葬されている死者達の関係。第三に広場に埋葬されている死者達と集落の

居住者たる生者達の関係である。その構成員を（第一の関係のもとに）先行する死者達の列に加えること（第二の関係）は埋葬行為の主体者にとって、埋葬されている死者達との系譜（第三の関係）を強調する絶好の機会であったろう。広場には死者達の埋葬が次々と「上書き」されていくのである（註13）（註14）。第三の関係はまた、居住者が墓域－広場に接して住居を営むことを通じて前述したところのその深い緊密性が、日常的に表明・確認され、また「自然化」されることとなる（註15）。加えて、石鏃や希少財の集中から狩猟活動の起点や儀礼の執行が想定される遺跡が広場集落に重なることを前節で指摘したが、こうした葬送以外の様々な機会をとらえても死者と集落の居住者の関係が表示・確認された可能性は十分考えられてよい。ここで我々は、前述した田中や谷口の指摘（谷口1998a）にたちもどろう。住居がその入口を広場の側に向け、また重複する住居址が広場の内側を志向し、新設する住居と広場の間に住居跡の窪みを挟み込むことを、広場そのものの面積を狭めても避けるのは、住居の住人が、住居の入口を介して広場と通じ、また住居（その住人）と広場（埋葬された死者達）との係わりが日常的に表明され、「自然化」される必要があったためであると解釈できる（註16）。

　本節の冒頭に掲げた川田の言葉を借りるのであれば、こうした墓こそ、生者が「過去を想起する」「しるし」に他ならない。川田は逆に「歴史」の必要性の無い社会として、彼がフィールドとするアフリカのピグミーやクン・サンの社会をあげるが、同じく狩猟採集社会に属しながら縄文社会はその対極に位置する。死者の埋葬が繰り返された広場－墓域こそ、その「過去」を表象するもの「社会構造の内奥に意味を汲み取る、個人や集団の歴史の目に見える象徴・記号であるわけなのだ。」（ゴドリエ1985）

　藤尾慎一郎は英国考古学におけるブリテン島新石器時代葬制研究との比較から、ブリテン島の新石器時代同様に、縄文時代においても集団の領域・資源の継続的利用を対外的に表示・確認し「正当化」する手段として死者－先祖との関係が利用された可能性を述べる（藤井1994、1996）。藤尾の作業は、かつて佐原眞が小林のセトルメント・パターンAとブリテン島新石器時代のコーズウェイド・エンクロージャー（間欠周溝状遺構）との共通性を指摘した卓見（小林1986）を思い起こさせるものとも言えるだろう。

　広場集落に観察される住居址をはじめとする遺構の累積、遺跡としての利用頻度の高さは（近年の研究が明らかにしたように、それは必ずしも集落の継続的な居住や、居住する集団の規模の反映ではなく）、広場集落が「場」として居住する集団をめぐる社会的諸関係の再生産に果たした重要性と係わるものとして位置づけられる必要がある。そうした意味で広場を有する縄文時代集落は、長い年月を通じて儀礼的意味が付与され続け（居住集団によって「意味づけ」られ）、世代を越えて維持・継承されあるいは断絶期間を挟みながらも、回帰される場であったと考えられる。ここには小林が「由緒付け」と呼んだ集落の居住集団による景観の「意味づけ」

第Ⅲ章　広場の社会学

（小林1995）と類似の行為が、居住者と墓－広場－集落との間に取り結ばれたことが考えられる。つまり、居住集団は広場への死者の埋葬や種々の儀礼の執行を通じ、集落と自己の関係を「由緒付け」、正当化するのである。縄文時代の集団内あるいは集団間関係の維持・創出のために死者・先祖が利用されるという指摘は、既に山田康弘や春成秀爾によって後期初頭の多人数合葬例や後期の配石墓について提起されている（山田1995、春成1998、1999）。同様に、縄文時代の記念物（モニュメント）と居住集団との間に取り結ばれた関係に、宮尾亨はこれら記念物・モニュメントの「口承伝承」にまつわる「記憶装置」としての、そこで執行される儀礼の「舞台装置」としての機能を見る（宮尾1999）。（筆者が小林達雄の言葉を借りて「由緒付け」「意味づけ」また「関係性を強調」するとし、宮尾が「記憶装置」と呼ぶものは、若干のニュアンスの違いはあるが、ほぼ同様のものと理解している。）山田や春成また林謙作（林1997）や小杉康（小杉1995）、小林克（小林1997）そして宮尾（宮尾1999）等、近年さかんに行われる縄文集落・モニュメント・死者・祖先との連関性への指摘は、（直接の論及こそないが）藤尾同様に英国ポストプロセス考古学を中心とした葬制研究の直接・間接の影響下に行われたものだろう。この点で、モニュメントに示される死者・祖先を基軸とする種々の儀礼を、限られた資源をめぐる集団間の競合の中で、死者・祖先との系譜関係を表示・確認することによって資源利用の正当性を主張するものだと解釈する英国の葬制研究と縄文時代集落に観察される諸事象を比較する藤尾の作業の示唆するところは大きい（註17）。

　谷口康浩が「点滅的」という巧みな表現で述べた「環状集落」広場集落の（縄文時代を通じての）出現と消滅の繰り返し（谷口1998）は、遺跡数そのものの増減と重なる。そこに遺跡数に比例した人口増と集団間の資源をめぐる競合関係を想定するとすれば、上記の解釈を広場集落にだぶらせてみることは十分可能だろう。おそらくは、こうした広場集落に（継続的、断続的、一時的に）居住すること、あるいはそこで行われる死者の埋葬をはじめとする儀礼行為においてその主体者の側にあることが資源へのアクセスにつながっていると考えるべきであろう（註18）。居住行為と埋葬をはじめとする儀礼の積み重ねられた「場」でありその記憶媒体、まさしく集団の歴史の「歴史」の表象でもある集落の広場は、その土地が無主の土地ではないことを示す「なわばり標示物」（テリトリアル・マーカー）であり、住居が営まれていなくても（何らかの理由から集落への居住が行われていなくても）その存在が土地の居住者と隣接集団に周知され、彼らの生活領域に係わる「認知マップ」（註19）上に記憶されていた可能性は非常に高い。春成は、同様に狩猟採集民が祖先との系譜関係を強調することによって、土地の利用を正当化したことを想定する（春成1999）。「狩猟採集民は祖父－父－子－孫とつなげることにより、自らの生活領域を「祖先伝来の土地」として占有・利用する権利の正当性を主張する。（中略）すなわち、土地－祖先－生者の関係を血縁的なものとみなすイデオロギーによって、自ら

の存在を確認」していたと考えるのである。居住の短〜長期にわたる断絶期間を挟んでなお特定の集落に回帰し、その集落プランが維持され続ける理由もここに求められるだろう。強調してきたように、「大規模」と呼ばれる居住痕跡の累積は単なる偶然の産物ではないし、「裸地」としての土地の利用のしやすさや、水場の有無や食料資源の存在といった単純な理由に還元されるものではないのである。水田や畑といったはるかに多くの不動産を持っているはずの弥生・古墳時代以降の集落と比較しても遜色のない、あるいは時にそれを凌駕する縄文集落の著しい「定着性」と「回帰性」にこそ注目しなければならない。縄文集落は後の時代の集落と比べ「定住的」なのではなく「定着的」なのであり、集落プランとその占地の維持に「執着的」なのである。そしてその「定着性」と「執着性」は、何度も述べてきたような社会関係の再生産に係わる「場」としての重要性によるものと理解される（註20）（註21）（註22）。

　「点滅的」と称される広場集落の出現と消滅は、豊富な資源の存在や技術・生態システムの革新による集落規模の拡大（谷口1998）と環境の悪化によるその崩壊の過程ではなく、テリトリー・資源の占有をめぐる集団と一定の土地との、あるいは集団間の関係性の展開過程と理解できる。ここには「共同体」の前提が「土地」の「占取」にあるとする大塚久雄の「共同体論」、また「定住」をめぐる和島誠一の視点が一定の「土地」に対する居住集団の結びつきの強化、「定住生活の形成に伴う土地占有関係の歴史的形態の変化」にあったとする林謙作、佐々木藤雄の指摘が想起される。そうした意味で、広場集落は「定住」傾向の強化の結果ではなく、「土地」と居住集団の結びつき、「土地占有関係」の表示・確認・再生産の場そのものと捉えなおされるべきだろう。ここに、広場集落はテリトリー・資源をめぐる集団間関係を分析・再構成する操作概念へと止揚される。こうした点で、中期の広場集落の分布にティーセン多角形を描き、そこにその集落を中心とした領域の存在を想定する谷口の作業（谷口1993）は、少なからず魅惑的である。

　では、具体的に広場集落を基軸に据えて前期奥東京湾沿岸域の遺跡群を見るとき、共時的にはいかなる集団間関係をそこから読みとることができるのか。またそうした関係は、既述したところの技術・生態システムと資源獲得戦略のなかで、通時的にどう変化したのか。

註
(註1)　千葉県千葉市加曽利貝塚や埼玉県の浦和市馬場小室山遺跡、桶川市高井東遺跡等の、下総台地や大宮台地の中〜後・晩期に知られる窪地を囲んだ集落形態は、こうした広場を可視化することを意図した占地であろう。広場を囲んで展開する集落のプランニング上の適地として、こうした地形が意識的に選択されたと考えられる。前期の奥東京湾沿岸には、岩槻市黒谷貝塚にこうした窪地を囲んだ集落形態が知られている他（岩槻市史編纂室1983、田中他1998）、富士見市水子貝塚

第Ⅲ章　広場の社会学

　の地形図（荒井他1995）、千葉県松戸市幸田貝塚（図33）にも等高線に同様の窪みが読みとれる。
(註2)　小川1998では田中氏本人からの御教示によっていたが、その後、田中氏自身により論及されている（田中1999）。
(註3)　前期の関山式の標式遺跡として知られている蓮田市関山貝塚は、1971年と1995年の調査で、低地側に向け主軸を平行させる当該期の住居址が3軒検出されている。遺跡としての広がりはそう大きなものではなく、沖積低地に沿った台地縁辺部の極めて限定的な展開が予想されている。上尾市稲荷台遺跡は、近年その周辺を埼玉県埋蔵文化財調査事業団によって調査されているが、新しい住居址は検出されておらず、1974年に調査された4軒の住居址をこえる展開は想定できない。これら4軒の住居址群はその主軸を東側の低地へと向けている。
(註4)　「認知マップ」脳に記憶された地理的情報。（小林秀樹1992）「認知マッピングとは空間に関する情報が獲得され、コード化され、蓄積され、再コード化される過程であり、それが日常の物的環境の理解に適用される過程である。そして認知マップとは上記の過程において頭の中に作られる生成物である。」原語はコグニティブマップ。通常は認知地図と訳される。「認知マップ」の訳は小林秀樹による（小林1992）。
(註5)　小林自身の作業においてこの議論が具体的な作業を通じて深められることは無かったが、例えば可児によるセトルメント・パターン分析の視点にはその影響が認められる（可児1982）。
(註6)　側ヶ谷戸貝塚出土のイノシシ頭骨について、旧稿（小川1999）では下顎骨としていたが、クリーニングの結果頭骨であったとの御教示を山形洋一氏より受け、今回頭骨に改めた。　なお、同様のイノシシ頭骨・下顎骨の安置や集積は、後続する黒浜式〜諸磯a式期の広場集落においては、いまだ知られていない。せいぜい水子貝塚15号住居址、天神前遺跡の18号住居址の貝層中にそれぞれ1体分の下顎骨の出土がある程度で、側ヶ谷戸貝塚、打越遺跡、幸田貝塚のそれに比較して動物祭祀の存在を伺わせるような明瞭な形をとってはいない。逆に、貝崎貝塚の諸磯a式期の土坑内からイノシシの頭骨が出土するなど、ここで述べる石鏃多出遺跡とは目しがたいような遺跡（側ヶ谷戸貝塚の集落遺跡としての内容は不明な点が多いが）に、少数とはいえ同種の状況が知られていることから、これ自体を石鏃多出傾向のある遺跡に限定された特色であるとは言い難いようだ。

　　　また、倉田は、イノシシの頭骨や獣骨の集中が見られる住居址に、完形土器や大型破片の意図的な配置が読みとれるとしている（倉田1999）。イノシシ頭骨を中心とした獣骨の集中が見られる側ヶ谷戸4号住居址や打越遺跡173号住居址においても、貝層上や貝層下から多数の完形・半完形の土器が出土しており注意される。
(註7)　例えば、（小薬1991）に見るような。住居形式の違いを短絡的に集団差に結びつける作業の問題点は前章においても批判したところである。
(註8)　集落の長であり、集落開始以来の家系とされる家族の家長。ただし必ずしも固定的な存在ではなく、泉によれば世帯の盛衰によって入れ替わりもあるという。
(註9)　あわせて、奥東京湾沿岸とその周辺地域において、銛等の漁労具の出土が、千葉県市川市庚塚遺跡、埼玉県松伏町本郷遺跡等、特定の集落遺跡に限定されることも、同様の現象として捉えられる可能性が指摘できる。金山は、80年代後半に、こうした漁労具の特定遺跡への偏りに注意を向けていた。（金山1987）また、後藤明は、渡辺仁の言う「生業分化」が漁労活動においても生じて可能性を、ポリネシアやメラネシア等の事例を通じて指摘している（後藤1996）。銛をはじめと

する骨角製漁労具の対象となる大型魚の漁が、生業活動としての必要性を超えた「威信経済」、または効率的ではない資源を誇りや名声の獲得のために行う「マイナーサブシステンス」（松井1998、山本1999）の区分に属するもので、これらの遺物が出土する遺跡が、上述の石鏃多出遺跡と類似した性格を有するものであり、遺跡の居住集団の中核が、こうした漁労活動の専従集団であったという想定も可能ではないだろうか。今後の資料の集積を待たねばならないが、骨角製漁労具が集中して出土する当該期の遺跡に、本文中で述べた石鏃多出遺跡と類似した性格を重ねることは、検討に価しよう。

(註10)「死者と今生きている人が共同経営している」（小林1998）

(註11) 遺棄か埋葬かという点で問題となるのは当該段階から見られるようになる廃屋墓である。水子貝塚の事例では、骨に小型の齧歯類による噛痕が観察され、貝層が被せられるまでの一定期間遺体がむき出しになっていた可能性が指摘されている（荒井1996）。しかしながらこのことは同時に、検出された人骨は大部分が本来の位置を保ち、犬のような大型の動物に攪乱されていないなど、埋葬まで遺体が他の動物に荒らされないように高床の台の上に置くとか、竪穴住居の上屋を残し閉塞するとかいったような遺体の保存のための何らかの処置の存在を示しているとも言え、遺体が遺棄されたものでないことは確実であろう。ここでも墓が集落との深い関わりのもとで営まれることに変わりがないことは強調できる。もっとも、貝塚地帯にありながら当該地域における事例そのものは少なく、一般的な葬制とは考え難いようにおもう。こうした埋葬方法について現時点でその説明は用意できないが、再葬が何らかの理由で中断されたもの、あるいは水子貝塚を含め多くの例で貝殻による被覆が観察されていることから、同様に遺棄された後に貝層が形成される該期の貝塚における前述した獣骨の検出状況との共通性を考えたい。

(註12) とはいえ、該期の墓域にこうした先行する死者に対する「祖先祭祀」の存在は認められない。抽象化された死者であるところの「祖先」あるいは「祖霊」は顕在化していないのである。そのため、ここでは「祖先」という言葉はあえて使用しなかった。小杉が指摘するように「祖先」観念の確立は、時間的に先行する墓壙の上に新たな配石が構築されたり、大規模な配石が構築され維持される後期以降に求めねばならない。（小杉1995）

(註13) 縄文時代の墓と祭祀の場の複合が祖先との係わりを確認する場であるとする指摘は小林達雄によっても行われている（小林1998）

(註14) 歴史的コンテキストは異なるが、濠に囲まれた屋敷地の北東隅に屋敷地および田畑を開発した先祖とおぼしき人物を埋葬している中世墓を、先祖を利用した社会的な諸関係の表明・確認の例としてあげることができる（高取1976、1993、勝田1993、都出1986）。この事例は埋葬された先祖を祀ることによって、単に屋敷神としての霊能を願うばかりではなく、屋敷地・田畑の所有を正当化し、「自然化」することを意図したものであろう。またそれがその祭祀主体（屋敷の主）の権威を強化するものであったこと、埋葬された屋敷地そのものも儀礼とその表示の場として田畑所有の中核となっていった可能性も併せて考えられる必要がある。

「中世においては造墓や葬式が遺産相続において重要な意義を」持ち、相続争いの頻発する中世には「訴訟において係争地に墓地が存在することや葬式の参列者の証言が証拠能力を持った。土地区画に見る私有権の成立と造墓による遺産相続システムの構築は表裏のものであった。」という宇野の指摘（宇野2000）も同様のものとしてここに挿入しておこう。

(註15) それは例えば、中核となる集落が墓を囲んで営まれ、こうした集落にあっては、墓が常に住

第Ⅲ章　広場の社会学

　　居の正面という、最上の位置を占めるインドネシア・スンバ島の集落を、あるいは死者を次々と
　　加えていく、マダガスカル島メリナの家族墓を思わせる姿である。住居出入り口の向きもまた、
　　単に風向きや地形等の要因に支配されるものではなく、社会関係の積極的な表明なのだとも考え
　　られよう。
(註16) あるいは、儀礼の執行が資源の利用・テリトリー占有の正当化係わるものであるというアイ
　　ヌ社会とその儀礼に関しての渡辺仁の記述（渡辺1977）が思い起こされるだろう。

　　「アイヌの動植物個体はそれぞれの首長にあたるkamuiの指示で、アイヌ界の各川筋のiworu（アイヌの
　　テリトリー）に現れるkamuiによってもたらされる。これはその川筋のアイヌが、その川筋の各種kamui
　　群、およびその首長群と正当な儀礼関係を結んでいるからだと信じられている。このようにアイヌと
　　kamuiの社会的結合関係は各川筋集団が占拠する川を中心としたその流域のiworuを最大単位として、そ
　　れぞれ独立的にその枠の上に組み立てられている。川筋集団がその川筋iworuの守護者をもって任じ、部
　　外者に対してそのiworuにおける一切の無断開発を拒否する理由はここにある。（中略）ある地表空間すな
　　わちiworuの上の資源を利用するために、そのiworuに関するkamuiの儀礼的制御が行われるとき、その
　　iworuは儀礼的制御主体のナワバリとなる。」（渡辺1977）

(註17) この点で、特定集落への帰属が、資源へのアプローチへとつながっていたとする今村の指摘
　　は重要である（今村1998）。
(註18) 註26
(註19) こうした資源の占有あるいは資源利用の優先権をめぐる集団間の競合については、伝統社会
　　における資源利用をめぐっての大塚柳太郎、内堀基光、掛谷誠、小長谷有紀、小林達雄、福井勝
　　義等の討議（「新たな資源論を求めて」大塚柳太郎編1994『地球に生きる　資源への文化適応』）
　　における内堀の発言が、参考となるだろう。「土地そのものは余っているんですよ。だけど、あま
　　っているにもかかわらず、土地に対する競争はあるわけです。その競争というのは、限定された
　　狭小な土地を争っているのではない。「土地」というよりはむしろ「大地」というべきでしょうが、
　　大地というのはポテンシャルとして広がっているので、そのポテンシャルに対するアクセスを人
　　間はいつも要求したいということだろうと思います。」
(註20) また、前述したところの広場集落を占拠する集団（集落の中核世帯とその周辺、あるいは狩
　　猟系集団）には、その集落を中心とした複数集落の纏まり（地域集団）の文字通りの核となり、
　　その利益を隣接する他の地域集団に向けて代表する性格を想定できる。
(註20) 宮坂英弌が社会的地区と呼び、また何らかの「社会的規制」の存在が、そこに想定されてき
　　たように、宮坂・和島以来（宮坂1947、和島1948）、環状に並ぶ竪穴住居同士を結びつけ、縄文時
　　代社会を読み解くカギとして位置づけられてきた、集落の「中央広場」は、同時存在住居が景観
　　的に環状を呈することが無いことから、既述のように近年その存在に疑義が提起されているが、
　　一つの集落における住居間（世帯間）関係よりも集落間関係あるいは複数集落にまたがる集団間
　　を取り結ぶ「場」なのであり、依然として縄文時代社会を読み解くカギとして位置づけられるべ
　　きであろう。

第Ⅳ章　環境・貯蔵経済・儀礼
奥東京湾沿岸社会の展開

早期末～花積下層式期

　完新世、利根川・荒川・入間川等の河川とその支流によって開析された深い河谷は、更新世に入るとヒプシサーマルにともなう海水の進入を受ける。海水面の上昇によって形成された新しい内湾は、古東京川から旧利根川、旧荒川、入間川等の流れる河谷へと急速に拡大し、旧利根川の河谷（現在の中川低地）に位置する三郷、また旧利根川、旧荒川、入間川の合流点近くに位置する草加には、9000年前に海水が到達、8000年前には下総台地の野田、大宮台地の春日部を結ぶ線にまで達する。埋没地形に残された海進期の堆積物中に、干潟の指標となる珪藻群集が見られないこと、最終氷期に形成された河谷の傾斜は急であり、海水の速度も早かったと想定されることから、一般に古奥東京湾沿岸域のエコシステムを特徴づけるものとイメージされる干潟の形成は、この時期まだ未発達であったことが指摘されている（金山1996）。このことは、当該段階に相当する早期前半に属する遺跡に貝塚がほとんどみられないことから追認されるだろう。

　よく知られた奥東京湾の水域が形成されるのは6500～5500年前とされる。言うまでもないことではあるが、土器編年から言えば早期末葉～前期中葉に相当する。この早期末葉に、該期から前期前半代（花積下層式～関山式期。それはそのまま当該地域における活発な遺跡形成の前半段階にあたる）を通じて重畳的な居住行為が営まれる打越遺跡の形成が始まる。小林のセトルメントパターンA相当の広場集落である打越遺跡の形成は、長野県知遺跡、東京都東久留米市向山遺跡（井口他1986）等の同じ早期後葉～末葉における広場集落の形成に連なる現象と捉えてよいだろう。この遺跡に匹敵する当該段階の集落遺跡は、奥東京湾沿岸域に知られておらず、こうした意味で打越遺跡における集落営為の開始は象徴的ですらある。その集落営為の開始に、広場集落を中心とした集落群というこれまで述べてきた社会－集団構造の成立を見ることも許されよう。

　続く花積下層式期には古入間湾（荒川低地）に接する武蔵野台地上に位置する打越遺跡に加え、大宮台地上にタタラ山遺跡、狭義の奥東京湾（中川低地）に接した下総台地上に幸田貝塚の形成が認められる。該期の30数軒に及ぶ竪穴住居址、土坑群が検出された白岡町タタラ山遺跡は、あわせて多数の石鏃、垂飾、耳飾りの出土が見られるなど石鏃多出－広場集落の傾向を見せるものとして注目できる（奥野1999）。また同じ大宮台地上には住居群の展開、広場の有無

第Ⅳ章　環境・貯蔵経済・儀礼

など不明な点も多いが、9軒の竪穴住居址が検出された浦和市北宿遺跡（青木他1987、1990）があり、同様に多数の石鏃、垂飾、耳飾りの出土が認められている。

　早期末〜花積下層式期を通じて、上記遺跡以外の集落遺跡は顕著な存在とは言い難い。川口市天神山遺跡（川口市教育委員会1978）、春日部市花積貝塚、大宮市南中丸下高井遺跡（山形他1988）、同市B－66遺跡（笹森他1993）、上尾市箕輪遺跡（赤石他1985）等で該期に属する住居址の検出が知られるが、その検出数は少なく遺物の量も貧弱で、豊富な遺物出土が見られる打越遺跡、タタラ山遺跡、北宿遺跡と比較し対照的ですらある。打越遺跡のような広場集落に対して、この段階の非広場集落は、集落（居住単位）として安定的な存在とはなっていなかったような印象を受ける。儀礼・生業等の様々な局面において活動の中核となった広場集落とその占有集団（中核世帯）に対する他の世帯、家族の存在は数的に少なく、その自立性は低かったと考えられる。複数の集落を包含する地域的な集団の活動が、集団の離合集散の動きの中で最終的にはその中心となった広場集落に収斂するものであった結果が、こうした遺跡群の状況をもたらしたものという見方も許されるだろう。住居の反復利用と規模の変動が続く関山式期以降のものほどは顕在化していないこと、数的には少ないが規模としては後期段階のそれに劣らない貯蔵穴の存在は、そうした特定集落への求心的、集約的な居住形態の傍証となる。

　この時期から続く花積下層式期、打越遺跡をはじめとして湾沿岸域の遺跡における貝塚は極めて小規模で、その形成は不活発と言える。9000〜8000年前の内湾域の急速な拡大期段階において、貝類採取に適した干潟の形成が未発達であったという金山の指摘については既にふれたが、奥東京湾沿岸域における貝塚形成が始まりその水域が安定したと考えられるこの時期、開析された河谷の深さなど各所で若干の差異はあるだろうが、海進はなお進行段階にあり河川による沖積作用は十分ではなく、干潟の形成は大きなものではなかった可能性は高い。（このことは続く関山式期における遺跡数の増大への伏線となる。）該期における生業活動の対象は、全面に広がった内湾域よりもその後背にある落葉広葉樹林にあったと考えられる。この時期の打越遺跡や後述する北宿遺跡等に見られる（数的には少ないが）後期のそれに規模が劣らない貯蔵穴の発達、磨石・石皿・スタンプ形石器等の植物性食料の処理加工具と目される石器群の安定的な出土は、落葉広葉樹林への適応に伴う事象であろう。河谷の開析が比較的浅い荒川（旧入間川）低地は早い時期に干潟の形成が始まっていたことが想定され、打越遺跡の立地がこうした干潟の存在を強く意識したものであることは間違いないだろうが、既に述べたように、打越遺跡における集落形成そのものの契機を干潟の貝類採取にもとめることはできない。

関山式期

　海水面の上昇は総体としてはなお進行段階にあったと考えられるが、貝塚の形成は前段階と

は比較にならないほど活発化し、貝類の採取に適した環境の拡大が想定される。海水の進入の一方で、河川による沖積化作用が進み、湾岸の各所で干潟の形成が顕著になったものだろう。

　前段階に引き続き打越遺跡における集落営為は継続し、特に貝塚の形成はそのピークを迎える。打越遺跡においては、中期の広場集落に観察されるものと同様に（早期の住居址の内側に花積下層式期の住居址、その内側に関山式期の住居址のものと）より広場の内側に向けて続けられた住居の構築が、該期の中葉（該期の5細分によるⅠb期）広場との面積的係わりから限界に達したようで、Ⅰb期からⅡa期かけて早期以来の住居群の南西側に新たに広場を囲んだ形で住居群の展開が見られる。現在我々が知る双環状の住居址分布が形成されるわけである（図22）。（住居の構築は続くⅡb期、旧来の位置に戻る。）また下総台地上の幸田貝塚は、該期にその集落形成が極相を迎えるようである（図33）。前段階からの継続的、重層的な集落形成の認められる両遺跡に対し、大宮台地上のタタラ山遺跡、北宿遺跡には該期の遺構は認められない。かわって同台地上には大古里遺跡、該期の後半（関山Ⅱ式期）には井沼方遺跡も形成され、重畳的な住居営為、多数の石鏃、希少財の出土から石鏃多出－広場集落と目される。もっとも、広場集落の数そのものは前段階と比較して大きく増大した様子はうかがいがたい。該期に入り遺跡数そのものはたしかに増大しているが、それは広場を有さない非広場集落の増大によるものである。該期における集落遺跡の増大と安定は、富士見市御庵遺跡（荒井他1979）、上尾市稲荷台遺跡（赤石他1979）、大宮市宮ヶ谷塔貝塚（山形他1985、田代他1985）、同市貝崎貝塚（山形他1984）等に見るように（特に非広場集落において）住居址の規模と数、土器・石器の安定的な出土等に見るように前段階とは比較にならない。

　貝塚形成（貝類採取）の活発化と集落遺跡の増大、内容的な充実が重なることは偶然ではない。この時期の非広場集落の増大と安定は干潟の拡大をはじめとする奥東京湾沿岸域における資源構造の変化と係わるものであったと考えられる。しかしながら、このことを居住集団の安定化と定住傾向の強化へと直接に結びつける性急な議論には慎重であるべきだろう。既にⅡ章において見てきたが、関山式期には竪穴住居の反復利用とそれに伴う著しい規模の変動が顕在化し、加えて資源の貯蔵傾向は屋外貯蔵穴の消失に示されるように前段階よりも低下している。矛盾するようだが、集落遺跡の安定化、内容的な充実の一方で、居住集団の流動性は逆に増していると考えられるのである。「豊かな資源環境→定住化」という図式的な理解は、ここには成立しない。

　該期における干潟の拡大が湾岸域にその後背に広がる落葉広葉樹林とあわせ、潜在的に高いキャパシティ（人口許容量）を保障したことは間違いない。しかしながら、拡大する干潟にあわせて姿を現したのは離合集散性に富んだフレキシブルで柔軟な集落・生業システムであったと考えられる。拡大した利用可能な資源は、居住集団の安定性、定住性を強化したのではなく、

第Ⅳ章　環境・貯蔵経済・儀礼

図33　松戸市幸田貝塚　（千葉県文化財センター2000原図を一部改変）

多様な代替資源の存在と集落の居住人員の再配置・集団規模の調節（ビンフォードの言うマップ・オン）による資源の時空間的な変動への対応を保障し、生計・生業活動の高い選択性・自由度と、居住集団の分裂、自立性の高まりをもたらしたのである。集落遺跡の増大とその内容的な安定、その一方での反復住居の規模変動から想定される離合集散性の顕在化と屋外貯蔵穴の消失に見る貯蔵傾向の低下という（考古学的に顕在化した）二律背反的な現象は、前段階において集落を営みつつも広場集落に回帰するという、広場集落を中心にした求心的ともいえる行動を繰り返していた（と想定される）非中核的な位置にあった家族・世帯の、中核集団に対する分裂と自立性の強化へ向けた動きと理解できる。前段階の集約的な居住形態は解体へと向かうのである。それを可能としたのは既に述べたように干潟の拡大による潜在的な資源（水産資源）の拡大であったろう。（逆に潜在的という意味では、該期の奥東京湾沿岸に居住していた集団は水産資源の利用について特化した適応を果たしていないのである。彼らは目前の水産資源を過小開発しているとも言えるだろう。該期の奥東京湾沿岸域における漁労具の出土は、質量ともに極めて限定的である。）

　非広場集落の増大と内容的な安定に伴い、打越遺跡、幸田貝塚、大古里遺跡等の石鏃多出－広場集落と、その差異が明瞭となっていることが併せて注意される。金山喜昭は海進による新たな生態条件の出現により、多様な食糧資源開発の可能性が高まり、渡辺仁が指摘する狩猟者と漁労に従事する非狩猟者からなる生業分化が進んだこと、またそれに伴う階層化が（奥東京湾沿岸域に）生じた可能性を指摘する（金山1992、1993）。石鏃多出－広場集落に対する石鏃出土の僅少な非広場集落の増大と安定、またそこに示される広場集落の中核集団（狩猟系集団）に対する他の集団（非狩猟系集団）の自律性の高まり（あるいはその逆の、非狩猟系集団の分裂による狩猟系集団の顕在化）に金山の指摘の具体相を見ることができる。

黒浜式～諸磯a式期

　大宮台地内に開析された支谷の1つ芝川低地に位置する寿能泥炭層遺跡の地質学的分析から、堀口万吉は海水の進入が諸磯a式期にピークに達したことを明らかにしている。沖積化と海進のピークは、流れ込む河川と内湾の状況に応じてかなり異なった様相を呈したであろうが、黒浜式期～諸磯a式期に海進は安定期に入り沖積作用も相俟って広大な干潟が出現したとする堆積土中の珪藻化石分析は、概ね堀口の指摘を追証するものであり、該期における前段階とは比較にならない貝塚形成の活発化、遺跡数そのものの増加現象がこれに重なる。

　遺跡数の増加から経験的に論じるのみで、その具体的数値をはじきだす術を我々はいまだ持っていないが、該期における遺跡数の爆発的とも言える増大に、人口の拡大と居住集団の更なる分裂を想定することは十二分に許されるだろう。これまで目立った集落遺跡が見当たらなか

第Ⅳ章　環境・貯蔵経済・儀礼

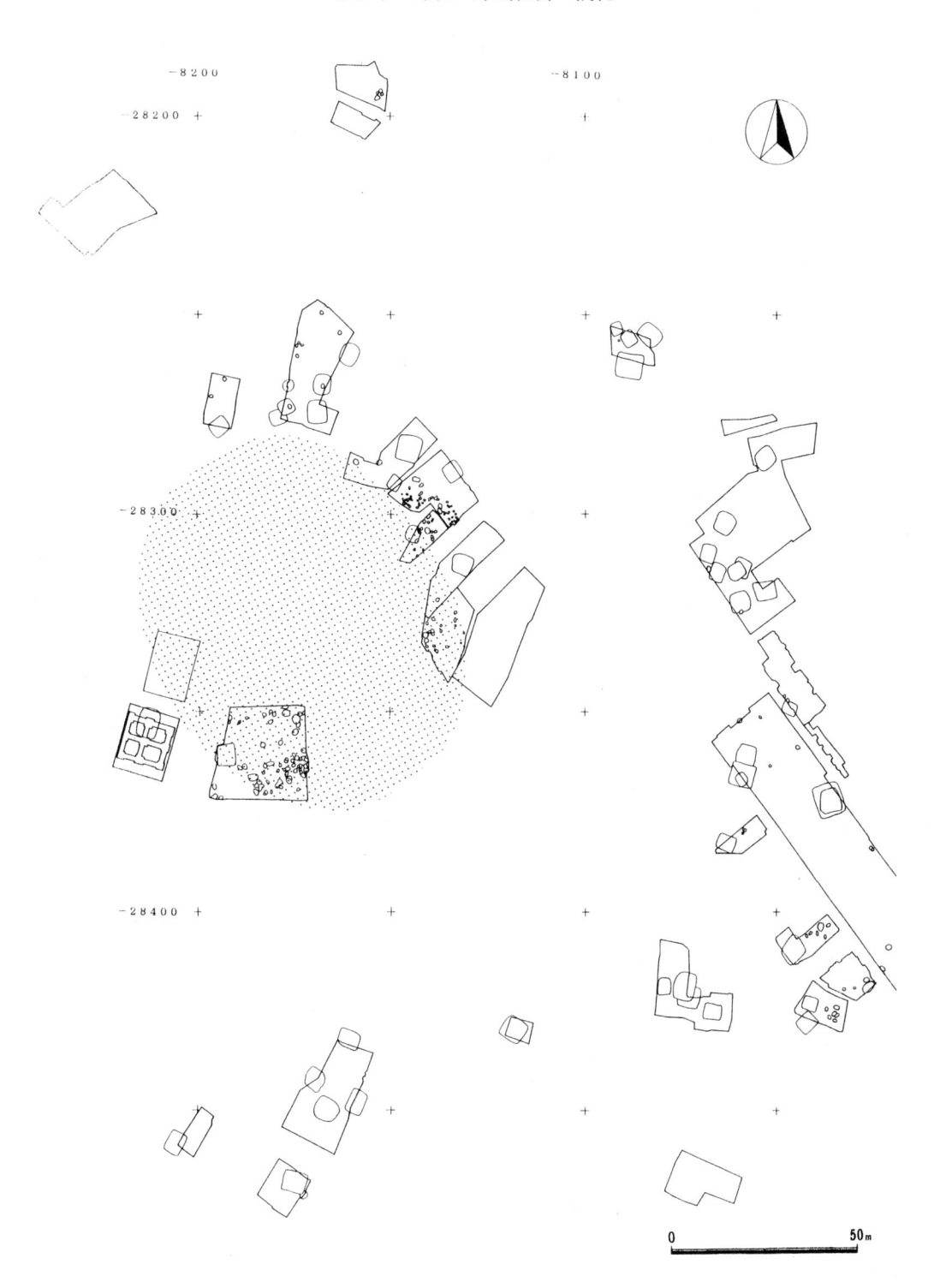

図34　北区七社神社前遺跡　（川田他1998原図を一部改変）

ったあるいは極めて限定されていた（埼玉県小川町平松台遺跡、同県飯能市小岩井渡場遺跡（金井塚他1969、安岡他1977）等皆無ではない。）内陸の丘陵地帯（おそらく、それまでは沿岸部の集団にとって広大な後背地として機能してきた）にも、該期以降集落遺跡の形成が顕著なものとなっていく。

遺跡数の著しい増大の一方で、前期前半段階の代表的な広場集落であった幸田貝塚、打越遺跡の両遺跡の集落営為は終了する。早期末以来営まれてきた打越遺跡は該期（黒浜式期）数軒の住居址の形成をもって廃絶し、支谷を挟んだ対岸に規模的に匹敵する水子貝塚が営まれる。荒川（入間川）のより下流にも墓域を囲んで多数の住居址が展開する東京都北区七社神社前遺跡が営まれる（川田1998）（図34）。また大宮台地上には関山式期から継続する広場集落である大古里遺跡に加え、広場集落としては打越遺跡・水子貝塚の両遺跡とともに、当該期の奥東京湾沿岸域を代表しているとも言える蓮田市黒浜貝塚群の天神前遺跡、岩槻市黒谷貝塚が営まれる。下総台地上には庄和町犬塚遺跡（埼葛地区文化財担当者会1999）、千葉県市川市庚塚遺跡（植月他1997）、関宿町飯塚貝塚（岡田他1989）等の広場集落が知られる。

この時期、水子貝塚、天神前遺跡、黒谷貝塚等の新しい石鏃多出－広場集落の形成と増大にも増して顕著なのが、石鏃の出土が僅少あるいは全く見られない広場集落の増大である。上福岡市上福岡貝塚、浦和市大谷場貝塚（青木他1967、1971）、岩槻市南遺跡（柳田他1971）、庄和町米島貝塚（柳田他1965）、野田市槙の内遺跡（金山1987）等の広場を囲んだ住居群の展開に示されるのは、分裂し自立傾向を強める非狩猟系集団による広場集落の形成であろう（図35）。

非狩猟系集団への広場集落形成の拡大は、広場における各種儀礼の執行を通じた、分裂した居住集団の（生計面ばかりではなく）儀礼的面での自立性の高まりと理解できるが、同時にそれは、前述のごとく儀礼を通じて居住集団の中心たる集落の営為主体が一定の土地との結びつきをアピールする場、土地の占有、資源利用の優先性を表示・確認する場の分立した集団への拡大を意味するものと解釈される。上記の諸遺跡上福岡貝塚、米島貝塚、槙の内遺跡等における墓壙の存在は未確認であるが（大谷場貝塚では広場中央の土坑から浅鉢が出土しており、墓壙が形成されている可能性がある。）、石鏃出土の僅少性に見るように（仮に墓壙が形成されていないとすれば、死者の埋葬も）、儀礼や生業活動のなお少なからざる部分を石鏃多出－広場集落におきながら、幾つかの儀礼活動を独自に執行することを通じて自立性と定着性を強めつつある集団の姿を、そこに描くことは十分に可能である。前段階まで、領域とそこにおける資源は（例えば打越遺跡のような）特定の広場集落を中心とした集落群、複数集落を包含した社会的なまとまり（地域集団）内で共有され、離合集散性に富んだ居住形態の中で、その核となった広場集落における儀礼を通じて表示・確認されてきたものだろう。分裂した集団にまで拡大した広場集落は、こうした資源の占有、資源利用の優先性の各居住集団（居住単位）への細分

第Ⅳ章　環境・貯蔵経済・儀礼

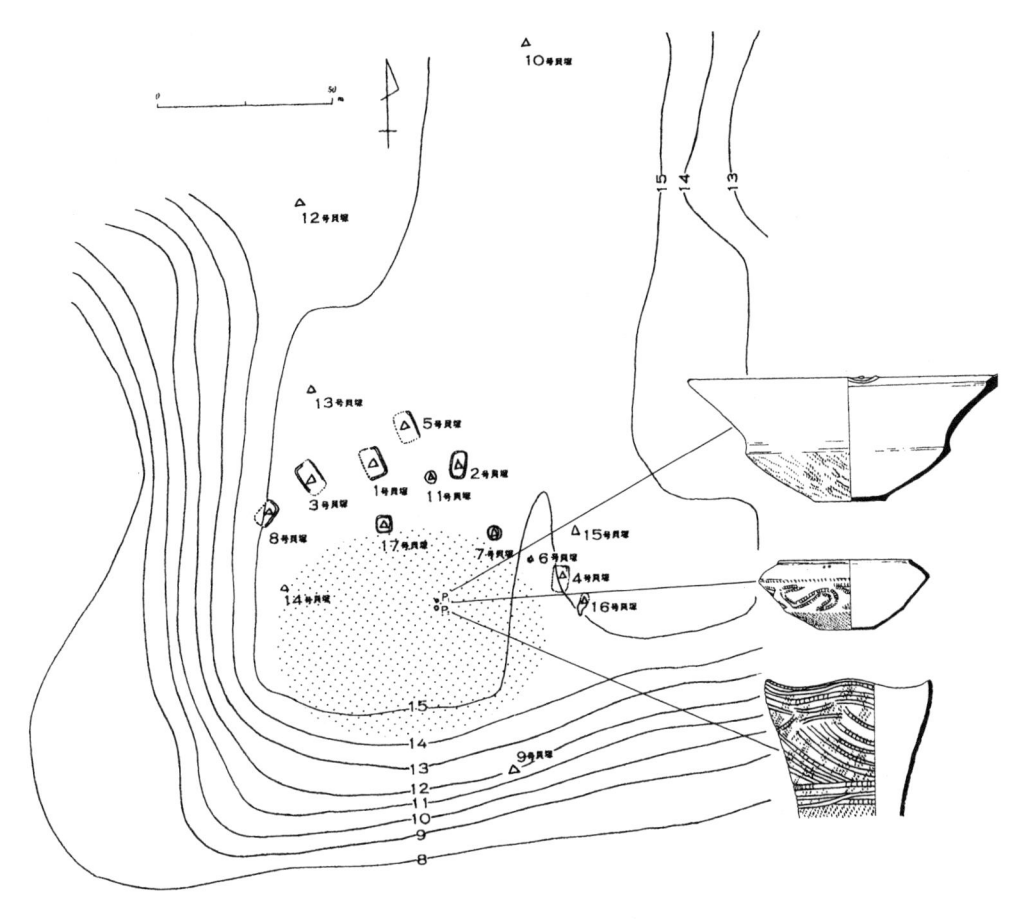

図35　浦和市大谷場貝塚　（青木1971原図を一部改変）

を意味しているものと考えられる。新たに形成されたこれらの広場集落とその居住集団は、特定広場集落（石鏃多出－広場集落）を中心とした社会的まとまりをなお維持しながら、資源の利用と占有をめぐる幾つかの場面においてはこれと対立あるいは挑戦する性格を有し、集落における広場とそこで執行される儀礼はその具体的な表明の場であった可能性が高い（註1）。

小林達雄は「縄文モデル村」（広場集落）にあっても多くの儀礼が行われる集落と、儀礼のごく一部のみが行われる集落といった階層構造が認められる可能性を、またそうした階層構造の中にあって「縄文モデル村」間の「機能分担」が固定的なものではなく「様々な事情が臨機応変」する状況を想定する（小林1986）。小林の指摘は、拡大する広場集落の「旧来の社会構造に対する挑戦的な」性格を考える上で示唆に富む。黒浜式期、重層する居住痕跡の一方で、住居址の主軸が一定しない散漫な住居址分布を見せる非広場集落から、浮島式期に住居の主軸を広場に向けて墓壙群を囲んだ集落構造へ移行し、同時に磨石・石皿・石斧類中心の組成から石鏃

中心の組成へと変化した飯山満東遺跡、同様にその石器組成が磨石・石皿類中心のものから石鏃中心のものへと移行する関宿町飯塚貝塚等の事例に見る集落構造の推移は、こうした集落の「機能分担」の変化、集落間関係の組み替えを予感させる。

また、増大した広場集落は、沿岸域における他の広場集落に対してだけではなく、それまで後背地にすぎなかった内陸部に進出した集団に向けて、自己の集団が位置する（沿岸部という）有利な土地に対する資源利用の優先性を表明するものであったかもしれない。

この時期、関山式期には限定的だった堅果類の貯蔵が再び活性化する。蓮田市天神前遺跡においては、黒浜式〜諸磯a式期に属する多数のフラスコ状土坑が検出されている。同様の貯蔵穴は流山市西初石3丁目遺跡（黒浜式期）、大宮市貝崎貝塚（諸磯a式期）等でも確認されている。（多摩川水系に位置する稲荷丸北遺跡の貯蔵穴も該期のものである。）（図36、37）前段階には見られなかった屋外貯蔵穴が再び営まれるのである。あるいは上福岡市鷺森遺跡（笹森1987）における打製石斧中心の石器組成に見るように、中期の遺跡同様の根茎類採集への著しい依存・傾倒と把握される傾向を示す。こうした状況に重なるように、反復に伴う住居の規模変動は小さなものとなる。奥東京湾沿岸域における武蔵野台地上の黒浜式期から諸磯a式期・諸磯b式期にいたる住居址を集成しその変遷を追った荒井幹夫の作業は、黒浜式期において大形から小形までバラエティに富んだ住居址の規模が諸磯a〜諸磯b式期にかけて中形に平均化し、変異の幅が小さくなることを明らかにしている（荒井1995）。あわせて、反復に伴う住居の規模変動は前述したように小さくまたは見られなくなっていく。この傾向は奥東京湾沿岸域全体に認められる。堅果類の貯蔵が強化され、あるいは根茎類への依存を強めていくなか、反復住居址に示される住居址の居住単位（世帯）の流動性はその幅を減じるのである。世帯構成は複数の基本家族が複合する相対的に規模の大きなそれまでのものから、単一の基本家族を中心としたものへ移行し、固定・安定化していったと考えられる。縄文時代の世帯構成を代表するかのごとく言われる単一の基本（核）家族を主体とする世帯が成立にむかうのである（註2）。

広場集落の増大（特に分立傾向を強める非狩猟系集団による広場集落の形成）、屋外貯蔵穴の再出現に示される堅果類貯蔵の活性化（より内陸寄りの遺跡においては根茎類への依存強化）、住居址規模の平均化と反復住居における規模変動の減少（おそらくは世帯構成の固定化・安定化）、これらは当該段階における資源獲得戦略と集団間関係の（漸移的ではあるが）大きな変化を示唆するものだろう。遺跡数の増大に示される人口増と集団の分裂の結果、各居住集団当たりの利用可能な領域は減少する。後背地への集落遺跡の進出に見るように、各居住集団に隣接する他集団の数は増加し、集団間での資源をめぐる競合が激しくなることが想定される。居住人員の移動と再配置、集団の規模調節に基づく資源獲得戦略は、資源の過小開発を前提としており、そのキャパシティ（生態学的なそれではない）いっぱいまで人口が増大した結果、当該

第Ⅳ章 環境・貯蔵経済・儀礼

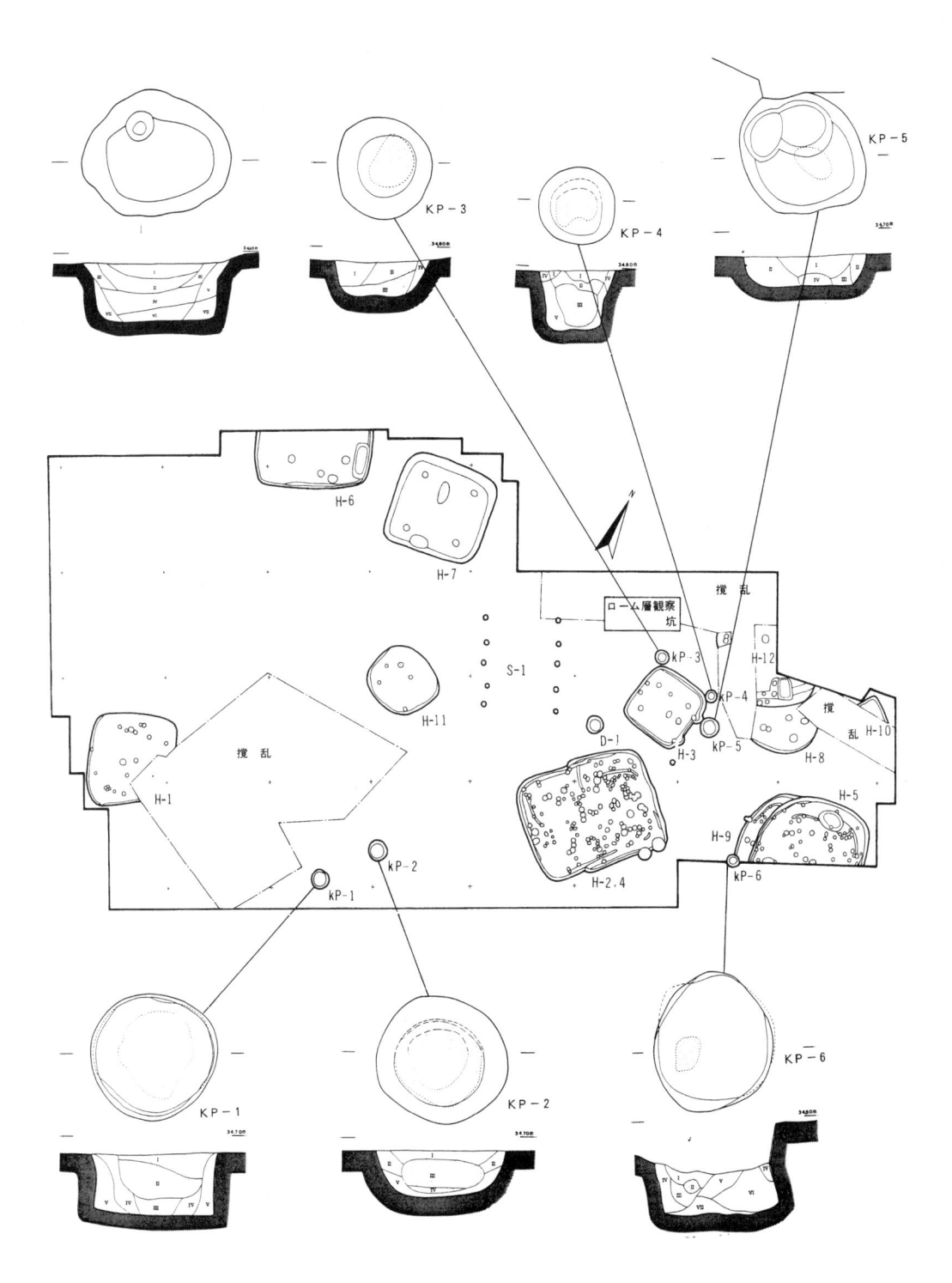

図36 稲荷丸北遺跡の貯蔵穴（諸磯式期）　（稲荷丸北遺跡調査団1983原図を改変）

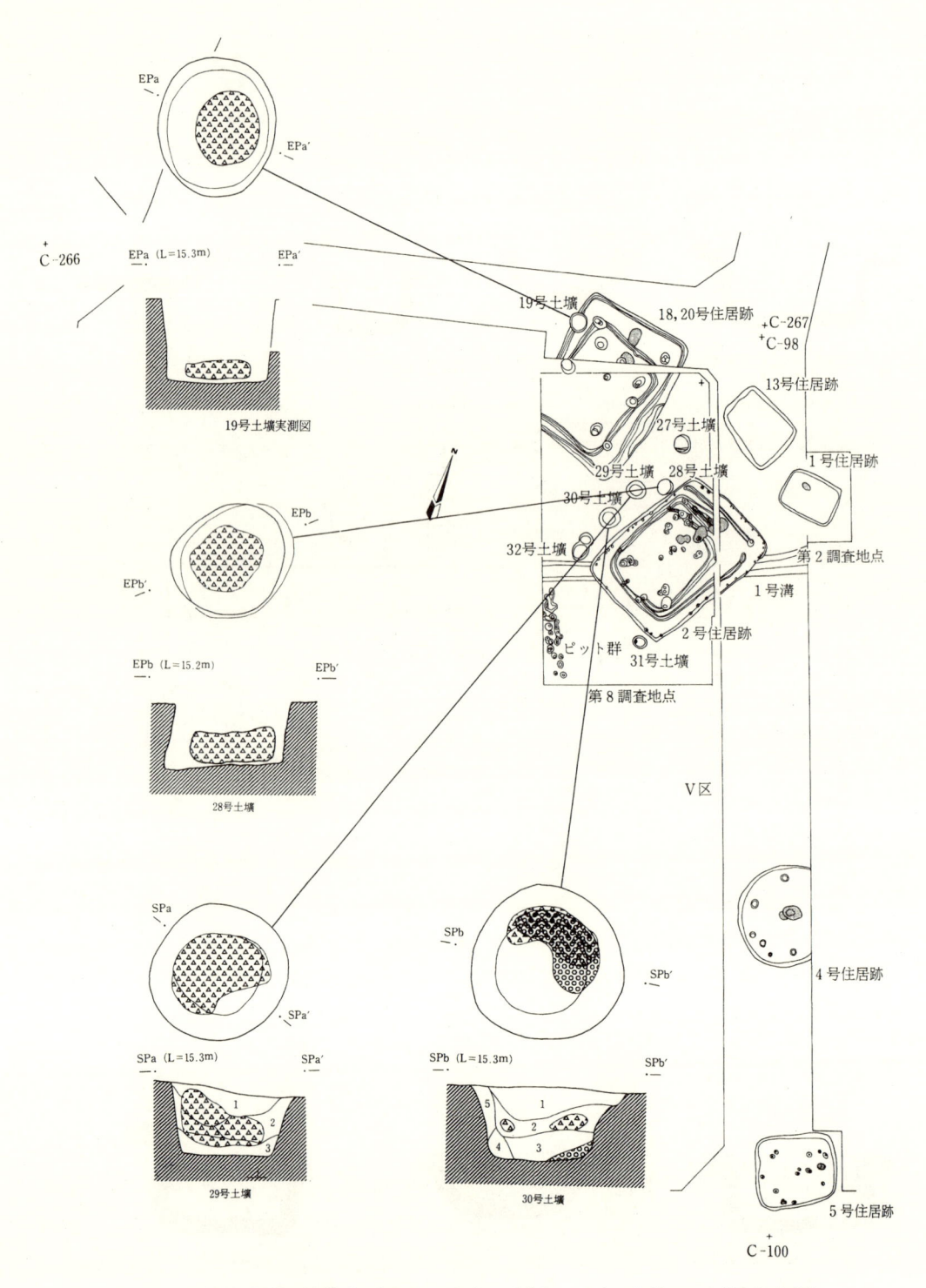

図37　天神前遺跡の貯蔵穴（黒浜～諸磯a式期）　　（田中他1991原図を改変）

第Ⅳ章　環境・貯蔵経済・儀礼

地域の集団は従前からの生業戦略また社会的な戦略を大きく転換させざるを得ない。資源をめぐる集団間の競合が激しくなる中で、各居住集団は資源を共有するよりも、細分された領域と資源に対する隣接集団の利用を制限あるいは排除する傾向を強め、その一方で隣接集団との相互扶助等の関係を維持するため、広場での儀礼活動を通じて領域と資源の占有・その利用の優先権を他集団に表示・確認し正当化する必要に迫られるのである。大塚和義は縄文時代後期における同様の現象について「後期の共同体は、それぞれの占有領域が確立された結果、個々に自立した閉鎖性と共同体相互の連帯性という二律背反的な性格を（中略）反映して、生産諸関係のあらゆる局面において生じる多くの矛盾を（中略）抑制するための宗教的イデオロギーの強化がはかられている。」と述べている（大塚1968）。

　他方生業活動の面では、（人口の状況においては集団が広範囲に分散しあるいは代替資源に振り替えることによって対応してきた資源獲得戦略は、人口がその許容量を越えた状態においては十全に機能せず）集団は細分され限定された領域において生計を維持することを強制される。具体的には、多量に採取され得るが季節的に限定され、その収量が年次的にも変動する特定資源（堅果類）を大規模に集積し、貯蔵を通じてその供給を安定化させるのである。これは貯蔵によってそれまで潜在的であった資源の総量を増大させたとも言いかえられるだろう。もっとも、逆にそうした特定の資源に対する生計上の依存度は高まり、集団規模の調節、多様な資源開発による生業活動の柔軟性は失われることになる。同時に、居住集団の構成はその流動性を弱め、固定化・安定化の傾向を強めただろう。それまでは存在しなかった、あるいは離合集散と集団構成の入れ替えのなかで実体として機能しなかった領域と資源に関する占有権、利用の優先権は、集団構成の固定化・安定化にともない顕在化・実体化する。あくまで相対的なものではあるが、集団構造は核を中心に離合集散を繰り返す（境界線のあいまいな）開放系のものから、離合集散性の低い閉鎖系のものへと移行する（図15(1)から(2)へ）。それまで奥東京湾沿岸域を特徴づけてきた（考古学的経験則の背景となった）集団の離合集散と代替資源への振り替えや資源の過小開発を前提とした柔軟でフレキシブルな生業システムと社会システム（註3）は失われ、漸移的にではあるが、（逆に）特定資源とその貯蔵への生計上の依存を強め、特定領域を占有する新しい生業システム・社会システムが姿を現すのである。

　領域が細分されるなかで、各集団はその占有する資源に対して管理性を強めていったことが想定されるが、このことは同時に、資源管理に基づく集団内の階層性を進展させたと考えられる。D．アレクサンダーとS．ロマノフは北米のプラトー地方における狩猟採集民社会の階層性について、渡辺の指摘するような狩猟の専業化（生業分化）によるそれと、特定の猟場の統制権に基づくものの2種類があったことを民族誌から明らかにしている（D.Alexander1992、S.Romanoff1992）。（狩猟採集民における資源の占有は既に小林や小山によって指摘されるとこ

ろでもあるが）プラトー地方における資源管理はまた漁場やベリーの採取地にも及んでいる。狩猟の専業化も、狩猟活動に係わる知識・技術・儀礼等を含むソフト・ハード両面にわたる（広義の）資源の占有と捉えることも許されよう。同様に、埼玉県三ヶ尻遺跡等、中期の神奈川県尾崎遺跡（鈴木1975）後期の富山県朝日境A遺跡へとつながる磨製石斧製作遺跡の出現を、磨製石斧製作の専業化の萌芽（この場合石材の産地と製作技術が「資源」として占有の対象になっただろう）と捉えることも可能かもしれない（註4）。

　各居住集団は、人口増による資源ストレスのもとで、多方面にわたる資源への管理性を強め、また資源に新たな価値を付与することを通じて（小林達雄が翡翠や琥珀に関して指摘する生産集団による「価値」の付与、他集団への「売り込み」はまさしくこうした動きの好例であろう（小林1998）。）社会環境の中に自ら（の集団）を価値付け、その生存機会の増大をはかったものと考えられる。こうした意味で、縄文時代における階層化とは、エリート、非エリート（あるいは指導者層とその従属者）の二極分化、また両者間の明確な線引きの成立ではなく、ハード・ソフトの両面にわたる、多様な「資源」の管理・統制に係わる権利の保持を前提とした（その両極にエリートと非エリートを置いた）漸移的な変化であったと考えるべきだろう（註5）。奥東京湾沿岸域における階層性は、専業狩猟集団の成立と顕在化に見るように、その前半期に発生し、その中葉から後葉にかけて拡大し複雑化していったものと想定される。

海退そして

　諸磯b式期以降、奥東京湾沿岸域の集落遺跡は急速にその数を減じる。黒浜式期〜諸磯a式期に増大した広場集落も該期にまで継続するものはまれである。諸磯b式期以降の貝塚形成が希薄であること、またあっても淡水産の貝類相を示す極めて小規模なものになることから、当該期以降奥東京湾が縮小していることが指摘され（井上1990）（田中1991）、集落遺跡の急激な減少も、こうした海退現象にからめて説明されることが多い。しかしながら、こうした理解は生業活動に想定される水産資源の占める比重と整合性を有してはいない。黒浜式期〜諸磯a式期、軽石製の浮子や市川市庚塚遺跡に見られる骨角製刺突具等、漁労具に多少の増加傾向は見られるが、生産具に占める比重は支配的なものとはなっていない。遺跡数の増大にも係わらず、該期において水産資源の開発と依存を強めた様相は（少なくとも）考古学的痕跡としては観察されていないのである。小稿の前半部でも述べたように、貝類を中心とした水産資源は、生計上決定的あるいはクリティカルな存在ではなく、海退を遺跡数の減少の直接的な原因に結びつけるのには無理がある。金山は該期における海退と遺跡数の減少が重なることを指摘しながら、水産資源が該期の生業に占める比率の低さから、海退を遺跡数の現象に結びつけることを保留している（金山1994）。増大した遺跡群は後退していく海岸線を追いかけることなく減少へと向かう。

第Ⅳ章　環境・貯蔵経済・儀礼

　貯蔵を前提とし大きな収量の得られる資源（ここでは堅果類）に特化した資源獲得戦略は、その対象への依存を強め、生業活動は従来有していた柔軟性を失うことになる。また隣接集団との資源をめぐる競合の中で、資源に関する占有・利用の優先権を他集団に認知させ、正当化する儀礼は、例えば北米北西海岸のポトラッチや東南アジアの勲功祭宴がそうであるように（山下1998）、集団間での競合的性格と浪費的な内容を持っていたものと想定される。

　林は千葉県四街道市木戸先作遺跡（高橋他1994）の墓壙についての分析を通じ、黒浜式期の墓壙よりも諸磯a～b式期のそれの方が副葬品を伴う例が多いことを指摘している（林1999）。鷺森遺跡、飯山満東遺跡、木戸先遺跡、南羽鳥中岬遺跡E地点の墓壙群から出土する耳飾り、垂飾、浅鉢等の副葬品に示されるように、諸磯a式期以降、死者の埋葬に係わる物質的な「投資」は明らかに増大し、こうした「投資」を通じて「発信」される社会的なメッセージの「情報量」が大きくなっていることを予想させる。神奈川県上浜田遺跡における早期後半の事例や、栃木県根古屋台遺跡の黒浜式期に属する玦状耳飾りや管玉の副葬等、装身具をはじめとする希少財の副葬は早期後半から知られるが、しかしながら、これらはむしろ特殊な事例である。前述の根古屋台遺跡において検出された179基の墓壙中で玦状耳飾りが出土したのは2基、管玉が出土したのが2基、あわせても179分の4例にすぎない（梁木1988）。玦状耳飾りの副葬は、奥東京湾沿岸域の打越遺跡にも知られているが、打越遺跡出土の玦状耳飾り7例のうち墓壙中から出土しているのは1例である。関山式期の千葉市谷津台貝塚には小形土器と高坏形の土器が出土した土坑があり、墓壙と把握されているが、副葬品を伴う墓壙はやはりこの1例に限定される。鷺森遺跡においては、黒浜式期に属する墓壙から副葬品の出土は知られていない。早期末以来、こうした装身具の出土事例はけっして少なくはない。しかしながら、例えば打越遺跡出土の耳飾りのうちほとんどが破損品であり、その多くに補修孔が観察されることに示されるように、これらの多くは破損によりその機能を終えるもの、あるいは贈与や交換に伴って他者の手にわたり、あるいは補修されながら次の世代に受け渡される性格のものであって、早期の上浜田例、前期前葉から中葉の打越、根古屋台の例は、何らかの理由を持った特殊事態であると理解される。早期以来きわめて限定的な現象であった希少財の副葬は、諸磯a式期以降加速度的に増大し恒常化していく。上記の鷺森遺跡では、諸磯a～b式期に、耳飾り、垂飾、石匙、浅鉢等の著しい副葬品の増大が見られるようになるとともに（図38）、墓壙群が（図中にトーンで示した）それまでの広場空間を無視し、その北側に進出、展開する。この段階における鷺森遺跡の居住集団あるいは儀礼集団をめぐる社会的な変動を暗示させ興味深い。

　死者の埋葬に係わる物質的な「投資」とそれに付託された「社会的情報」の増大は、既に見てきたように、死者の埋葬儀礼をめぐる集団間の競合の結果として、あるいはそうした競合（競覇）的関係のもとで、相互がより強いアピールを意図した結果として理解されるが、問題は

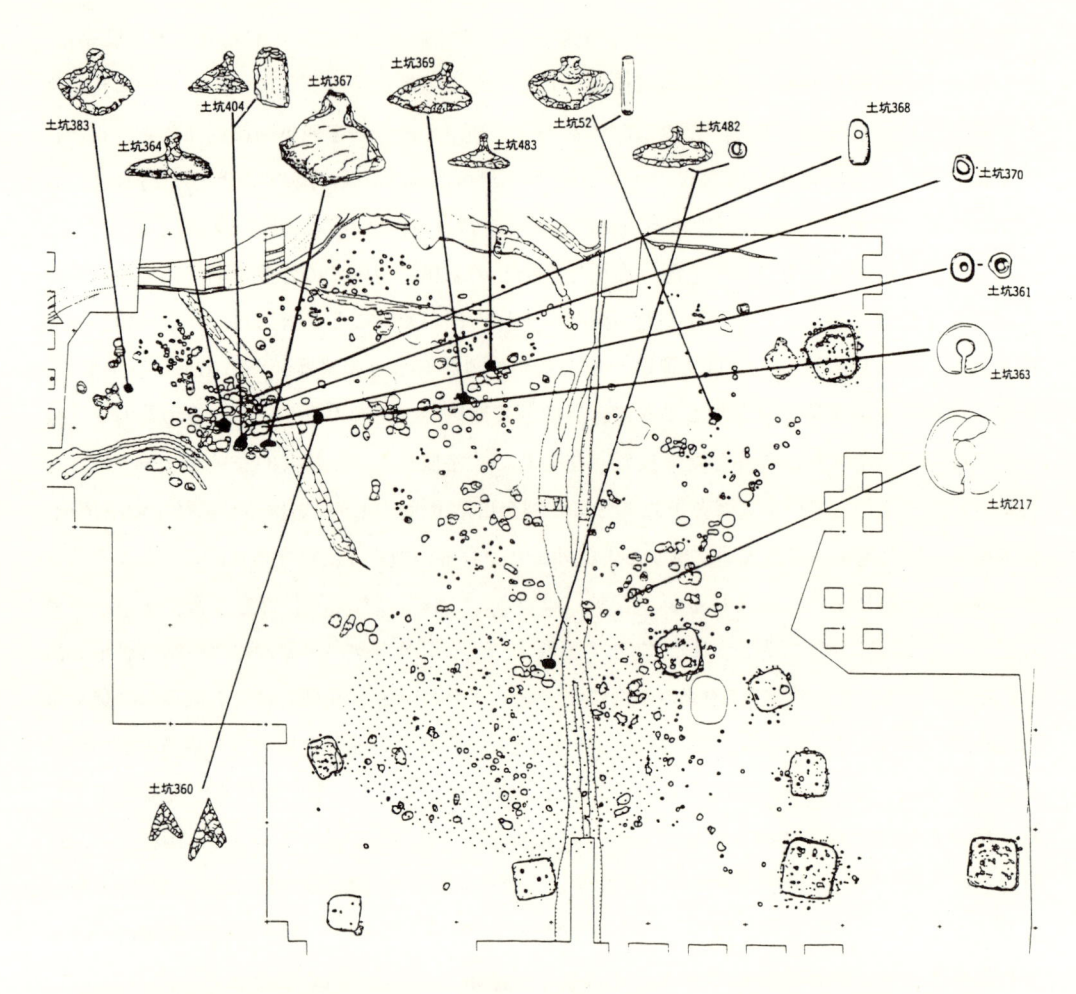

図38 鷺森遺跡の墓壙群と副葬品（石製品、石鏃、石匙）　（笹森1987原図を一部改変）
トーンで示した範囲が時期的に古い土壙の分布範囲。住居址はこの部分を取り囲んで位置する。

　それだけに留まらない。中期のヒスイ製大珠や後晩期の社会に著しく増大する儀器や奢侈・威信財と目される品目に比較すれば「ささやかなもの」ではあるが、所有者の死と埋葬の度にこれらの財貨はともに埋められなければならないのであるから、副葬の機会の増大と恒常化に伴って、その入手に充当される剰余は確実に増大せざるを得ない（註6）。前段階までは特定の集落に限定されていた、広場を有する集落の数的な増大に示されるように、こうした生存経済と直接関わらない剰余経済は確実に、その裾野を広げつつあったように見られる。蓄積された剰余の内容は明らかではないが、各居住集団は、自家消費に向けた貯蔵に加え、儀礼・祭宴に向けた更なる剰余を創出しなければならない。前段階黒浜式期から始まる人口増と領域の細分を受け、資源をめぐる集団間の競合が激しくなる中、各居住集団は限定された領域と資源でその

第Ⅳ章　環境・貯蔵経済・儀礼

生計を維持しなければならない一方で、その資源に関する占有権を隣接集団に対し確立する必要から儀礼が強化され、上述したような儀礼に向けた剰余の創出とその増大を強制されることになる（註7）。関山式期に見られなかった屋外貯蔵穴が、規模はそう大きくないとはいえ、当該期以降再び出現するのは、おそらく偶然ではないだろう。限定された領域・資源による生計の維持と更なる剰余の創出いう（矛盾しながらも社会の再生産という点では相補的で互いを欠くことのできない）二律背反的な方向性が奥東京湾沿岸域の社会と経済を更に硬直化させたことが想定できる。この矛盾しながらも相補的な方向性をかかえたシステムは、しかしながら、希少財の副葬に見るような埋葬に係わる「投資」の増大が、南羽鳥中岬遺跡E地点や木戸作遺跡、中野谷松原遺跡等の周辺地域の遺跡にその後も継続することに示されるように、奥東京湾沿岸域においても総体としては安定したものであったと考えられる。とはいえ、集団の移動と離合集散また自由な領域開発を前提とする開放系のシステムより、この閉鎖的なシステムは明らかに柔軟性を欠いているのである。周期的で予期され得る資源の豊凶をこえた異常気象や自然災害等の事態に際して、（あくまで）暫定的なものにすぎないその安定が破綻して、二つの方向性の矛盾した面の占める割合がはるかに大きくなったとき、システムは徹底的に不適応の状態に陥ることが予想される。諸磯b式期以降の急激な遺跡数の減少を招いた第一の要因としてあげられるのはこうした状況であろう。もちろん、海退による水産資源の減少、環境の単調化が（間接的に）それに拍車をかけたことは充分に想定され得るが、遺跡数の減少は、海退が直接の原因ではない。それは奥東京湾沿岸社会とその技術システム自身が有した運動律として理解される必要がある（註8）。

註
- (註1)　儀礼は集団の紐帯を強化する（林1997、山田1997）あるいは社会的緊張を鎮静・緩和し眠り込ませる（西田1989、雨宮1996）「社会的麻酔薬」（D.I.Ketzer1988小池訳1989）ではない。儀礼が集団の統合に寄与するという機能主義的な理解は明らかに一面的すぎるだろう。山下晋司は、儀礼の執行が潜在的対立を顕在化し場合によっては社会の分裂を引き起こしさえするというギアツの指摘（Geertz1973）を引用している（山下1988）。
- (註2)　こうした集団の離合集散性や竪穴住居の「複合居住」（武藤1993）が、続く中・後・晩期に全く消失してしまうとは考えていない。世帯構成の流動性は、住居の反復に伴う規模変動の痕跡に見るように幅を小さくしながらもその後も長く観察される（例えば、林は中期の潮台遺跡6号住居の変遷について、反復に伴う面積の拡張が無視できない規模のものであることを指摘している）（林1994）。しかしながら、拡張の頻度は前期のそれに比較して著しく小さく、規模変動の幅の減少とともに集団の離合集散性は小さくなっており、小稿の前半で述べたような、資源の量的変動にあわせた集団の再配置という機能は明らかに喪失していると考えられる。むしろ中・後・晩期

に見られるそれは移動や流動性の有するもう一つの機能、移動による集団内の不和、社会的緊張の解消（清水1990）（田中1991）といったことを目的に行われたものであろう。

(註3) 本文の第Ⅱ章2、3（P31～p38）で述べてきたような。

(註4) 縄文時代におけるいわれるところの「専業化」「スペシャリスト」とは、「規格品」の大量生産者ではなく、その製作品を保持することが社会的な威信につながる財の生産者（安斎1990）であり、そうした財を直接管理・統制する者として、財の保持者とともに本文中にも述べる社会的な階層の上部を占める人々であったろう。

(註5) 林謙作は、墓地の副葬品に見られる多様性から、それを小林達雄や中村大が主張するように身分の表徴としてとらえること（小林1988、中村1993）に、また縄文時代における階層性の存在に懐疑的な態度をとる姿勢を崩さないが（林1998）、むしろそうした多様性こそ縄文社会における経済的・儀礼的な階層性の複雑な差異化を示すものとはとらえられないだろうか。

(註6) 考古学的に立証することは困難であるが、儀礼において浪費的性格を有していたのは食物資源の分配であったろう。特定の個人や集団が権威を確立するために食物を分配するという民族誌の記述は前述のポトラッチや勲功祭宴をはじめとして枚挙にいとまがない。サーリンズは伝統的な社会において社会的地位をめぐる競合の中で、食物資源が操作され「政治関係」が創出される過程を巧みに描写している。権力や権利をめぐる競合のために「食物」が利用され、そのために食糧の生産が強化され、農業の発生をもたらしたと主張する農業起源をめぐる近年の仮説同様に、隣接集団に対し自らの資源利用の優先権・占有権を確立しその承認を得るために食物の贈与・分配が行われた可能性は充分考慮に値するだろう。黒浜式期以降再出現する屋外貯蔵穴に蓄えられた食糧は、単に居住集団の消費に向けられたものにとどまらず、儀礼における消費に向けられたものかもしれない。

(註7) こうした点で、掛谷と内堀の討議（大塚、内堀、掛谷、小林他1994）は、前述した階層性の発生の問題を含めて重要である。掛谷「プレステイジというのは、やむなくできてくるメカニズムだと思います。しかし、それは自然に成長してはいかないものだと思うんです。社会の外部から、促進するようなメカニズムと組み合わさって、初めて肥大化していく。その肥大化したものを維持するために、生産力を増強せざるを得ず、やむなくまた動かされるというか、そのような形を想定しているんです。」内堀「全面的に賛成ですね。余剰の威信財への転化というのは、内在的には出てこないと思うんです。威信財というものが外から入ってくる。今度はその威信財のために余剰を生み出さなくてはいけなくなる。自分が生み出すか、あるいは人に生み出させるかですが、もちろん人につくらせたほうがいいに決まっている。このような考えかたは、人類学の中で常識的とまではいいませんけれども、最近では広く受け入れられているのではないかと思います。」

(註8) 前期奥東京湾沿岸の集団が、漁労具の未発達や貯蔵に向けた貝類の大量採取を行っていないこと（このことは貝類の保存処理技術の不在に係わる可能性がある）に示されるように水産資源の開発に特化していないことは、その技術システムの限界を考える上で示唆に富む。

第Ⅴ章　乳棒状磨製石斧の出現

　「それゆえ要約すると、大抵の場合、未開社会の間でまたその内部で流通する貴重品は、同様に商品交換でもあれば社会的交換の対象でもあり、物々交換財でもあれば衒示財・贈与財でもある。ときには貨幣ともなる商品でもあれば、社会構造の最深の内奥に意味を汲み取る個人や集団の個人や集団の目に見える象徴・記号でもあるわけなのだ。」　　（モーリス・ゴドリエ1984　山内昶訳1985）

1　磨製石斧の起源問題と「真正の」磨製石斧の出現

　研磨を施したいわゆる「磨製石斧」の起源が旧石器時代の局部磨製石斧に遡ることは、考古学の概説書にも取り上げられるところであり、よく知られている（例えば鈴木1991、早川1983）。また、御子柴・長者久保文化に見られる大形の片刃石斧が縄文時代の磨製石斧の起源として挙げられることもある。刃部を磨かれた大形の石斧はなるほどそれにふさわしい。しかしながら、一般に、磨製石斧が石器組成中であるいはその「道具箱」の中で確固たる位置を占めていると考えられている縄文時代において、その早期から前期にかけての磨製石斧は、実のところ案外と貧弱なものである。器表面の全面に研磨を施したいわば「真正の」磨製石斧の出現は、例えば関東地方においては、縄文前期の後半を待たねばならない。そしてこのことは、（この問題に注意をはらってきた一部の研究者を例外とすれば）研磨された石斧の起源問題ほどには知られていない。

　ここに縄文時代前期の石斧を示す（図39）。上から3段目の3点（7〜9）は乳棒状の磨製石斧である。全面に研磨が施されている。その下段3点（10〜12）は、関東地方の中期の遺跡から多量に出土し、大山柏の指摘以来「土掻き」あるいは土掘具として理解されてきた打製石斧。上2段の6点（1〜6）は早期〜前期に特徴的に見られる石斧。最上段の厚手のもの3点（1〜3）は礫を素材とし、形態上礫器に近く礫斧と呼ばれる（鈴木1991）。また、「亀の子石器」という名称もあり、この石器の形態上の特徴をよく言い表している。石器の素材となった礫の平滑な自然面あるいは礫を半割した時に得られた剥離面から調整を施した断面蒲鉾状の形状を呈し、刃部は多くが片刃となる。2段目（4〜6）はより薄手のもの。同様に片刃で、刃部が直線を呈するものは直刃片刃石斧（鈴木1983）と呼ばれる。また一時期トランシェ様石斧とも呼ばれた（富樫1976）。最上段の礫斧とは別の器種として把握され、前者が伐採具であるのに対し後者は木材の加工具と理解されるが、両者には多様な中間形態が存在し、その変異は実際には漸移的で、明瞭な線引きが不可能な場合も多い。こうした早前期の石斧特に礫斧は、刃部が

1. 打越遺跡　　　　2. 宮ヶ谷塔貝塚　　　　3. 水子貝塚

4. 打越遺跡　　　　5. 宮ヶ谷塔貝塚　　　　6. 宮ヶ谷塔貝塚

7. 円阿弥遺跡　　　8. 円阿弥遺跡　　　　9. 水子貝塚

10. 三ヶ尻林　　　11. 三ヶ尻林　　　　12. 北塚屋遺跡

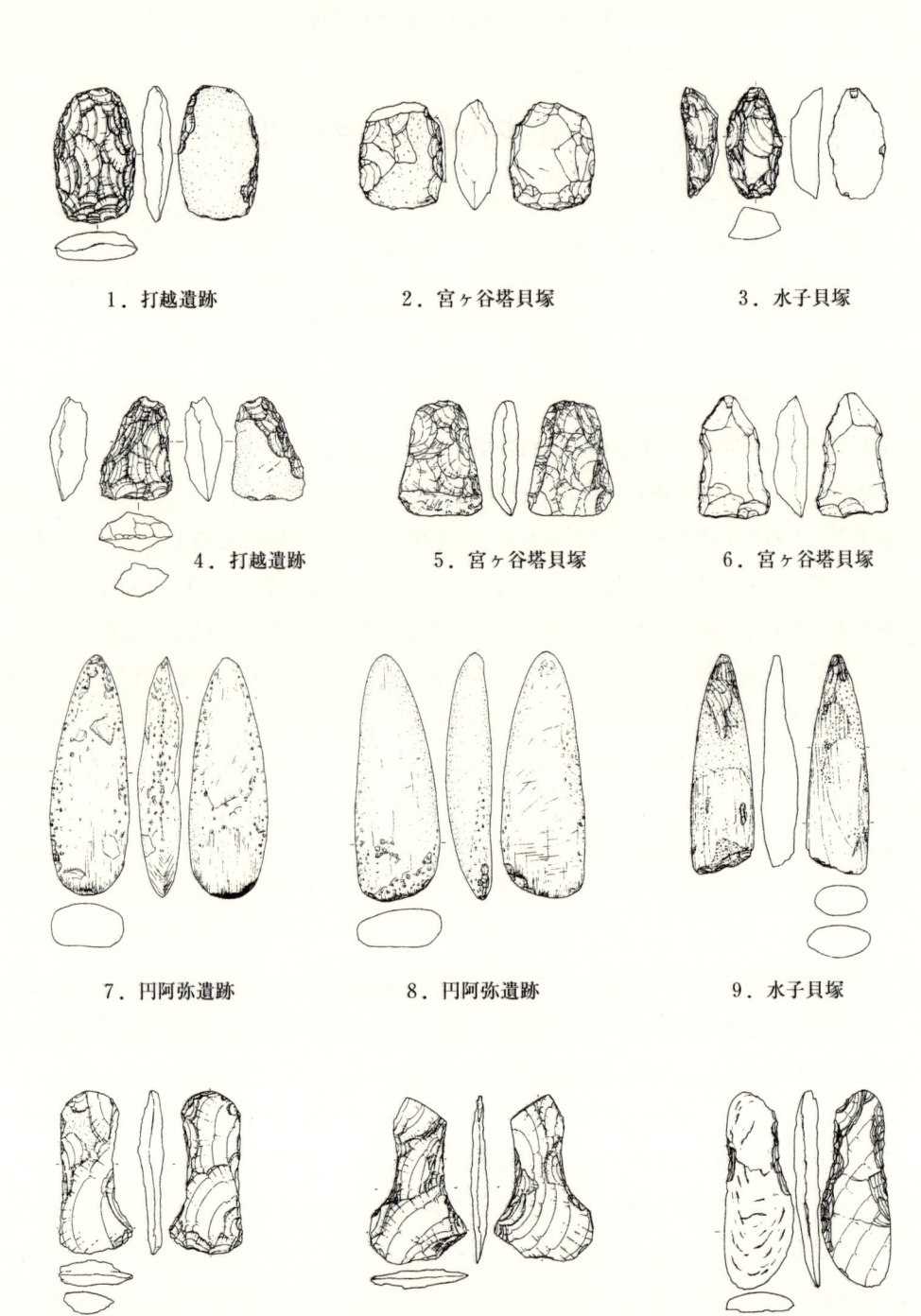

図39　縄文時代前期の石斧

第V章 乳棒状磨製石斧の出現

研磨されることもあるが打製のまま使用されることも少なくない。この種の石斧に関して、打製・磨製といった区別はあまり有効ではないようだ。

奥東京湾沿岸に位置する縄文早期末から前期中葉にかけての遺跡を継続的に調査してきた荒井幹夫は、各期にわたる住居址出土の石斧の比較を通じて、前期中葉の黒浜式期に伐採具としての石斧が上述の礫斧から磨製石斧へと転換すること、つまりは全面が研磨された（ここで言う「真正の」）磨製石斧である乳棒状磨製石斧の当該地域における出現が、この時期にあることを明らかにしている（荒井1986、1995）。また、早川正一は各地の各時期にわたる出土資料を広く渉猟することによって同様の指摘を行っているし（早川1983）、佐原眞も先行する関山式期の石斧については不明であると断りながら、関東地方における乳棒状磨製石斧が黒浜式期から見られることを述べている（佐原1977）。鈴木次郎は逆に、打製石斧の系譜を通じて、縄文時代早期～前期前半の打製石斧が伐採具としての機能を担うこと、前期後半に乳棒状磨製石斧が普及する事によって土掘具へと転化することを明らかにしている（鈴木1983）。

荒井や早川、鈴木の述べるところから、図39に示した石斧を時間軸上に並べれば、早前期の石斧から乳棒状磨製石斧と（土掘具としての）打製石斧へと、図の上から下へとその変遷が追えることになる。つまりは、伐採具が早前期の石斧（特に礫斧）から乳棒状磨製石斧へと移行した、あるいは早前期の石斧から伐採具としての乳棒状磨製石斧と土掘具としての打製石斧へと機能分化したと言えるだろうか（註1）。

2 中期的な打製石斧の出現

縄文時代前期の関山式期から黒浜式期へ、伐採具が厚手の石斧（礫斧）から乳棒状磨製石斧へと移行することは間違いがない。しかしながら、両者を見比べれば明らかであるが、礫斧（また直刃片刃石斧）と乳棒状磨製石斧との間には、平面形も断面も形態的な類似性が皆無であると言ってよいだろう。それは単に、前者が打製を主として制作されているいうことではない。研磨が施されるのが全面か部分的かあるいは全く施されないか（磨製か局部磨製かそれとも打製か）という最も決定的と思われる面を除いてもなお、両者は異なっている。

例えば、礫斧も直刃片刃石斧も基本的に片刃であるが、これに対して乳棒状磨製石斧の多くの事例は両刃である。礫斧・直刃斧がその形態から横斧として装着されたと想定されるのに対し、乳棒状磨製石斧は縦斧として装着されたと理解されている（八幡1938、佐原1977）。（佐原は前述のように、乳棒状磨製石斧の出現に横斧優勢から縦斧優勢への転換を見る。）

また、礫斧にも研磨が施されるものがあるが、研磨という制作技術を取り上げても、両者は全く異なる。乳棒状磨製石斧の制作が、素材への調整剥離→全面への敲打→研磨とうい過程を経るのに対し、礫斧や直刃片刃石斧には明瞭な敲打痕があまり観察されない。つまりこれらの

石斧は充分敲打されることなく調整剥離が終了した段階でいきなり研磨されたと考えられる。

このように、乳棒状磨製石斧の祖型を、同じく木材の伐採・加工に係わったであろう早期の礫斧や直刃片刃石斧に求めることはできない。礫斧や直刃片刃石斧の全面に研磨を施しても、乳棒状磨製石斧にはならないのである。逆に中期以降顕著となる薄手の打製石斧には、この礫斧や直刃片刃石斧との共通点が多く認められるのである。

礫斧や直刃斧は、礫の自然面や礫を節理に沿って半割した時に生じた剥離面といった（おそらくは研磨して得られる面と同等か、それに近似した効果の得られ、それによって研磨を省略しているとも考えられる）平滑な面を、斧の対象物に当たる主要な面（佐原眞の言う「主面」）の片側として利用しているが、同様に、土掘具としての打製石斧においても、その片面に礫の自然面や半割した時の剥離面が顕著に観察される。中期の打製石斧に観察される礫の自然面が意識的に残されていた可能性は、小田静夫が指摘したところである（小田1976a）（註2）。(かつて大野雲外が打製石斧に注意を向けた時、礫表皮を打ち剥いで素材とするという制作方法を指摘したのも、打製石斧に顕著に残される礫表皮を積極的に評価してのことだったろう。）礫斧を薄手にして、その平面的な形態を引き延ばせば、中期の打製石斧と変わらないものになるだろう。埼玉県秩父市下の段遺跡では早期に属する側縁部の抉れた撥形を呈する打製石斧が、同じく埼玉県富士見市打越遺跡の関山式期の住居からも撥形を呈する厚手の打製石斧が出土し、その形態から、早期から前期前半の礫斧とそれ以降の打製石斧との系譜上の近縁性を示唆している。

石材も、乳棒状磨製石斧が主として凝灰岩、緑色岩、蛇紋岩を素材とするのに、礫斧・直刃片刃石斧と前期後半以降の薄手の打製石斧は砂岩、ホルンフェルス、粘板岩等を使用する点で共通する。また、早期から前期前半の礫斧は一個の扁平な礫を素材とし、前期後半以降の打製石斧は扁平な礫を節理に沿って半割して素材とするところに制作上の特色があるが、上述した打越遺跡には前期後半以降の打製石斧同様に扁平な礫を節理に沿って半割した関山式期の礫斧が知られており、形態的に礫斧に近いやや厚手の直刃斧にも同様の制作法がとられたものが認められる。早前期の石斧制作において礫を節理に沿って半割する素材剥片獲得技術が確立しており、前期後半以降の打製石斧制作方法がそこにに起源するものであることを伺わせる。（もっとも、より薄手の直刃片刃石斧の素材となる剥片の獲得方法では、明らかに扁平な礫を半割する方法がとられない事例の方が圧倒的に多く、同種の石斧の制作方法としてはこちらの方がより一般的だったのであろう。）

着柄法については、礫斧・直刃片刃石斧が横斧として装着されたことを既に述べた。打製石斧は現在の鍬のように装着されたとの想定があり（もちろんそればかりではなく、長い掘り棒様の柄の先に着けて使用されたという想定もある（例えば鈴木忠司1974）。）、そうだとすれば礫斧・直刃斧に見られた横斧としての着柄方法が継承されたことが考えられるだろう。

第Ⅴ章　乳棒状磨製石斧の出現

　一方で、逆に平面形や断面以上に両者（礫斧・直刃片刃石斧と前期後半以降の薄手の打製石斧）の違いを特色づけているのが、側縁部の敲打痕の有無である。乳棒状磨製石斧との相違点として述べたように、早前期の礫斧・直刃片刃石斧の側縁部には、前期後半以降の薄手の打製石斧に顕著に観察される敲打痕がほとんど施されず、着柄にあたっての古拙さを見せる。この敲打という技法のみは、乳棒状磨製石斧に起源し打製石斧の制作技術に加わった可能性も考えられる。

　このように、礫斧・直刃片刃石斧と前期後半以降の打製石斧との類縁性は高い。両者は同じ系譜上に連なるものである。一方、乳棒状磨製石斧は、早前期の礫斧・直刃片刃石斧に起源する、あるいはそれを祖形としたり、その発展形や系譜上に連なるものではない。いや、突然生まれたその変異体とも考えがたい。全く別の系統樹から、当該期、当該地域の石器群に取り入れられたもの、受容されたものと理解するのが自然であろう。礫斧と乳棒状磨製石斧を繋ぐ「ミッシングリンク」は存在しないと考えたほうがよい。おそらく、この地域における乳棒状磨製石斧は外来的要素である（註3）。

　前節の末尾を若干修正しておこう。当該地域において、伐採具が礫斧から乳棒状磨製石斧に移行したということ自体は訂正の必要がない。しかしながらこれは、礫斧から乳棒状磨製石斧へと"変わった"のではなく、"替わった"のだと言うべきだろう。早前期の石斧は伐採具としての磨製石斧と土掘具としての打製石斧に二極分化したのではなく、鈴木が打製石斧について言うように、伐採専従の道具としての乳棒状磨製石斧の出現を契機として、伐採具としての厚手の礫斧また木材加工具としての片刃石斧から、薄手の土掘具としての打製石斧へと"変わった"あるいは転化したのである。

3　乳棒状磨製石斧の出現

　黒浜式期に出現する乳棒状磨製石斧の系譜が、先行する伐採具としての礫斧（また木工具としての直刃片刃石斧）にたどれないことを長々と述べてきたが、実は、乳棒状磨製石斧がどこから来たものか、その系譜の追跡に拙稿の関心はない。乳棒状磨製石斧の祖源を他地域に探り、そこからの「伝播」として説明する方法は、考古学的な議論の展開の仕方として一般的なものだが、どこから「伝播」してきたかはここでの問題ではない。問題は、この時期になぜ乳棒状磨製石斧が出現し当該期社会の石器群に受容されたのか（なぜ「伝播」してきたのか）という点にある。

　佐原眞は、乳棒状磨製石斧の出現（佐原は横斧優勢から縦斧優勢への転換としているが、ここでの横斧とは礫斧や直刃片刃石斧、縦斧は乳棒状磨製石斧を指していると理解してよいだろう）を当該段階における植生の変化（その南半部における照葉樹林の拡大と北半部におけるカ

バノキを中心とした落葉広葉樹林からブナ・ナラ類を中心とする落葉広葉樹林の交代）と関連づける見解を表明している。また、木材の需要増加と大木伐採の必要もその要因としてあげている。佐原の指摘は、巨視的には正しいのかもしれないが、微視的に見れば問題は多い。堀口万吉による寿能泥炭層遺跡の花粉分析や、富士見市水子貝塚に隣接する低地における花粉分析は、海進の最盛期であり、乳棒状磨製石斧の出現期にもあたる黒浜・諸磯a式期段階においてもなお、落葉広葉樹が卓越する傾向を見せる。当該段階での植生の大きな変化はないと言ってよく、佐原の説明とは整合しない。木材需要の高まりや大木伐採の必要性の増大として、当該期における住居数の増大やその大型化、海進による丸木舟の必要性をその原因としてあげる考え方もあるが、こうした状況は早期の海進の開始以来徐々に進行してきたものである。むしろ、こうした状況の進行にもかかわらず、木材の伐採・加工具としての石斧は、前述のように局部磨製あるいは打製の礫斧・直刃片刃石斧が混在した停滞とも言える様相を示すのである。乳棒状磨製石斧の系譜が先行する石斧に追えないことに示されるように、該期の石斧はこれに対応するようなそぶりは見せない。

　早川は、関東地方における内湾の沿岸部で、（ここで言う「真正の」磨製石斧が出現することなく）石斧が打製あるいは局部磨製のままとどまる「先祖帰り」したかのような停滞傾向を示すことを、この地域における「生活資源の豊かさ」とこうした「生活環境への対処」によるものと考えている（早川1983）。

　早川の言うとおり、石斧の停滞傾向は当該地域の環境に帰せられるかもしれない。（早川は「気候の温暖化がもたらした沿岸性植物の繁殖」をあげているが、）早期以来、内陸深くまで進入した長大な海岸線に打ち上げられる流木の存在こそ、当該地域において、伐採・加工具が磨製のものへと移行しなかった原因ではないだろうか。鮭漁の小屋を流木でつくり、また燃料としても使用する新潟県早出川流域の事例など、流木の利用は近年においても見られた（酒井1975、1985）。河川や海岸への管理が行きとどいた現在でも海岸や河岸にうち上げられた流木を目にすることがある。佐藤宏之は、ほとんど河川管理がなされていないシベリアの河岸が流木で埋もれていた状況から、流木に埋められた先史時代の河岸のイメージを指摘している（佐藤1998、2000）。ましてや、低地林や台地斜面を洗うように進行し、また海水の進入が安定した後も台地のエッジを波にさらすことになったであろう海進は、奥東京湾をはじめとする当時の沿岸部に、多量の流木をもたらしたと考えてよい。流木の存在は立木の伐採の必要を大きく軽減してくれるものであろう。沿岸で得られる多量の流木が、木材資源の伐採と加工に係わる石斧の必要性を著しく限定したという想定は、海進に前後する早期から前期前葉にかけての石斧の停滞傾向をうまく説明してくれる。

　乳棒状磨製石斧の出現時期である前期中葉に、こうした植生や流木の存在といった木材資源

第Ⅴ章　乳棒状磨製石斧の出現

をめぐる環境に大きな変化が、その沿岸部を中心とした関東地方にあったとは考えられない。乳棒状磨製石斧の出現（「真正の」磨製石斧への移行）は、木材資源環境にリンクした石斧の使用環境からの機能的な要請によるものとは考えられないのである。前節で強調したように、早期から前期前葉にかけての石斧と、乳棒状磨製石斧の間に系譜関係が無いこと、また前者（早期以来の石斧）に機能を向上させるような変化が観察されず、むしろ停滞傾向を示すことも、その傍証となる。（もちろん、乳棒状磨製石斧の出現が、その後徐々に進行した植生の変化や木材需要に対応したことはおそらく間違いないであろうし、そのことを否定するつもりもない。しかしながらこれは、乳棒状磨製石斧が出現した結果であって、出現の原因ではないと理解するべきであろう。）

　伐採具の使用環境が従前からの打製・局部磨製の石斧で用が足りているとすれば、（実のところ礫斧は黒浜式期にも残存していることが出土事例から指摘されている（荒井1996）。これら旧来からの石斧は、乳棒状磨製石斧の出現後も駆逐されきってはいない。）乳棒状磨製石斧の出現は、伐採具として有するその優れた機能からだけでは説明できないのである。

4　乳棒状磨製石斧をめぐる文脈（コンテキスト）（1）

　では、当該地域への乳棒状磨製石斧の出現をもたらした要因とは何だったのか。実は、乳棒状磨製石斧の出現は、打製（あるいは局部磨製）から磨製へという制作技術の変化、また平面・断面・刃部等形態上の変化にとどまらず、石斧をめぐるいくつかの考古学的な（考古学的に可視化した）文脈上の変化を伴っている。乳棒状磨製石斧の出現は、これらの文脈上の変化からこそ説明されるべきであろう。

　いったん第Ⅱ章の表1あるいは第Ⅲ章の円グラフ（図23～26）に立ち戻る。表1の上段、1.打越遺跡、2.御庵遺跡、5.宮ヶ谷塔貝塚、8.井沼方遺跡等（図23、24）は、乳棒状磨製石斧出現に先立つ関山式期のもの、表下段の13.水子貝塚、17.大谷場貝塚、18.米島貝塚、21.黒谷貝塚、23.山崎貝塚、24.上福岡貝塚等（図25、26）は、乳棒状磨製石斧出現後の黒浜式～諸磯a式期のものである。仮に、石器群の前期古奥東京湾沿岸的様相とでも呼ぼうか、石斧が打製を主とするものからから磨製へと替わったことを除けば、（石鏃）・石斧・磨石・石皿等から構成される石器の基本的なセット関係は、大きく変化することはない。黒浜式～諸磯a式期には、土掘具としての中期的な打製石斧を組成の中心とする遺跡が出現することが知られるが、この時期の湾岸域における同種の打製石斧の存在は、きわめて限定的である。また、海岸部に位置しながら漁労具の出土が限定的なことも両者に共通する。　しかしながらその一方で、表1の上段（関山式期）あるいは図23・24と、表1の下段（黒浜式～諸磯a式期）図25・26では伐採具としての石斧の占める比率が大きく異なっている。黒浜式～諸磯a式期の17.大谷場貝塚、18.米島貝

塚、21.黒谷貝塚、24.上福岡貝塚等これらの遺跡では出土した石器群の約半数近くを、乳棒状磨製石斧を中心とする磨製石斧が占めている。上段（関山式期）に属する遺跡で相対的に石斧類の占める比率が高い5.宮ヶ谷塔貝塚や2.御庵遺跡等と比較すれば、その増大は明らかであろう。すなわち、当該地域においては、磨製石斧への移行と同時に、その数的な増加、顕在化が起こっていることになる。石斧は生存活動を維持する上で不可欠の存在といえるが、木材の伐採・加工という直接的な食料生産・加工に係わらない石器が、遺跡出土の石器組成の半数近くを占めているのは明らかに異様な数値と言えるだろう。

　前期の奥東京湾沿岸域における集落遺跡からの石器出土は、全体として極めて貧弱と言える。おそらくは生存活動の維持に最低限必要とされるであろう石器のセットさえ欠いている、また石器そのものが全く見られない遺跡さえ少なくない。この背景には、石材を他地域に求めなければならないという石材環境の乏しさ・貧しさを背景とした、石器の著しい再生利用や転用、また居住地の移動に伴う「持ち去り」、居住地の放棄後に行われる更なる「持ち去り」（Tomka1993、山本1995）や、その後かつての居住地へと回帰した際の再利用・転用等の行為の可能性が考えられるだろう。例えば、本来セットであったと理解される磨石と石皿のうち、磨石のみが出土する遺跡は少なくない。仮に石皿が出土しても小さな破片である場合がほとんどである（註4）。こうした貧弱な出土状況を示す石器群の中で磨製石斧の存在のみが突出している。岩槻市黒谷貝塚の磨製石斧27点の出土は他を圧している。上福岡市上福岡貝塚出土石器の大部分は乳棒状磨製石斧であった。浦和市山崎貝塚では僅か10点の出土石器の半数5点が磨製石斧、そのうち3点が乳棒状磨製石斧であった。

　石器群（それも貧弱な内容）の中で磨製石斧のみが突出する在り方は、その製作遺跡を除けば、他の時期にも見られない。早川は磨製石斧の出土事例が黒浜式期に顕著になることを指摘する一方で、中期前半の遺跡において同様に顕著な事例をあげることが困難なことを述べている。前期中葉から後葉にかけての磨製石斧の顕在化は、同種石器の普及のみを単純に意味するものでないことは注意すべきであろう。

　当該期における磨製石斧の出土を増大させる一因として、磨製石斧の住居内（住居址内ではない）への収納・収蔵・隠匿と見られる行為の存在があげられる。1965年の米島貝塚の調査において、石器のうち石鏃と石匙が床面に密着し、9個出土した磨製石斧のうち4個が壁面に接する床面上40cm以上の場所から出土した事例が注意され（柳田1965、早川1983）、調査者は、石斧が着柄されて壁に立て掛けてあった状況を想定している。早川はこの事例にふれ、室内に棚を取り付ける余裕の無い家屋において壁面に斧や小物類を差し込んでいた東部ニューギニアでの自身の経験から、収納空間の限定された狭い室内において斧や斧身が壁に差し込まれた可能

第Ⅴ章　乳棒状磨製石斧の出現

性を指摘しているが、卓見と言えるだろう。壁面、壁溝から磨製石斧（乳棒状磨製石斧）が出土する同様の事例は、富士見市宮廻遺跡（会田1980）、蓮田市天神前遺跡（田中1992）、富士見市水子貝塚（荒井1995）等の黒浜式～諸磯ａ式期の住居址で報告されている（図40、また図41(5)）。これらの事例の中には壁溝からの出土があり、着柄した斧を立て掛けたものが埋没したと考えるより、斧身そのものが早川の言うように壁体に差し込まれたと理解するべきだろう。壁面に差し込まれた石斧に欠損品があることから、住居建築に際しての儀礼として、斧としての機能を失った欠損品を象徴的に「斧」として壁に差し込んだとする見解もあるが（荒井1995）、こうした石斧の出土はすべての住居址に普遍的に観察される現象ではなく、また壁際である以外、出土状況に一定の法則性は観察されないなど、儀礼であるという積極的な根拠は見出せない。多くの事例は完形品ないしは欠損後再生されたものであり、また欠損品とはいえ、なお刃部を再生可能な大きさを保っている（註5）。（欠損品の存在は壁面・壁溝から出土する磨製石斧が、斧身のみの状況であったことを示しているにすぎず、儀礼行為の存在を肯定する根拠となるものではない。）壁面・壁溝からの磨製石斧の出土は、使われていない斧身を壁面に差し込んで収納・収蔵あるいは隠匿したものが、使用あるいは持ち出されることなく、竪穴とともに埋没したものと理解すべきであろう。田中英司は、同様に壁際から定角式の磨製石斧が出土した後期の住居址の事例を、住居内への石斧の収蔵と想定している（田中2000）。

　壁面・壁溝からの磨製石斧の出土とあわせて注意されるのは、竪穴住居の床面にとりまとめて置かれた石斧の存在である（図41）。円阿弥遺跡10号住居址では、住居址底辺（南辺）寄りの床面に磨製石斧2点、打製石斧1点、敲石1点（利根川1991）が、天神前遺跡27号住居址では南西コーナー寄りの主柱穴近くに磨製石斧2点と打製石斧3点が重ねられたように置かれていた（田中1992）。秩父薬師堂遺跡では乳棒状磨製石斧3点が床面から並べられたように出土し、意図的に置かれた可能性が指摘されている（黒坂1992）。これらの事例も壁面・壁溝への石斧の差込と同様に、石斧の収蔵行為と考えられる。ともに先行する関山式期までには見られなかった現象である。こうした収納あるいは収蔵と見られる行為に充てられるのは当座必要のない余剰品であるとしてよい。極めて貧弱な当該期の石器群の中での乳棒状磨製石斧の突出した（加えて、破片になって出土する石皿等の石器に比較して、完形・半完形で出土することの多い）出土もまた、壁への差し込み・取りまとめの事例同様に、斧としての必要を超えた余剰品であったとすることができるだろう。収蔵行為を含め当該段階における磨製石斧の顕在化は（斧としての需要をこえた）居住地（集落）への磨製石斧の集積を想定させるのである。

1．天神前遺跡20号住居址

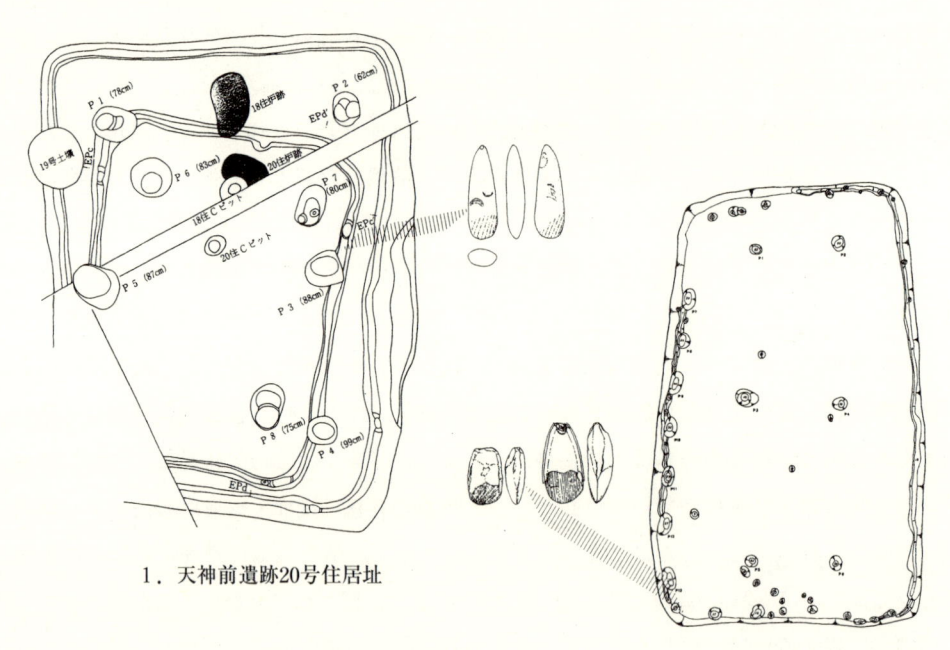

2．宮廻遺跡2号住居址

1.天神前遺跡20号住居址と2.宮廻遺跡2号住居址の事例（出土位置をトーンで表示）は、写真ないし報告書の記述から復元したもので厳密な正確さを欠いている。

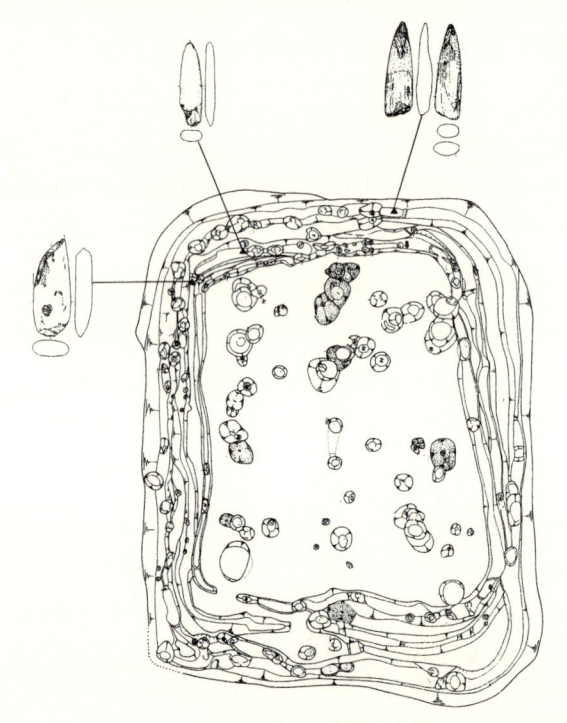

3．水子貝塚15号住居址

図40　壁際・壁溝からの磨製石斧の出土

第Ⅴ章 乳棒状磨製石斧の出現

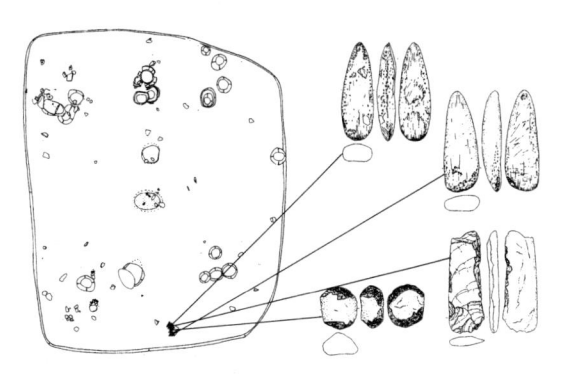

4．円阿弥遺跡10号住居址

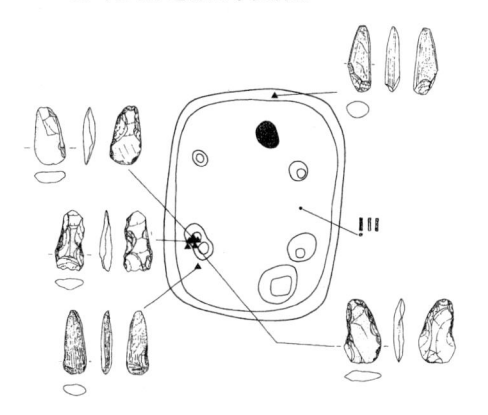

5．天神前遺跡27号住居址

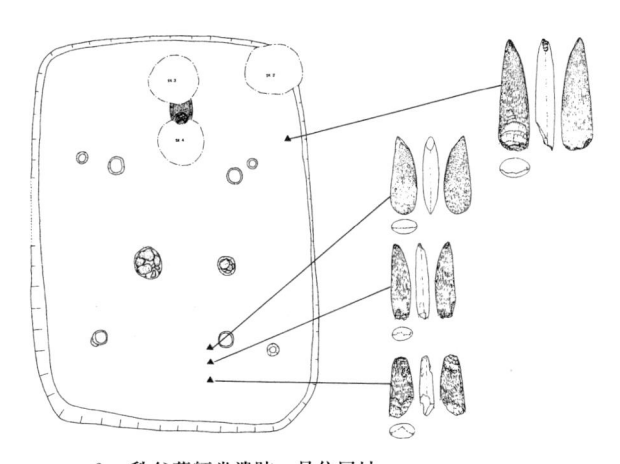

6．秩父薬師堂遺跡　号住居址

図41　住居址内にとりまとめられた石斧

5　乳棒状磨製石斧をめぐる文脈(コンテキスト)(2)

　乳棒状磨製石斧の出現に伴う変化としてあわせて注意されるのが、石斧の未製品が多数出土するその製作遺跡の顕在化である。奥東京湾沿岸域の後背地に位置し、荒川の河原に臨む台地上に立地する埼玉県熊谷市三ヶ尻林遺跡の黒浜式期の住居址12軒からは13点の磨製石斧とともに、30点の加工途中の磨製石斧つまりその未製品が出土し、完成品を越える倍以上の未製品の出土から、その製作遺跡であった可能性が指摘された。乳棒状磨製石斧の製作遺跡は、神奈川県尾崎遺跡等、中期には存在が知られていたが、三ヶ尻林遺跡は、磨製石斧製作遺跡の存在が、その出現に伴って顕在化したことを示すものとして重要である（図42）。

　礫斧・直刃片刃石斧の未製品あるいはその調整剥片が多数出土するような礫斧・直刃片刃石斧の製作跡と認識しえる遺跡の存在は知られていない。これは系譜的にその後継に位置づけられる中期的な打製石斧（土掘具としての打製石斧）に製作遺跡がほとんど知られていないことと（もちろん例外はある）、基本的に同じ現象として理解可能だろう。中期的な打製石斧（土掘具としての打製石斧）は、その素材である円礫が得られる河原で製作され、製品の形で遺跡内に持ち込まれたことが、その製作跡が考古学的にほとんど可視化しない理由として説明されている。（打製石斧の製作は前にも述べたように、素扁平な円礫を使用を台石に叩きつけて半割することにより2つの素材剥片を得るという製作技法をとるため、石核は必要とされない（註6）（註7）。得られた剥片のエッジを刃部として使用し、両側縁に当たる部分へハンマーで調整を加えれば完成するが、両側縁への調整加工と敲打は、台石に直接叩きつけることでも充分可能で、この方法をとった場合ハンマーさえ必要ないことになる。もっとも、素材を打ち割る際に鋭いエッジが得られなかった場合は、ハンマーによる調整剥離によって刃部を作成する必要はあるのだが。）石核が存在しないので、剥片を素材とする他の石器、例えば石鏃のように、石材を集落内に持ち込んで、必要に応じて素材剥片を打ち剥ぐという行為も行われない。素材の選択→台石に叩きつけて打ち割り（半割）→両側縁を調整・敲打という工程は、素材を含め、使用する台石・ハンマーも河原で得られる臨時的な道具で充足する、河原で自己完結する性格のもので、遠隔地産の素材やブランク（完成途上品）、管理性の高い製作用具を必要としない。筆者自身もこうした打製石斧の製作を試みたが、円礫の打ち割り（半割）から平均15分で製作可能で、製作にあたって素材を特定の場に持ち帰る必要を特に感じなかった。むしろ河原の方が素材となる礫またハンマーや台石になる石が豊富に存在し、失敗や欠損した場合でもすぐに代替がきくので都合の良いことが多い。逆に、ほぼ全面への敲打や研磨が必要な磨製石斧の場合はこうはいかず、長時間にわたる加工が可能な特定の場（例えば集落）への素材ないしブランクの持ち帰りと、長時間の使用に耐えるハンマーと砥石といったより管理性の高い道具が必要となるだろう。（もちろんこれは製作時の話で、使用による破損に際しての刃部の再調整等、道

第V章　乳棒状磨製石斧の出現

具の維持管理にあっては打製石斧にも管理性の高いハンマーが必要とされただろう。）

　円礫を素材とする礫斧・直刃斧の製作も、同様に河原で行われ、製作もきわめて容易であったと考えて大過ないだろう。中期的な打製石斧同様に多様な石材が使用され、（後述する乳棒状磨製石斧や定角式の磨製石斧に認められるような）特定石材への偏向を見せないことなどから、石斧の入手は自家消費に向けた素材の直接採取・採取地付近での製作であり、特定の製作集団を介在させないものであった可能性が高い。

　その製作が極めて容易で、時間や労力をさほど必要としない打製石斧や早期〜前期前葉の石斧に対し、乳棒状磨製石斧をはじめとする（真正の）磨製石斧は　（1）素材の選択→（2）調整剥離（整形）→（3）全面を敲打→（4）研磨という工程をふまねばならず、しかも後半の工程（3）（4）は、打製石斧とは比較にならない時間と労力、また敲打に専一しかつ長時間の使用に耐える耐久性の高いハンマーストーンや砥石といった工具を必要とする。その工程は長時間の加工が可能な特定の場に搬入後行わざるをえない。このことが、乳棒状磨製石斧の出現後、石斧の製作遺跡を顕在化・考古学的に可視化させた第一の要因であろう。三ヶ尻林遺跡の荒川を挟んだ対岸の台地上に位置する前述した円阿弥遺跡はでは磨製石斧に伴って敲打用のハンマーが、円阿弥遺跡に隣接する竹之花遺跡や、同様に荒川を臨む台地上に所在する上南原遺跡、塚屋遺跡等では縄文前期後葉に属すると考えられる各工程の未製品が出土している。一方で、これらの遺跡で見られたような製作工程での欠損品・未製品は、奥東京湾沿岸域のような石材産地から距離を置いた遺跡では見出せず、少なくとも、欠損する可能性が非常に高い（3）敲打の工程までは、石材産地周辺の製作遺跡で行われたことを伺わせる。富士見市水子貝塚では石斧の製作に係わると考えられるハンマーストーンが出土している。しかしながら、石斧の未製品やブランクが出土していないことから、これは主として欠損品の再調整のためのもので、素材やブランクを持ち込んでの製作は、石材産地から離れた遺跡では（考古学的に可視化・顕在化するほどには）頻繁に行われなかったと理解すべきであろう。（3）工程まで行われた（つまりは研磨のみが行われていない）未製品・ブランクが石材産地から離れた地域では見られないことは、（4）研磨の工程までが特定の製作遺跡あるいは円阿弥遺跡や竹之花遺跡等のようなその周辺遺跡で行われていたことを示すものかもしれない。（円阿弥遺跡や竹之花遺跡の集落営為期間は、奥東京湾沿岸域の集落遺跡に比較して極めて短く、また再居住が行われることなく断絶している。少なくとも、これらの未製品が残される活動が行われた頻度は、奥東京湾沿岸域の集落遺跡よりはるかに高ったと考えてよいだろう。）

　このことは、三ヶ尻林遺跡のような磨製石斧製作遺跡の顕在化が、磨製石斧の製作に専従した集団の出現と、石斧の獲得方法が使用者による石材の直接採取と製作から、製作集団からの入手に変わった可能性を示唆している。乳棒状磨製石斧の石材が特定のものに偏ること、また

工程（2） 調整剥離・整形

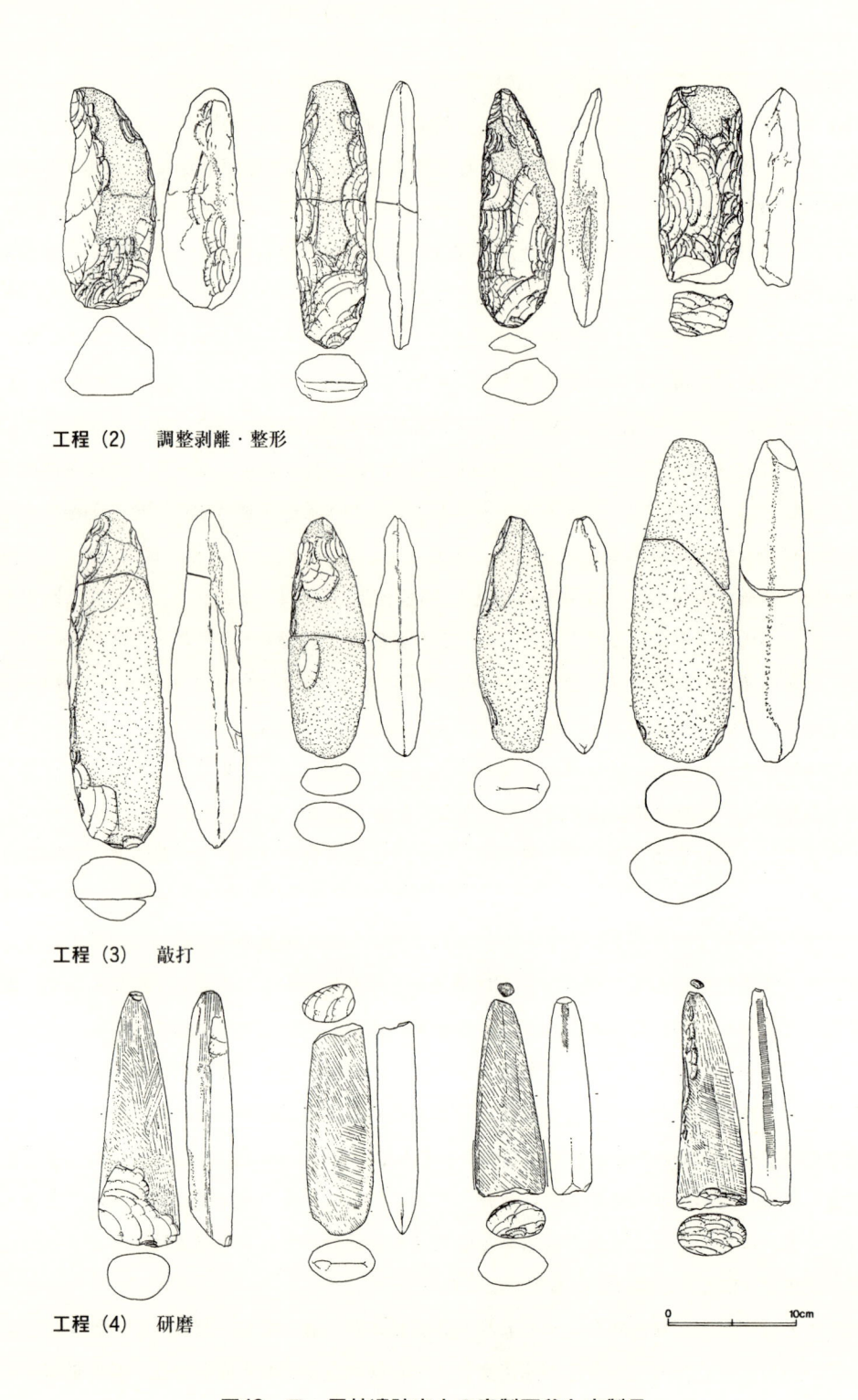

工程（3） 敲打

工程（4） 研磨

0　　　　10cm

図42　三ヶ尻林遺跡出土の磨製石斧と未製品

第Ⅴ章　乳棒状磨製石斧の出現

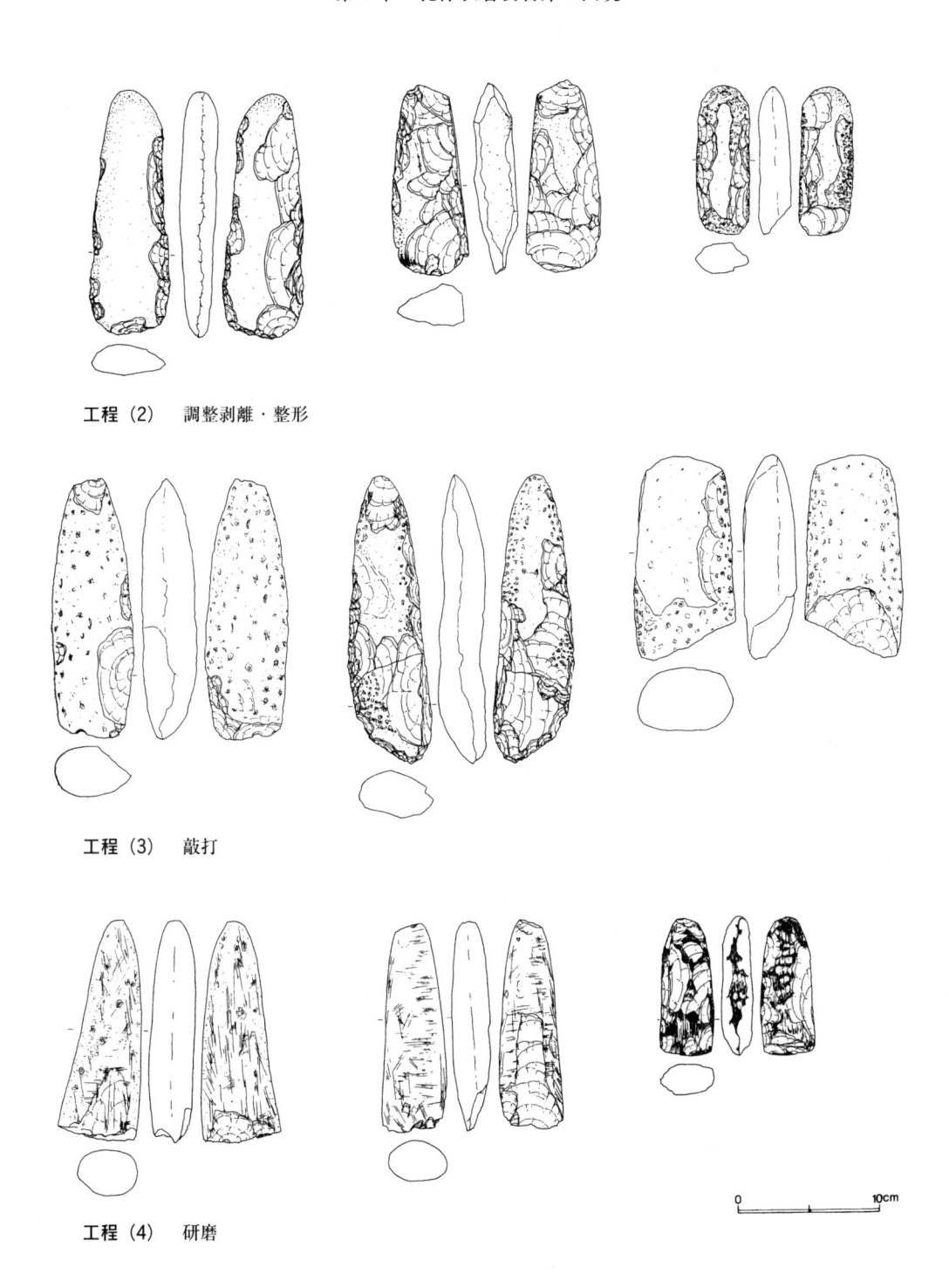

工程（2）　調整剥離・整形

工程（3）　敲打

工程（4）　研磨

図43　竹之花遺跡出土の磨製石斧と未製品

その強い癖と規格性とに乳棒状磨製石斧の製作集団を想定する指摘（黒坂1992）は、このことの傍証となるだろう。もっとも、三ヶ尻林遺跡における磨製石斧とその未製品の出土数は、例えば中期の尾崎遺跡や後期北陸の朝日境A遺跡と比較すればなお少なく、円阿弥遺跡や竹之花遺跡、上南原遺跡のそれは更に少ない。これらの遺跡で製作された磨製石斧の多くが、その自家消費分にまわされた可能性も検討されなければならない。しかしながら前述のように、石材産地から離れた遺跡での製作工程を示す未製品はほとんど見られない。三ヶ尻林遺跡においてもその自家消費分をこえた余剰品が石材産地から離れた遺跡への供給に充てられた可能性はなお高いだろう。三ヶ尻林遺跡同様のあるいは円阿弥遺跡や竹之花遺跡のような三ヶ尻林遺跡を含めた石材産地周辺の複数遺跡また複数遺跡群が、奥東京湾沿岸域をはじめとする石材産地から離れた地域への磨製石斧供給地となっていたとの想定は許されよう。

6　収蔵・交易・交換財

　奥東京湾沿岸域をはじめとする石材産地から遠く離れた地域における乳棒状磨製石斧は、石材産地周辺の製作地あるいは製作集団から交換・交易・贈与等によって入手されたものである可能性を述べた。乳棒状磨製石斧の突然の出現と、（前段階の関山式期以前には観察されなかった）貧弱な石器群の中での石斧の突出した出土あるいは石斧の収蔵を思わせるような出土状況が見られるようになることが重なるのは偶然ではないだろう。

　中期から後期にかけての磨製石斧には土器等の容器に収蔵された状況が少なからず知られており、交換・交易に向けた収蔵デポと認識されている（田中1995、2000）。前期中葉に乳棒状磨製石斧の出現に伴って見られるようになった、磨製石斧が竪穴住居の壁面や壁溝に差し込まれたかのように出土する状況（図40、41）は、おそらくは使用に向けた屋内への「一時的な収蔵・保管」（田中2000）であろうが、それは単に伐採具・加工具という斧としての使用を見越しての収蔵にとどまらず、交換・交易・贈与等にも向けられたものであろう。住居の床面にまとめられた磨製石斧の出土状況（図41）や、貧弱な石器群の中で磨製石斧のみが突出する状況も、遺跡内におそらくは道具としての実質的な必要数を超えた余剰分の磨製石斧が集積されたものであり、中・後期の収蔵デポと同様の性格を有するもの、つまりは交換・交易に向けて収蔵され、また集積され（交換に向けられることなく置き去られ）た結果であると理解してよいだろう。（もっとも、田中が指摘する中・後期に見られるような明確なデポ遺構の存在はこの時期に知られてはいない。）

　そして、磨製石斧の石器組成に占める比率の増大やこうした収蔵行為が、石斧の石材産地やその製作地の周辺ではなく、石材産地から離れた地域に見られることは、製作地とその製作集団については言わずもがな、そこから距離を置いた地域においても磨製石斧が単に実用品とし

第Ⅴ章　乳棒状磨製石斧の出現

てだけではなく交換・価値備蓄等の機能を有した交換財であったことを想定させる。

　敲打・研磨という他の石器には見られない工程が、おそらくはそこに費やされた時間と労力を石斧本体に蓄積する性格を有していた可能性もあわせて指摘しておこう。磨製石斧の製作についてよく引用される2～3ヶ月を石斧の研磨に費やすニューギニア高地人の磨製石斧製作（例えば佐原1979や栗島1990）は極端な事例であったとしても、1つに15～20分もあれば製作可能な打製石斧とは異なり、磨製石斧には石材自身が有している価値とともに、その製作技術と、製作に充てられた時間と労力が加わっていることになる。（石斧を自ら製作することなく入手した者は、製作に充てられた時間と労力から解放され、それを他のことに振り替えることが可能になる。もっとも、ここで言うような合理的な交換基準や、時間や労力の損得勘定が実際存在したかどうかは不明であり、またおおいに疑問でもあるのだが。）これは、直接食料生産等の生存活動に向けられない時間や労力を社会的な剰余に転換したものであると言いかえられる。（多分に分析者の主観が入ることを躊躇しなければ）全面研磨された「審美的」な形態もまた、磨製石斧の一要素であろう。それは、上述のような製作コストとあわせて、蛇紋岩製の定角式磨製石斧等の例に見るように、磨製石斧の一部が威信財に位置づけられまたそう理解される所以である。もちろん、当該期の磨製石斧が威信財であると言っているわけではない。

　実質的な需要を超えた余剰品の遺跡内への集積、製作集団からの交換を通じての入手、製作にあたっての時間と労力の蓄積等、（既に述べたように多少の躊躇もあるが、全面研磨されたその「審美的」な「見かけ」もここに加えておこうか、）乳棒状磨製石斧とその出現をめぐるこうした文脈は、乳棒状磨製石斧が、従来無かった高い機能を有した実用品であったのと同時に、社会的に創出され蓄積された剰余としての性格を有していたことを強く示唆する。

　Ⅱ・Ⅲ章において、（乳棒状磨製石斧の出現に重なる）関山式期から黒浜式・諸磯a式期の奥東京湾沿岸域における集団間の社会関係が大きく変化した可能性を指摘した（註8）。乳棒状磨製石斧の出現と貧弱な石器群の中でのその突出した出土がこの時期に見られることには注意が必要だろう。その出現は、中央の広場を囲んで展開する集落プランや、浅鉢形土器とその墓壙への副葬、玦状耳飾り・石製垂飾等同様に、縄文時代早期末から前期後葉にかけて増大する、いわば直接的な生存手段・生産手段に係わらない縄文社会の「社会関係の物質的側面」の拡大と関連づけられよう。乳棒状磨製石斧は、この時期、集団間の関係が大きく変化する中で、優れた実用品・生存財としてよりも（もちろん実用品であったことを否定するつもりはないが）、むしろ交換・価値備蓄・価値表示等の機能を有し、交換・交易・贈与等の行為を通じて社会的な関係を創出しまた維持する交換財また貴重財として当該期社会に受容・普及したと理解されるのである。ともに緑色の石が素材として選択され研磨されるという玦状耳飾りと乳棒状磨製石斧との類似点を強調し、当該地域における乳棒状磨製石斧の出現・受容にあたって、早期末以来

の玦状耳飾りの素材と製作技法の認識が関与し、かつまたその認識が後の硬玉製大珠や定角式磨製石斧に引き継がれたであろうとする荒井幹夫の見通し（荒井1995）は、この点で示唆に富むと言えるだろう。

註
(註1) 富士見市打越遺跡では、関山式期の住居址からの乳棒状磨製石斧の出土が知られている。研磨は平らな研磨面同士が切り合い、我々がよく知る乳棒状磨製石斧の滑らかな研磨とは異なっている。古拙であるとも言えなくはない。当該地域におけるその最も古い事例とすることができるだろう。
(註2) 長崎潤一は旧石器時代の石斧について、礫面が積極的に生かされたこと、礫面の平滑な面を人工的に作出するために研磨が行われた可能性を指摘する（長崎1988、1990）。
(註3) 荒井幹夫は最近、富士見市水子貝塚の調査を通じ、より詳細に礫斧と乳棒状磨製石斧の交替を追う中で、礫斧が黒浜式～諸磯a式期に残存すること、また乳棒状磨製石斧の受容に先立って、小形定角式の磨製石斧が当該地域に受容されたことを指摘する。荒井は、この定角式磨製石斧について論中で具体的な出土事例を示していないが、例えば大宮市宮ヶ谷塔貝塚第14号住居址、同じく第15号住居址に、その事例を見ることができる（田代他1985）。乳棒状磨製石斧同様にその系譜を、礫斧や直刃片刃石斧の中に追うことはできない。荒井が述べるように、当該地域における乳棒状磨製石斧の受容について考える上で、示唆するところは大きい。
(註4) 蓮田市天神前遺跡では、完形の石皿の出土が知られるが、住居址中央に穿たれた特殊なピット所謂Cピット上に被せられて出土している。シンボリックな役割を担わされた二次的な設置によるものと理解され、おそらくは本来の使用状況とは関係性を有していない。完形を保ったのも象徴的な設置により、本来の石皿としての機能から離れたためと理解される（田中1991）。同様の出土事例は、上福岡市の鷺森遺跡等で報告されている（笹森1987）。
(註5) 荒井は敲打痕を、石斧が敲石に転用された根拠としてあげているが、敲打そのものは破損した石斧の再調整また石斧の着柄のためにも行われている。、一部欠損した刃部に敲打が及んでいたとしても、刃部を再生するための研磨に先立つ調整の可能性もあり、一概に石斧から敲石への転用とは断じられまい。
(註6) こうした製作技法は武藤雄六・小林公明によって指摘されていたが（武藤・小林1978）東京都和田・百草遺跡群出土の打製石斧、が接合することによって実証された（中島1985）（鈴木1991）。前述したように、こうした製作技法の萌芽は礫斧段階（関山式期）に既に見ることが出来る。より薄手の打製石斧を製作する必要上から、黒浜式期以降この技法が選択されたものと想定される。また、東京都和田・百草遺跡群出土の打製石斧から想定されたもう一つの製作技法である「分割法」は、石皿を再利用するにあたってとられた臨時的な処置で、一般化は困難であるかに思える。
(註7) 同様の製作技法は、台湾先住民の打製石斧について宮本延人が報告している（宮本1985）。宮本の場合、紅頭嶼の先住民による打製石斧製作を実見している。台湾先住民の打製石斧は形態が、縄文時代中期のものによく似ている。一反歩（約993m^2）の土地からカマスに1俵くらいは容易に採集できたといった記述も（宮本1985）、関東地方における縄文時代中期の遺跡のそれを彷彿とさ

第Ⅴ章　乳棒状磨製石斧の出現

　　せるものである。台湾原住民の打製石斧についたは、宮本をはじめとしていくつかの報告があり
　　（鹿野1946）、その使用法、着柄等について参考になる点が少なくない。
（註8）　また、黒浜式期以降、遺跡数の増大に示される人口増のもとでの資源ストレスが、当該地域に
　　おける居住集団による資源管理を強化したであろうこと、また資源に新たな価値を付与して自集
　　団の生存機会を増大させた可能性を予察として示し、小林達雄が翡翠や琥珀に指摘する、その生
　　産集団による「価値」の付与、他集団への「売り込み」をこうした動きの例としてとりあげたが、
　　乳棒状磨製石斧の受容にともなったその製作集団の出現は、まさしく同様の「資源管理の強化」
　　「資源への新たな価値の付与」の具体例となる可能性が指摘できる。製作集団出現の問題も、当該
　　期における集団間関係の変化と相互に関連する、乳棒状磨製石斧受容の背景として検討される価
　　値があるだろう

引用・参考文献

合田	濤	1994	「一系家族は存在するのか？－イフガオ族における洗骨習俗と養取慣行」『国際文化学研究』創刊号　神戸大学国際文化学部紀要
		1995	「儀礼位階制と〈イエ〉－双系社会の動態に関する一試論」『国際文化学研究』4-41　神戸大学国際文化学部紀要
		1997	『イフガオ　ルソン島山地民の呪詛と変容』弘文堂
赤山	容造	1982	「住居－竪穴住居」『縄文文化の研究』　8　雄山閣
赤澤	威	1976	「先史学における解釈」『日本の旧石器文化』5 雄山閣
浅川	滋男	1998	『先史日本の住居とその周辺』同成社
麻生	優	1965	「住居と集落」『日本の考古学』2　河出書房
麻生	優・小島　功	1975	「第3次調査の成果と課題」『打越遺跡』Ⅲ富士見市文化財報告第8集
阿部	芳郎	1987	「縄文中期における石鏃の集中保有化と集団狩猟編成」『貝塚博物館紀要』14　千葉市加曽利貝塚博物館
		1989	「縄文時代早期における石器群の構成と生産活動」『駿台史学』77
		1991	「狩猟具としての石器－縄文時代における石鏃の集団保有と狩猟活動－」『季刊考古学』35
		1995	「縄文時代の生業」『展望考古学』考古学研究会
雨宮	瑞生	1993a	「研究展望・縄文時代の定住生活の出現および定住生活に関する史的諸問題」『古代文化談叢』第29集
		1993b	「温帯森林の初期定住－縄文時代初頭の南九州を取り上げて」『古代文化談叢』第30集
		1994	「南九州縄文時代草創期文化と定住化現象」『考古ジャーナル』No378
		1996	「研究ノート　縄文定住狩猟採集民文化・社会の成熟－縄文時代早期後半の南九州における装飾・祭祀行為の活性化を中心にして」『古代文化談叢』第36集
		1998a	「日本列島における初期定住」『考古ジャーナル』No429
		1998b	「南九州の初期定住」『考古ジャーナル』No429
荒井	幹夫他	1983	「打越遺跡」『富士見市文化財調査報告』第26集
	〃　他	1996	『水子貝塚』富士見市教育委員会
安斎	正人	1990	『無文字社会の考古学』六興出版
		1994	『理論考古学－モノからコトへ－』柏書房
安藤	一男	1987	「化石珪藻からみた荒川下流域の古環境」『荒川　自然』荒川総合調査報告書1
石井	寛	1997	「縄文時代における集団移動と地域組織」港北ニュータウン埋蔵文化財調査研究集録2
石川	栄吉	1970	『原始共同体－民族学的研究－』日本評論社
出居	博	1984	「旧石器時代における礫群出現の意義と茂呂系文化への導入に関するノート」『唐沢考古』4
泉	靖一	1952	「沙流アイヌの地縁集団におけるＩＷＯＲ」『民俗学研究』16-3・4
		1962	「原始共同体論」『古代史講座』　2　原始社会の解体　学生社
市川	光雄	1982	『森の狩猟民－ムブティ・ピグミーの生活』人文書院

引用・参考文献

| | | 1986 | 「アフリカ狩猟採集社会の可塑性」『自然社会の人類学−アフリカに生きる−』アカデミア出版会 |

井上　肇　1992　『さいたまの海』埼玉県立博物館
今村　啓爾　1983　「総括」吉田　格・上野佳也・今村啓爾編『東京天文台遺跡』東京大学東京天文台・東京天文構内遺跡調査団
　　　　　　1989　「群集貯蔵穴と打製石斧」『考古学と民族誌　渡辺仁古稀記念論文集』六興出版
　　　　　　1999　『縄文の実像を求めて』吉川弘文館
煎本　孝　1980　「チペイワンのトナカイ狩猟活動系−生態人類学の視点から−」『国立民族博物館研究報告』5−3
　　　　　　1996　『文化の自然誌』東京大学出版会
内堀　基光　1994　「森の資源の獲得戦略とその象徴化」大塚柳太郎編『地球に生きる　資源への文化適応』雄山閣
　　　　　　1996　『森の食べ方』東京大学出版
内堀　基光・山下　晋司　1986　『死の人類学』弘文堂
大塚　和義　1968　「縄文時代の埋葬」『歴史教育』43−3
　　　　　　1979　「縄文時代の葬制」『日本考古学を学ぶ』
大塚　久雄　1955　『共同体の基礎理論』岩波書店
大塚柳太郎・内堀　基光・掛谷　誠・小長谷有紀・小林　達雄・福井　勝義　1994
　　　　　　総合討議「新たな資源論を求めて」大塚柳太郎（編）『地球に生きる　資源への文化適応』雄山閣
大林　太良　1961　『葬制の起源』角川書店
　　　　　　1971　「縄文時代の社会構造」『季刊人類学』2−2
　　　　　　1987　「縄文と弥生の墓−民族学的解釈−」『弥生文化の研究8　祭りと墓と装い』雄山閣
小笠原好彦　1989　「民衆のムラ」都出比呂志（編）『古代史復元6　古墳時代の王と民衆』
　　　　　　1996　「古代における家と屋敷地」長谷川善計他（編）『シリーズ比較家族6　家・屋敷地と霊・呪術』早稲田大学出版部
小川　英文　2000　「狩猟採集社会と農耕社会の交流：相互関係の視角」『現代の考古学5　交流の考古学』朝倉書店
小田　静夫　1976a　「縄文時代中期の打製石斧」『季刊　どるめん』10
　　　　　　1976b　「日本最古の磨製石斧」『季刊　どるめん』11
金山　喜昭　1994　「奥東京湾域の遺跡分布の特徴」『縄文時代以降の松戸の海と森の復元』松戸市立博物館調査報告書2
　　　　　　1996　「海進海退現象」『考古学による日本歴史16　自然環境と文化』雄山閣
金子　浩昌・丹羽百合子・中村　若枝　1985　「打越遺跡第7次〜第11次調査出土の動物遺存体および骨製品」『富士見市遺跡調査会　研究紀要』4
鹿野　忠雄　1946　「紅頭嶼ヤミ族と石器」『東南亜細亜民族学先史学研究』第1巻矢島書房
川名　広文　1994　「上福岡貝塚の調査とその前後」『考古資料（1）上福岡貝塚』上福岡市教育委員会
可児　通宏　1982　「多摩ニュータウン地域の縄文集落」『考古学ジャーナル』No203
　　　　　　1993　「縄文時代のセトルメント・システム」『季刊考古学』44

桐生　直彦	1985	「東京都における縄文時代の袋状土坑」東京考古3	
黒尾　和久	1988	「縄文時代中期の居住形態」『歴史評論』No454	
	1995a	「縄文時代中期集落遺跡の基礎的検討（Ⅰ）－時間軸の設定とその考え方について－」『論集宇津木台』1	
	1995b	「接合資料の検討からみた縄文中期の居住景観－埋設土器の事例検討を中心に－」『シンポジウム縄文中期集落研究の新地平〔発表要旨・資料〕』	
黒坂　禎二	1992	『上福岡貝塚資料　山内清男考古資料3』奈良国立文化財研究所資料33	
小池　裕子	1987a	「宮崎博論文［土地と縄文人］に関する先史生態学からの一コメント」貝塚39	
	1987b	「槙の内遺跡における貝類分析」『槙の内遺跡－第Ⅳ次発掘調査』野田市遺跡調査会	
小菜　一夫	1985	「縄文前期の集落構造－内陸部と海浜部の集落比較から－」法政考古10	
〃	1991	「［住居型式論］からの視点－縄文時代前期の集団領域解明に向けて－」東京都埋蔵文化財研究論集Ⅹ	
小杉　康	1991	「縄文時代に階級社会は存在したのか」考古学研究37－4	
	1995	「縄文時代後半期における大規模配石記念物の成立－「葬墓祭」制の構造と機能－」『駿台史学』93	
	1998	「縄文時代の儀礼と祭祀」『縄紋の祈り・弥生の心－森の神から稲作の神へ』大阪府立弥生文化博物館	

小杉　正人他　1989　「古奥東京湾周辺における縄文時代黒浜式期の貝塚形成と古環境」『考古学と自然科学』2

小杉　正人　1989　「珪藻化石群集による古奥東京湾の塩分濃度の推定」『第四紀研究』28-1

後藤　明　1994　「ハワイ諸島の国家形成と人口論的基盤」『国立民族学博物館研究報告』19－1

小林　達雄	1973	「多摩ニュータウンの先住者」『月刊文化財』112
	1976	「縄文社会復元へのアプローチ」『季刊ドルメン』8
	1980	「縄文時代の集落」『国史学』第110・111合併号
	1986	「原始集落」『岩波講座日本考古学4　集落と祭祀』　岩波書店
	1988	「身分と装身具」『古代史復元3　縄文人の道具』講談社
	1993	「縄文時代の集落」『季刊考古学』44　雄山閣

小林　達雄（編）　1995　『縄文時代における自然の社会化』雄山閣

小林　達雄・藤田富士夫・富樫　泰時・西本　豊弘・春成　秀爾・松井　章・山田　昌久
　　　　　1998「縄文時代の考古学」『シンポジウム　日本の考古学』2

小林　克	1997a	「大規模集落と生活の安定」「縄文のムラ、墓と祈り」岡村道雄編『ここまでわかった日本の先史時代』角川書店
	1998	「縄文社会における「祭祀」の一構造－前期円筒土器文化の事例－」『季刊考古学』64
小山　修三	1984	『縄文時代』中公新書
	1986	「縄文人の家族生活」『朝日百科　日本の歴史』37朝日新聞
	1990	『縄文探検』公文出版
酒井　和男	1975	「新潟県下のサケ小屋」『民具マンスリー』8－4
	1985	「越後のアジャ小屋（サケ小屋）」『日本民俗文化大系13　技術と民俗』（上）小学館
坂本　彰	1982	「縄文集落の三つの型」『利根川』3
	1987	「横浜市西ノ谷貝塚」『第11回神奈川県遺跡調査・研究発表会　発表要旨』

引用・参考文献

坂本　　彰・鈴木　重信	1984	「横浜市北川貝塚の調査」『第8回神奈川県遺跡調査・研究発表会発表要旨』
佐々木藤雄	1976・78・79	「縄文社会論ノート」『異貌』5・7・8
	1984	「方形柱穴列と縄文時代の集落」『異貌』11
	1993	「和島集落論と考古学の新しい流れ　漂流する縄文時代集落論」『異貌』13
笹森　健一	1981、82	「縄文時代前期の住居と集落」『土曜考古』3、4、5
	1996	「上福岡構内遺跡における拡張住居について」『土曜考古』20
佐藤　宏之	2000	『北方狩猟民の民族考古学』北方新書
佐藤　宏之編	1998	『ロシア狩猟文化誌』慶友社
佐原　　眞	1977	「石斧論－横斧から縦斧へ－」『考古論集』松崎寿和先生退官記念事業会
	1982	「石斧再論」『古文化論集』上巻森貞次郎博士古希記念論文集刊行会
	1994	『斧の文化史』考古学選書6 東京大学出版
清水　　展	1990	『出来事の民族誌　フィリピン・ネグリート社会の変化と持続』九州大学出版会
下村　克彦	1982	「山崎貝塚に見るもう一つの2棟1組型住居」『土曜考古』5
鈴木　次郎	1983	「打製石斧」『縄文文化の研究』雄山閣
鈴木道之助	1991	『図録・石器入門辞典〈縄文〉』柏書房
鈴木　素行	1984	「縄文時代前期貝塚の意味を考える」『古河市遺跡分布調査報告書』古河市史資料集
	1995	「縄文集落を解析する」『縄文人の時代』新泉社
	1996	「縄文時代の集落と貝塚の形成－木戸作遺跡における「環状集落」と「環状貝塚」の解体－」『季刊考古学』第55号
関野　　克	1938	「埼玉県福岡村縄紋前期住居址と竪穴住居の系統について」人類学雑誌53-8
	1994	『考古資料（1）上福岡貝塚』上福岡市教育委員会
大工原　豊	1995	「群馬県天神原遺跡」『縄文時代における自然の社会化』雄山閣
大工原　豊・林　克彦	1995	「配石墓と環状列石－群馬県天神原遺跡の事例を中心として－」『信濃』47-4
高取　正男	1976	「家敷付属の墓地－死の忌みをめぐって」『日本宗教の歴史と民俗』隆文館
高橋　誠他	1994	「木戸先遺跡」『印旛郡市文化財センター発掘調査報告書』第　集
田中　和之	1990	「蓮田市黒浜貝塚群」『さいたまの海』埼玉県立博物館
	1991	『黒浜貝塚群　天神前遺跡』埼玉県蓮田市文化財調査報告書
田中　二郎	1990	『ブッシュマン』思索社
田中　義昭	1984	「弥生時代集落研究の課題」『考古学研究』31-3
谷口　康浩	1993	「縄文時代集落の領域」『季刊考古学』44　雄山閣
	1997	「1996年の縄文時代学会動向　集落・領域論」『縄文時代』8
	1998a	「縄文時代集落論の争点」『國學院大學考古学資料館紀要』14
	1998b	「環状集落形成論－縄文時代中期集落の分析を中心として」『古代文化』50-4
	1998c	「縄文時代早期撚糸文期における集落の類型と安定性」『考古学ジャーナル』No429
玉田　芳英	1996	「生と縄文土器」泉　拓良編『縄文土器出現　歴史発掘2』講談社
田村　　隆	1992	「遠い山・黒い石－武蔵野II期石器群の社会生態学的一考察－」『先史考古学論集』2

丹野　正	1986	「ムブティ・ピグミーの生活と物質文化」伊谷純一郎・田中二郎偏『自然社会の人類学－アフリカに生きる－』アカデミア出版
千野　祐道	1983	「縄文時代のクリと集落周辺植生－南関東を中心に－」『東京都埋蔵文化財センター研究論集』Ⅱ
	1991	「縄文時代に二次林はあったか」『東京都埋蔵文化財センター研究論集』Ⅹ
	1993	「縄文集落の景観」『季刊考古学』44
塚本　師也	1993	「食料貯蔵」『季刊考古学』44
都出比呂志	1979	「集落と地域圏」樋口隆康（編）『図説　日本文化史』1　小学館
	1986	「墳墓」『岩波講座日本考古学4 集落と祭祀』　岩波書店
	1989	『日本農耕社会の成立過程』岩波書店
	1989	「古墳と古代国家」都出比呂志（編）『古代史復元6　古墳時代の王と民衆』
勅使河原　彰	1992	「縄文時代の社会構成（上）（下）－八ヶ岳西南麓の縄文時代中期遺跡群の分析から－」『考古学雑誌』78－1、2
土井　義夫	1985	「縄文時代集落論の原則的問題－集落遺跡の二つのあり方をめぐって－」『東京考古』3
	1988a	「考古資料の性格と転換期の考古学」『歴史評論』No454
	1988b	「「セトルメント・パターン」の再検討」『史館』20
	1991a	「［研究メモ］定住・移動と領域論」『貝塚』45
	1991b	「199o年の縄文時代学会動向　集落・領域論」『縄文時代』第2号
土井　義夫・黒尾　和久	1992	「縄文時代前期前葉の居住形態－多摩丘陵地域の事例を中心として－」『武蔵野の考古学』吉田格先生古稀記念論文集
戸田　哲也	1990	「縄文時代草創期後半の竪穴住居について」『東京都町田市成瀬西遺跡群発掘調査報告書』成瀬西区画整理遺跡調査団
長崎　元広	1980	「縄文集落研究の系譜と展望」『駿台史学』50
	1988	「縄文時代集落論の系譜」『考古学ジャーナル』No293
長崎　潤一	1988	「石斧の形態変化について」『早稲田大学文学研究紀要　別冊』14
	1990	「後期旧石器時代前半の石斧－形態変化論を視点として－」『先史考古学研究』3
中村　大	1993	「秋田県柏子所貝塚からみた亀ヶ岡文化」『考古ジャーナル』No368
中村　哲也	1996	「生産活動と遺跡群」『季刊考古学』55
西田　正規	1986	「定住革命－遊動と定住の人類史－」
	1989	『縄文の生態史観』ＵＰ選書
畠山　剛	1989	『縄文人の末裔たち－ヒエと木の実の生活誌－』彩流社
	1997	『［新版］縄文人の末裔たち－ヒエと木の実の生活誌－』彩流社
羽生　淳子	1990a	「縄文時代集落研究と狩猟採集民研究との接点」物質文化53
	1990b	「縄文人の集落の大きさと人口はどの程度か」『争点　日本の歴史』1 新人物往来社
	1993	「集落の大きさと居住形態」『季刊考古学』44 雄山閣
	1994	「狩猟・採集民の生業・集落と民族誌－生態学的アプローチに基づいた民族誌モデルを中心として－」『考古学研究』41－1
	2000	「縄文人の定住度」（上・下）『古代文化』52-2、4
早川　正一	1983	「磨製石斧」『縄文文化の研究』雄山閣

引用・参考文献

早川　智明・井上　肇		1987	「荒川流域の貝塚と出土品」『荒川　自然』荒川総合調査報告書1
林　謙作		1979a	「縄文期の集落と領域」『日本考古学を学ぶ』3
		1979b	「縄文期の'村落'をどうとらえるのか」『考古学研究』26-3
		1981	「住居面積からわかること」『信濃』33-4
		1984	「縄文の集落－集落論の新しい出発をめざして－」『季刊考古学』7　雄山閣
		1994	「縄文時代史21～24　縄文時代の集落」『季刊考古学』47～50雄山閣
		1995、96	「縄文時代史31・32　定住集落の成立と普及」『季刊考古学』57・58雄山閣
		1997	「縄文社会の資源利用・土地利用－「縄文都市論」批判－」『考古学研究』44-3
		1998	「縄文社会は階層社会か」『古代史の論点4　権力と国家と戦争』小学館
原子　令三		1977	「ムブティ・ピグミーの生態人類学的研究－とくにその狩猟を中心として－」
伊谷純一郎・原子令三編			『人類の自然誌』雄山閣
原田　昌幸		1983	「撚糸文期の竪穴住居跡－資料の集成とその解題的研究－」『土曜考古』7
		1984	「続・撚糸文期の竪穴住居跡」『土曜考古』8
		1993	「遊動と定住－縄文時代の初期定住－」『季刊考古学』44雄山閣
梁木　誠		1988	『聖山公園遺跡V』宇都宮市教育委員会
藤雄慎一郎		1995	「ケンブリッジの空のもとで」『考古学研究』42-2
		1996	「ブリテン新石器時代における死の考古学」『国立歴史民俗博物館研究報告』68
堀口　万吉		1984	「寿能泥炭層遺跡の自然環境」『寿能遺跡泥炭層遺跡発掘調査報告書』
松山　利夫		1982	『木の実』ものと人間の文化史47　法政大学出版局
水野　正好		1969	「縄文時代集落復元への基礎的操作」『古代文化』21-3、4
		1970	「なぜ縄文時代集落論は必要なのか」『歴史教育』18-3
		1974	「集落」『考古ジャーナル』No100
		1987	「墳墓　死と再生の儀礼」『朝日百科日本の歴史』43朝日新聞
溝口　孝司		1993	「「記憶」と「時間」－その葬送儀礼と社会構造の再生産において果たす役割（ポスト＝プロセス考古学的墓制研究の一つの試みとして）－」『九州文化史研究所紀要』第38号　九州大学文学部九州文化史研究施設
		1994	「イギリス考古学事情」『最新海外考古学事情』月刊文化財発掘出土情報［増刊号］
		1995a	「福岡県筑紫野市永岡遺跡の研究　いわゆる二列埋葬墓地の一例の社会考古学的再検討」『古代文化談叢』第34集
		1995b	「福岡県甘木市栗山遺跡C群墓域の研究　北部九州弥生時代中期後半墓地の一例の社会考古学的検討」『日本考古学』第2号
		1997	「二列埋葬墓地の終焉　弥生時代中期（弥生Ⅲ期）北部九州における墓地空間構成原理の変容の社会考古学的研究」『古代文化談叢』第38集
宮坂　英弌		1947	「尖石先史聚落址の研究－日本石器時代中部山岳地帯文化－」諏訪史談会会報　第3号
宮崎　博		1986	「土地と縄文人」『物質文化』47
宮本　延人		1985	『台湾の原住民族』六興出版
宮本　勝		1984	「東南アジア焼畑農耕民の集落－フィリピンの事例を中心に－」『季刊考古学』7
武藤　康弘		1989	「複合居住家屋の系譜」『考古学と民族誌　渡辺仁古稀記念論文集』
		1993	「竪穴住居の面積」『季刊考古学』44雄山閣
		1995	「民族誌から見た縄文時代の竪穴住居」『帝京大学山梨文化財研究所研究報告』6

		1997	「縄文時代前・中期の長方形大型住居の研究」『住の考古学』同成社
		1998	「縄文時代の大型住居－長方形大型住居の共時的通時的分析－」安斎正人（編）『縄文式生活構造－土俗考古学からのアプローチ』
村田	文夫	1985	『考古学ライブラリー36 縄文集落』ニューサイエンス社
八幡	一郎	1938	「日本の乳棒状磨製石斧」『人類学雑誌』53-5
山下	晋司	1979a	「サダン・トラジャ族の死者祭宴－ネ・レバン氏の場合」『季刊民族学』8
		1979b	「『肉の政治学』－サダン・トラジャの死者祭宴」『民族学研究』44-1
		1988	『儀礼の政治学 インドネシア・トラジャの動態的民族誌』弘文堂
山田	康弘	1995	「多数合葬の意義」『考古学研究』42-2
山田	昌久	1997	「移動生活のシステムと定住化」「道具・技術と居住のかたち」岡村道雄編『ここまでわかった日本の先史時代』角川書店
山本	暉久	1987	「縄文社会と移動－「集団移動」論をめぐる研究の現状とその問題点について－」『神奈川考古』23
		1990	「学会動向 集落・領域論」『縄文時代』1
		1991a	「縄文時代文化研究とエスノアーケオロジー－最近の研究動向をめぐって－」『縄文時代』2
		1991b	「環状集落址と墓域」『古代探叢Ⅲ』
山本	典幸	1995	「五領ヶ台式土器様式期の季節的居住性－石器組成の民族誌学的解釈－」『先史考古学論集』4
		1997	「石川県真脇の遺跡の民住形態とイルカ漁」『先史考古学論集』6
		2000	「縄文時代の地域生活誌」
小林	達雄監修		『未完成考古学叢書』
和島	誠一	1948	「原始聚落の構成」『日本歴史学講座』
		1956	「集落址」『日本考古学講座』1 河出書房
		1958	「南堀貝塚と原始集落」『横浜市史』1
		1962	「農耕・牧畜発生以前の原始共同体」『古代史講座』2原始社会の解体学生社
		1962	「東アジア農耕社会における二つの型」『古代史講座』2原始社会の解体学生社
渡辺	仁	1964	「アイヌの生態と本邦先史学の問題」『人類学雑誌』72-1
		1966	「縄文人の生態 住居の安定性とその生物的民族史的意義」人類学雑誌74-2
		1981	「竪穴住居の体系的分類、食料採集民の住居生態学的研究（Ⅰ）」『北方文化研究』14北海道大学文学部付属北方文化研究施設
		1984	「竪穴住居の廃用と燃料経済」『北方文化研究』16北海道大学文学部付属北方文化研究施設
		1984	「狩猟採集民の住居－北からの視点」杉本尚次編『日本のすまいの源流－日本基層文化の研究－』 文化出版局
		1990	『縄文式階層化社会』 六興出版

Alexander Diana 1992 A Reconstruction of Prehistoric land Use in the Mid Fraser River Area Based on Ethnographic Data. A Complex Culture of the British Columbia Plateau. Edited By Brian Hayden UBC Press

Pouillon Francois 1976 L'ANTHROPOLOGIE ECONOMIQUE 山内 昶訳『経済人類学の現在』法政大学出版局

引用・参考文献

Binford L. R. 1980 Willow smoke and dogs tails : hunter-gatherer settlement systems and archaeological site formation. AMERICAN ANTIQUITY 45

Gessain Robert 1969 AMMASSALIK　宮地美江子訳 吉田禎吾解説 1977『アマサリク　－エスキモーと文明』思索社

Godelier Maurice 1973 HORIZON, TRAJETS MARXISTES EN ANTHROPOLOGIE　山内 昶訳 1976『人類学の地平と進路』紀伊国屋書店

Godelier Maurice 1984 LIDEEL ET LE MATERIEL　山内 昶訳 1986『観念と物質 思考・経済・社会』法政大学出版局

Headland.T.N.and R.C.Bailey 1991 Introduction.Have Hunter-Gatheres Ever Lived in Tropical Rain Farest Indeppndently of Agriculture? Human Ecology 19-2

Headland.T.N.and.L.A.Reid 1989 Hunter-gatherers.and their neighbor from prehistory to the present. Carrent Anthropology30

James Teit, 1900 The Thompson Indians of Brithish Columbia. Memoir of Americam Museum of Natural History Vol.Ⅰ, partⅣ

James Teit, 1906 The Lillooet Indians. Memoir of Americam Museum of Natural History Vol.Ⅱ, partⅤ

Kertzer I. David 1988 RITUAR, POLITICS, AND POWER. 小池和子訳 1989 『儀式・政治・権力』勁草書房

Mauss Marcel 1906 Essai sur les variations saisonnieres des societes Eskimos : etude de morphologie sociale　宮本卓也訳『エスキモー社会』未来社

Shanks, M and Tilley, C 1981 Ideology, symbolic power ritual communication : a reinterpretation of Neolithic mortuary practices. Symbolic and Structural Archaeology Edited By Ian Hodder. Cambridge University Press

Romanoff Steven 1992 Ecology of Hunting and Potlatches among the Lillooet Indians. A Complex Culture of the British Columbia Plateau. EditedBy Brian Hayden UBC Press

Thomas J, 1991 Rethinking the Neolithic. Cambridge University Press

Thomson.D.F.1939 The Seasonal Factor in Human Culture Illustrated from the Life of Contemporary Nomadic Group Praceedings of the Prehistoric Society.

Testart Alain 1982 The significance of food storage among hunter-gathers : Residence Patterns, and social inequalities. CURRENT ANTHROPOLOGY23

Testart Alain 1982 LES CHASSEURS-CUEILLEURS OU L ORIGINE DES INEGALITES 山内 昶訳 1995 『新不平等起源論 狩猟採集民の民族学』法政大学出版局

引用参考文献（発掘調査報告書）

青木　義脩他　1967　『大谷場貝塚・一ツ木遺跡－第2次・第3次－』浦和市文化財調査委員会
青木　義脩他　1968　『大谷場貝塚・一ツ木遺跡－昭和42年度－』浦和市文化財調査委員会
青木　義脩他　1980　「大間木内谷遺跡・和田西遺跡・吉場遺跡・井沼方遺跡」『浦和市遺跡調査会報告書』第13集
青木　義脩他　1981　「大北遺跡・井沼方遺跡」『浦和市遺跡調査会報告書』第15集
青木　義脩他　1981　「北宿遺跡」『浦和市遺跡調査会報告書』第16集
青木　義脩他　1981　「中原前遺跡・大古里遺跡」『浦和市遺跡調査会報告書』第17集
青木　義脩他　1981　「大古里遺跡」『浦和市遺跡調査会報告書』第19集

青木　義脩他	1981	「井沼方遺跡・大北遺跡・和田北遺跡・西谷遺跡・吉場遺跡」『浦和市遺跡調査会報告書』第20集	
青木　義脩他	1983	「北宿遺跡」『浦和市遺跡調査会報告書』第26集	
青木　義脩他	1983	「井沼方遺跡」『浦和市遺跡調査会報告書』第32集	
青木　義脩他	1984	「大古里遺跡（第5地点）」『浦和市遺跡調査会報告書』第38集	
青木　義脩他	1985	「大古里遺跡（第6地点）」『浦和市遺跡調査会報告書』第48集	
青木　義脩他	1985	「北宿遺跡」『浦和市遺跡調査会報告書』第54集	
青木　義脩他	1986	「井沼方遺跡（第8次）」『浦和市遺跡調査会報告書』第59集	
青木　義脩他	1987	「北宿遺跡」『浦和市遺跡調査会報告書』第76集	
青木　義脩他	1990	「北宿遺跡」『浦和市遺跡調査会報告書』第134集	
青木　義脩他	1991	「大古里遺跡（第9・10・11・12地点）・稲荷原遺跡」『浦和市内遺跡報告書』第15集　浦和市教育委員会	
青木　義脩他	1991	「大古里遺跡（第13地点）・白鍬宮腰遺跡（第3地点）・本宮遺跡（第5地点）・白鍬遺跡（第3地点）」『浦和市内遺跡報告書』第17集　浦和市教育委員会	
青木　義脩他	1993	「宮本遺跡発掘調査報告書」『浦和市遺跡調査会報告書』第165集	
青木　義脩他	1993	「細谷北遺跡・大古里遺跡」『浦和市内遺跡報告書』第19集　浦和市教育委員会	
青木　義脩他	1994	「井沼方遺跡発掘調査報告書（第12次）」『浦和市遺跡調査会報告書』第185集	
青木　秀雄他	1979	『風早遺跡』庄和町風早遺跡調査会	
赤石　光資他	1979	『上尾市稲荷台遺跡』上尾市稲荷台遺跡調査会	
赤石　光資他	1981	『氷川遺跡第1次、2次調査』氷川遺跡調査会	
赤石　光資他	1985	『箕輪一遺跡・宿北遺跡・箕輪二遺跡・宿北二遺跡』上尾市教育委員会	
麻生　優・小島　功	1975	「打越遺跡　ⅡⅠ」『富士見市文化財報告』第8集	
荒井　幹夫他	1978	「打越遺跡」『富士見市文化財報告』第14集	
荒井　幹夫他	1979	「中央遺跡群Ⅱ　御庵遺跡　第1地点」『富士見市文化財報告』第17集	
荒井　幹夫他	1983	「打越遺跡」『富士見市文化財報告』第28集	
荒井　幹夫他	1985	「貝塚山遺跡第2地点」『富士見市文化財報告』第24集	
荒井　幹夫他	1985	「貝塚山遺跡－第3地点－」『富士見市文化財報告』第25集	
荒井　幹夫他	1996	『水子貝塚』富士見市教育委員会	
会田　明	1976	「北通遺跡第2地点」『富士見市文化財調査報告ⅩⅠ』	
会田　明他	1980	「宮廻遺跡」『富士見市遺跡調査会報告書』第10集	
伊庭　彰一他	1988	『谷津台遺跡』山武考古学研究所	
岩槻市史編纂室編	1983	『岩槻市史』考古資料編	
植月　学他	1997	『庚塚遺跡第5地点』市川市教育委員会	
宇田　敦他	1997	「南羽鳥遺跡群Ⅱ」『財団法人印旛郡市文化財センター発掘調査報告書』第133集	
浦和市市史編纂室編	1974	『浦和市史』第1巻考古資料編	
大宮市史編纂室編		『大宮市史』第1巻考古資料編	
岡田　光広他	1989	『関宿町飯塚貝塚』千葉県埋蔵文化財センター	
奥野　麦生他	1987	「タタラ山遺跡」『白岡町遺跡調査会報告』	
奥野　麦生他	1987	「黒浜貝塚群　宿上貝塚・御林遺跡」『埼玉県埋蔵文化財調査報告』第16集	
書上　元博他	1990	『大針貝塚・浮谷貝塚発掘調査報告』埼玉県立博物館	
金山　喜昭他	1987	「千葉県野田市槙の内遺跡－第Ⅳ次調査－」『野田市遺跡調査会報告』第5冊	

引用・参考文献

川根　正教他	1981	『西初石3丁目遺跡』西初石3丁目遺跡調査会	
川口市教育委員会	1978	「天神山遺跡」『川口市文化財調査報告書』第8集	
川口市教育委員会	1978	「木曽呂表遺跡」『川口市文化財調査報告書』第9集	
栗原　文蔵	1977	『殿山』埼玉県遺跡調査会・富士見市教育委員会	
小出　輝男	1986	「富士見市遺跡群Ⅳ　御庵遺跡第10地点」『富士見市文化財報告書』第36集	
小出　輝男	1986	「宮廻遺跡第10地点」『富士見市遺跡調査会調査報告』第30集	
小出　輝男	1986	「富士見市遺跡群Ⅶ　宮廻遺跡第11・12・13地点」『富士見市文化財報告書』第39集	
小出　輝男他	1990	「宮脇遺跡・谷津遺跡発掘調査報告書（1）～（3）」『富士見市遺跡調査会調査報告』第33～35集	
小林　達雄	1965	『米島貝塚』庄和町教育委員会	
小宮　孟他	1983	『千葉市谷津台貝塚』千葉県都市部・千葉県文化財センター	
佐々木保俊他	1984	「針ヶ谷遺跡　北通（6-22）地点」『富士見市遺跡調査会報告』第23集	
笹森紀己子他	1993	「B-66W号遺跡・C-66号遺跡」『大宮市遺跡調査会報告』第44集	
笹森　健一他	1982	「埋蔵文化財の調査（Ⅳ）川崎遺跡第4次調査」『郷土資料集』第28集　上福岡市教育委員会	
笹森　健一他	1982	「鷺森遺跡の調査」『郷土資料集』第33集　上福岡市教育委員会	
設楽　博巳他	1987	『殿平賀向山遺跡』松戸市遺跡調査会	
庄野　靖寿他	1974	「関山貝塚」『埼玉県埋蔵文化財調査報告』第3集	
庄野　靖寿他	1984	『尾ヶ崎遺跡』埼玉県庄和町尾ヶ崎遺跡調査会	
清藤　一順他	1975	『飯山満東遺跡』千葉県都市公社・千葉県文化財センター	
高野　博光	1976	『大古里遺跡発掘調査報告書』大古里遺跡調査会	
高橋　敦他	1985	「富士見市遺跡群Ⅲ　宮廻遺跡第5地点・第6地点」『富士見市文化財報告書』第34集	
田代　治他	1985	「宮ヶ谷塔遺跡群発掘調査報告書」『大宮市文化財調査報告』第18集	
田中　和之他	1986	「天神前遺跡・宿下遺跡」『蓮田市文化財調査報告書』第8集	
田中和之他	1989	「蓮田市黒浜貝塚群　天神前遺跡・宿下遺跡・宿上遺跡の調査」『第4回　遺跡発掘調査報告会発表要旨』埼玉考古学会	
田中　和之他	1991	「黒浜貝塚群天神前遺跡」『蓮田市文化財調査報告書』第17集	
羽生　淳子他	1983	『稲荷丸北遺跡』ニューサイエンス社	
富士見市史編纂室編		『富士見市史』資料編2考古	
古内　茂他	1974	『柏市鴻ノ巣遺跡』日本住宅公団首都圏宅地開発本部　財団法人千葉県都市公社	
古里　節夫他	1978	「幸田貝塚　第7次（昭和52年度）調査概報」『松戸市文化財調査小報』12	
古里　節夫他	1978	「幸田貝塚　第8次（昭和53年度）調査概報」『松戸市文化財調査小報』13	
古里　節夫他	1985	「島崎遺跡・幸田貝塚（第10次調査）『松戸市文化財調査報告』第10集	
古里　節夫他	1986	「幸田貝塚（第11次調査）・殿平賀貝塚（第4次調査）」『松戸市文化財調査報告』第12集	
三友国五郎他	1961	『中川貝塚』大宮市教育委員会	
安岡　路洋	1974	『後山遺跡』上尾市教育委員会	
安岡　路洋、栗原　文蔵	1968	「円阿弥貝塚の住居址」『埼玉考古』4	
柳田　敏司他	1971	「諏訪山貝塚・諏訪山遺跡・桜山貝塚・南遺跡発掘調査報告書」『埼玉県遺跡調	

　　　　　　　　　　査会報告書』第8集
柳田　博之　　1995　「浦和市大古里遺跡の調査」『第28回　遺跡発掘調査報告会発表要旨』埼玉考古
　　　　　　　　　　学会
八幡　一郎他　1974　『八栄北遺跡』船橋市教育委員会
山形　洋一他　1982　「宮ヶ谷塔第5貝塚」『大宮市遺跡調査会報告』第5集
山形　洋一他　1984　「深作東部遺跡群」『大宮市遺跡調査会報告』第10集
山形　洋一他　1985　「宮ヶ谷塔貝塚」『大宮市遺跡調査会報告』第13集
山形　洋一他　1986　「染谷遺跡群発掘調査報告」『大宮市文化財調査報告』第20集
山形　洋一他　1988　「南中丸下高井遺跡」『大宮市遺跡調査会報告』第23集
山形　洋一他　1997　「側ヶ谷戸貝塚－第2次調査－」『大宮市遺跡調査会報告』第58集
山形　洋一他　1998　「峰岸北遺跡」『大宮市遺跡調査会報告』第59集
山口　康行他　1992　「中川貝塚」『大宮市遺跡調査会報告』第36集

あとがき

　下総台地の西縁から、大宮台地、そして武蔵野台地の縁辺部まで、元荒川・綾瀬川・芝川・鴨川・入間川・荒川等の大小の河川によって開析され、縄文時代の海進にともなって無数の貝塚が形成されたこの地域は、所謂「考古ボーイ」であった私の「縄張り」だった。

　もともと父親がこういう仕事をしていたこともあったが、小学生の時父親に連れられて大宮市の貝崎貝塚の調査を見に行ったのがきっかけであったと思う。海の無い埼玉県で育ち、海など春の潮干狩りか、夏の海水浴でしか行ったことの無い小学生にとって、海から遠く離れた貝塚とかつてその下の崖を洗っていた数千年前の海の存在は驚きであり、今は地面の下になってしまったこの海は、少年だった私の心をとらえて放さなかった。

　縄文時代前期では、大宮市宮ヶ谷塔貝塚、同じく大宮市の貝崎貝塚、中川貝塚、岩槻市黒谷貝塚、蓮田市の黒浜貝塚、後・晩期の貝塚では岩槻市真福寺貝塚、川口市の石神貝塚、新郷貝塚等々、小学生から中学生まで、自転車に乗って駆けずり回る毎日をすごした。もっとも、宮ヶ谷塔貝塚は筆者の家のすぐ傍であるが。足は日に日に遠くへのびた。当然のことながら、学校の勉強はさほどにしていない。粘土の玉を貼り付け、太い沈線で文様が描かれた関山式土器、半裁竹管で繊細な文様を描いた諸磯式土器、黒色で堅く焼き締まった加曽利B式の精製土器や、豚の鼻のような貼り付け文をもつ安行式土器、蛇紋岩で作られ美しく磨かれた定角式の磨製石斧や、チャートや黒曜石の石鏃は、あの頃のまま、机の奥にしまったボール紙の箱におさまっている。

　ちょうど大学院の前期課程に入ったばかりのころであったと記憶しているが、フェルナン・ブローデルの『地中海』の邦訳が出た。卒業論文は縄文時代の打製石斧の研究であり、大学院に提出してある研究テーマは同じく縄文時代の石器組成と生業研究であった。格段西洋史に関心があったわけではなく、「アナール派」「構造史」「長期的持続の波」「全体史」「事件史」、学部生の時、史学概論で聞いてた言葉がこの本を手にとらせたのであるが、理論めいた話はともかく、その壮大な視野と地中海を劇中の登場人物に喩える物語性に、そしてなにより「わたしは地中海をこよなく愛した。」にはじまる書き出しに、強烈なインパクトを受けた。（本書をまとめるにあたり、冒頭に『地中海』の書き出しをもじって「わたしは奥東京湾を……。」と入れようとしたが、いざワープロに打ち込んでみたら、さすがに恥ずかしくなってやめた。）「事実をして語らしめる」という大義名分のもと、とかく無味乾燥になりがちな実証主義的な歴史学とは一線も二線も画したこの本にいたく魅せられ、かつ興奮した。読みながら、自分が少年時代に駆けまわった奥東京湾を舞台にした歴史の論文がいつか書けないかと思った。もちろんこの時は思っただけである。実際に書こうと書いてみようと考えたわけではない。また書けると

も思えなかった。20年後か、30年後か、それとももっと先か、あくまで"いつか"ということだ。

　大学院の後期課程に進み、博士論文として纏めるため論文を書き始めようと思ったとき、身の程知らずにも頭に浮かんだのは奥東京湾の地図とブローデルの『地中海』であった。修士論文を書いたとはいえ、発掘調査の報告書を少し書いただけで、ろくに論文を発表したこともないのに、これはもう無謀と言っていい。今考えると、我ながら呆れかえるばかりだが、その意気だけはよしとしておきたい。もっとも当然のことなのだが、やはり荷が勝ちすぎた。漠然としたイメージのみが先行し、具体的な方向性はなかなか定まらなかった。後期課程の2年目くらいで本文Ⅱ章の原型みたいなものは固まり始めたが、3年目は（言い訳にもならないが）就職、引っ越し等、色々ありすぎてそれどころではなかった。小林先生をはじめ永峰先生、加藤先生、吉田先生に頼み込んで、1年、2年と期限をのばしてもらい、タイムリミット寸前の延長3年目（合計6年目）にようやくたどりついたのが本書の基になった博士論文である。

　書き終えてみれば、思い入れの深さのわりに、自分の力が足りないことを痛感している。ここにあるのは少年時代の「ロマン」と学生時代の「憧憬」と無謀な「若気」のとりあえずの結末である。入江隆則は、自らの著書『太平洋文明の興亡』を『地中海』と比較し「ブローデルには及びもつかないほど小さな仕事」と謙遜したそうだ。『地中海』への憧れから始まったとはいえ、本書ははじめから問題にならない。私には、地中海に比べればほとんど芥子粒に等しいくらい狭小な古奥東京湾だって手に余る。結論を急ぎすぎ、論証は不十分で、牽強付会の誹りはまぬがれない。今はその意気込みのみを買って、長い目で見ていただければと思う。ご批判、ご叱責を待つところ切なるものがある。

　本書のもととなった博士論文作成にあたっては小林達雄先生から全般にわたって御指導・御教示いただくとともに、加藤晋平先生、吉田恵二先生から御指導を賜った。また小林先生には、今回この論文を刊行する機会をいただいている。このような言葉で言い尽くせるものではありませんが、深く感謝いたします。永峯光一先生には、先生が大学にいらっしゃる間には私の努力不足から論文を提出出来なかったのだが、様々な面で御指導・御教示をいただいた。特に、本書第Ⅱ章の原型をまとめたときには、小林先生がイギリスへ留学中だったこともあり、最初に永峯先生に見ていただき、貴重なコメントをいただいた。天野賢一氏、井関文明氏、伊藤慎二氏、河野喜映氏、佐々木裕氏、笹森健一氏、笹森紀巳子氏、白石浩之氏、大工原豊氏、高橋泰子氏、田中和之氏、谷口康浩氏、角田真也氏、仲田大人氏、中村大氏、松田光太郎氏、守谷健吾氏、山内利秋氏、山形洋一氏、山本暉久氏、吉田政行氏、依田亮一氏からは、やはり様々な面で御教示を受け、また文献収集等でお世話になった。特に、本文中にも述べたように、笹森健一氏の住居論、谷口康浩氏の集落論から受けた影響ははかりしれない。大学院生時代、ま

だ学部生だった守谷健吾氏を喫茶店に連れて行っては、論文のアイデアを話していた。本人はさぞ閉口したものと思うが、私にとっては自分の考えをまとめる上でどれだけ役だったかわからない。図版作成にあたっては澤柳（石井）葉子氏、早川修司氏の手を煩わせている。英文サマリーの作成は加藤均氏のお世話になった。トビラのイラストは高校時代以来の友人である伊野正人氏に無理を言っておねがいしたものである。また、ミュゼの山下治子氏には様々な点でご配慮いただいた。記して深い感謝の意を表する。

　最後に、息子が自分と同じ道を歩むことを積極的に賛成はしなかったまでも、許してくれた父と、何かと心配ばかりかけている母に、感謝の意を込めて、本書を捧げたい。

2001年5月

小　川　岳　人

(English summary)

Settlment and Subsistence Society of early Jomon period old TokyoBay coast area

M. Sekino, who excavated Kamifukuoka Shell midden 1937, reported pit house in early Jomon period. Sekino was noticed in the pit house by "expansion" of 7 times, and it was interpreted as doing "the expansion-annex" of the house adjusted to the expansion of the scale of the household (1938). The expansion of the similar pit house is observed not a few in early Jomon period in the Old Tokyo Bay coastal area. However, the following clarify: That it was do not expand it of the scale, when the context of hearth and post pit of the pit house was observed , one-sided, and that it was the reduction of the scale too, there were some not result but result of reoccupation with residential-movement of where and, all are continual. It will be appropriate that it is understood, the pit house of Kamifukuoka Shell midden is also a result which repeated the change of the scale like the in making pit house scale is the smallest and large pit house in the scale to be extremes, as the accordion. Expansion and reduction of the pit house in early Jomon period were very efficiently carried out by the recycling of wall and posts of previous the pit house. When the pit house in the generation is observed that time, the configuration of the post which was a pair at rectangle and plan of the house presenting the rectangle and facilitates expansion and reduction of the scale, and it shows the existence of the settlement-system assuming expansion and reduction of the pit house. If it stands at the premise that it is reflected in the number of persons of the household lived the pit house, the scale of the household is not stabilized in order to repeat expansion and reduction and then, the band structure frequently repeats combination and separation is assumed,.

R.Binford pointed out that settlement-system of the hunter-gatherers is related to their subusistece(1980). Band structure and settlement-system which repeats combination and separation in the Old Tokyo Bay coastal area in early Jomon period can be understood from environment and subsistence of the region. Old Tokyo Bay coastal area was covered with the forests of the chestnut and beech, and the major food of early Jomon people was the nuts. The taking quantity intensely fluctuates on the nuts of the chest nuts and beech by the year (good harvest and bad crop it recurs repeat) ,and however, it meanwhile and very spatially limited the storage house and the storage pit in the generation this time. Under the condition that year variation of the nuts output which is the major food quantity and the storage are limited, the band was forced rearrangement of the band structure and reconfiguration of members for quantity and distribution of resources.

In Old Tokyo Bay coastal area in early Jomon period, there is the village plan surrounded in the plaza with the graves. The funeral of the fatality repeated in the plaza was for showing and emphasizing in the band which adjoins the depth of the relation between specific colony and territory and band mainly on the colony. And, it seems to relate village plan which surrounds the plaza and graves, and adherence to such specific village to the importance as "Site" which the village fulfiled for confirmation, reproduction of the society relation on the households and bands.

Such villages were the center in the band with the unclear boundary line where combination and separation are repeated. The number of the villages which surrounded the plaza increased in early Jomon period later stage. As a result of the population growth with the increase in the village number, each bands seemed to emphasize priority and occupation of the resources-use in subdivided territory through the ceremony of the plaza. The number of the storage pit increased this time, and expansion and reduction of the pit house were not observed adversely. As a result of increase of the population and segmentation of the each territories, the each bands lived in their territories by storing further than sharing. And Household and band structure do lose the fluidity to it.

索　引

【あ行】

アイヌ　94、95、98、140
アイヌ集落　94
朝日境A遺跡　116、136
麻生優　6、50、140、148
阿部芳郎　94
アボリジニ　12
アマサリミウト　69
荒川　34、132、140、145
荒川低地　150
安斎正人　140
飯塚貝塚　83、112
遺棄　82、102
池辺第14遺跡　36、37
石匙　70、117
石皿　63、65、83、89、105、111、112、127、128、129、138
石鍋　69
石ランプ　69
威信財　85、94、137
泉靖一　94
遺跡群研究　3、7、72
遺跡形成過程　82
イデオロギー　115
糸井宮前遺跡　94
稲荷台遺跡　63、74、101、106
稲荷丸北遺跡　66、112
イヌイット　2、7、69
井沼方遺跡　63、83、85、106、127、147、148
イノシシ　83、85、88
今村啓爾　65、103
煎本孝　58
入間川　34、104、110、151
ウィスナー　14
上ノ山遺跡　70
浮子　64、116
浮島式　111
内堀基光　103、120
ウッドバーン　14
英国考古学　98
エコシステム　34、104
エスキモー　1、2
エスキモー諸社会　2、15、26

荏田第5遺跡　36、37
円阿弥遺跡　129、133、131
円阿弥貝塚　56、149
大形住居　46、52、53、56、58、69、70、94
大塚柳太郎　103
大針貝塚　63、148
大林太良　15
大野雲外　124
大宮台地　151
大谷場貝塚　83、110
大山柏　121
大湯環状列石　55
尾ヶ崎遺跡　63
奥東京湾　34、151、152
屋外貯蔵穴　106、108、112
屋内貯蔵穴　66、67
尾崎遺跡　116、132、136
小田静夫　124
打越遺跡　41、42、50、55、56、66、74、78、81、82、83、85、88、91、104、105、106、108、110、117、122、140、148
大古里遺跡　83、106、108、110
オニグルミ　65

【か行】

階級対立　95
貝崎貝塚　42、49、151
階層化　25、108、116
貝塚　34、62、63、104、151
貝類採取　62、105、106
核家屋　58
核家族　28、68
拡大家族　69、70
拡張　34、36、37、38、42、44、46、47、49、50、52、53、56、119
掛谷誠　103、120
家族　3、34、36、52、53、56、105、162、163
家族墓　103
家族論　13
加曽利貝塚　100
片刃石斧　121
家長（家父長）　58、69、101
金山喜昭　62、101、108

— 156 —

索　引

可児通弘　　3、7、101
金子浩昌　　83
庚塚遺跡　　101、110、116、148
花粉分析　　65、126
上南原遺跡　　133、136
上福岡貝塚　　34、68、80、128、179
亀の子石器　　121
川田順造　　96
環境　　2、22、23、24、26、61、62、67、68、162
環境還元論　　33、61
間欠周溝状遺構　　98
環状貝塚　　9、63
環状構造　　28、30、73、74、80
環状集落　　72、73、99
環状集落遺跡　　9
環状配置　　72
ギアツ　　119
記憶装置　　99
記憶媒体　　99
儀器　　118
技術システム　　26
技術・生態システム　　100
技術的手段　　61
希少財　　82、85、89、95、98、106、117、119
季節的移動　　21、30、32、61
季節的居住論　　29、30
北宿遺跡　　105、106、147、148
木戸先遺跡　　56、74、96、117、143
木戸作貝塚　　72
記念物　　99
基本家族　　53、55、56、58、68、112
キャッシュ　　19、21
キャパシティ　　67、106
キャンベル　　7、8
凝灰岩　　124
共同墓地　　96
共同体　　3、115
局部磨製石斧　　63、83、121
居住景観　　4
居住形態　　2、72
居住システム　　34
居住集団　　60、73、98、99
居住本拠地　　12、16、19、29

拠点集落　　5
漁労具　　63、64、101、108、116、120
桐生直彦　　65、146
儀礼　　129、142、145
祭祀主体　　102
儀礼的意味　　82、98
管玉　　85、89、117
クヌギ　　65、66
クリ　　65、70、144
クリティカル・リソース　　19、23、24、27
黒尾和久　　9、72
黒浜式　　29、34、44、46、47、48、56、63、65、89、101、
　　　　108、112、127、129、137、138
黒谷貝塚　　56、64、83、127、128
鍬　　124
グヴィ・サン　　16
勲功祭宴　　117、120
計画環状　　73
珪藻化石　　61、63
系譜関係　　99、127
血縁関係　　58
結果環状　　73
堅果類　　24、65、83、112、115、117
原始集落　　11、96、142、146
原始聚落の構成　　4
御庵遺跡　　56、83、106、127、148
小池裕子　　62、70
古入間湾　　104
小岩井渡場遺跡　　110
交易　　7、66
交易センター　　94
交換　　117、136、137
交換財　　121、136、137
硬玉製大珠　　138
考古学　　2、121、140
口承伝承　　99
洪積台地　　34
幸田貝塚　　83、101、104、106、107、110
港北ニュータウン　　4、5、140
古環境復元　　61
コーズウェイド・エンクロージャー　　98
小杉正人　　62
小杉康　　69

コタンコンクル　94
骨角製漁労具　102
後藤明　101
後藤和民　6
後藤守一　4
ゴドリエ　34、61、98、121
コナラ　65
小林謙一　3、73
小林公明　138
小林達雄　3、4、5、30、55、72、73、89、99、102、103、111、116、120、139、152、162、164
小林秀樹　101
小林克　99
古墳　38、40、97、144
古墳時代　31、97、141、144
古墳時代集落　73
米島貝塚　83、127、128、149
五領ヶ台　27、146
コレクター　12、13、14、15、19、20、21、22、23、25、27、30、33
小山修三　15、58、66
根茎類　65、112

【さ行】
採集活動　23、63
採取環境　63
再生産　34、73、97
再葬　102
砂岩　124
鷲森遺跡　43、118、149
サケ・マス論　24
サケ類　24
佐々木高明　15
佐々木藤雄　13、14、15、73、80、100、143
笹森健一　38、68
サスワップ　94
削器　70
佐藤浩二　31
佐藤宏之　128
サーリンズ　120
サン　16、19
シカ　63、83
直刃片刃石斧　121、123

資源獲得戦略　61
資源管理　115、116、139
資源構造　108
資源ストレス　116、139
資源分布　61
資源パッチ　16
氏族共同体　4、72
シタミ　66
史的唯物論　2、72
芝川低地　108
Cピット　41、44、46、47、138
清水上遺跡　70
清水展　58、70
下総台地　104、106、110、151
社会学　163
社会規制　12
社会経済人類学　14
社会構造　4、30、37、98、111、121、141、145
社会システム　115
社会組織　7、22
社会的環境　5、33、34
社会的緊張　119、120
社会的組織化　34
社会的地区　72、103
蛇紋岩　124、151
宗教的イデオロギー　115
住居型式　68
集団　60、121
集団間関係　5、9、10、99、100、112、139
集団規模　16、19、21、58、67、68、108、115
集団構成　33、55、58、115
収蔵デポ　136
収納空間　128
集落　4、129、132、140
集落遺跡　4、72、73、74、76、80、82、128
集落景観　6、10、73
集落研究　4
集落・生業システム　12、21、23、26、30、33、67、106
縮小　16、40、42、44、48、49、50、52、53、116
狩猟具　83、140
寿能泥炭層遺跡　65、108、126
狩猟活動　83、89、94、98、116、140

索　引

狩猟系家族　89、94
狩猟採集民　2、7、12、14、16、21、22、23、24、25、
　26、27、31、33、55、58、69
狩猟シーズン　89
小規模集落遺跡　9
縄文社会　34、120、137
縄文集落　5、10、13、82
縄文モデル村　72、96、111
剰余　95、118、119
照葉樹林　125
剰余経済　118
植生　125、126
植物性食料　83、105
食糧資源　165
食料生産　128、137
食糧貯蔵　13
人文景観　4
人類学　2、147
水産資源　62、65、108、116、119、120
垂飾　104、105、117
水稲耕作　70
鈴木次郎　123
鈴木素行　62、72
スタンプ形石器　70、105
S．ロマノフ　94
ステーション　19、21
スペシャリスト　120
磨石　63、65、70、83、89、105、111、112、127、128
スンバ島　103
生業　14、26、32、34、62、65、82、105、116、140、
　144、162、164
生業活動　5、7、11、12、14、16、22、26、28、29、31、
　32、33、61、62、63、65、67、89、102、105、108、110、
　115、116、117、163
生業システム　115
生業分化　101、108、115
製作遺跡　128、132、133
製作技術　116、137
製作集団　133、136、137、139
生産手段　34
政治的意図　97
生存経済　118
生存手段　34

生態学　24、25
生態学的アプローチ　12、13、14、15、25、144
石核　83、85、94、132
石材産地　133、136
石鏃　91、92、93、104、105、118
関野克　34、36、37、38、53、80、162
石斧　122、131
関山貝塚　56、74、80、101、149
関山式　34、38、40、41、42、50、63、64、74、80、81、
　82、105、106、123、124、129
世帯　9、54、55、56、58、68、94、96
世帯共同体　55、72
世帯群　9、55、58、94、96、97
石器石材　94
石器組成　12、33、64、84、85、86、87
セトルメント・システム　3、4、5、6、7、8、9、10、
　11、12、13、73、141
セトルメント・タイプ　7、8
セトルメント・パターン　4、5、7、9、10、11、12、
　82、144
専業化　115、116、120
専業狩猟集団　116
占有　70、94、110、111、115、116
早期撚糸文系土器　69
相互扶助　115
操作概念　100
葬制研究　99
葬送儀礼　97、145
贈与　117、137
素材剥片　132
素材剥片獲得技術　124
祖先　99、102
祖先祭祀　102
側ヶ谷戸貝塚　38、40、42、49、55、101、150
祖霊　102
村落　6

【た行】
D．アレクサンダー　94、115
大規模集落遺跡　9、28
台地　73、126
第二の道具　84、85
台湾先住民　138

高井東遺跡　　100	定住性　　28、29、30、31、32、37、60、61、72、106
竹之花遺跡　　133、136	定住生活　　12、100、140
タスク・グループ　　12、19、21、22、23	定住論　　12
打製石斧　　121、123、141、143、151	ティーセン多角形　　100
敲石　　63、70、129、138	定着性　　100、110
タタラ山遺跡　　85、104、105、106、148	定着的　　100
多重複住居址　　58	テスタール　　14、25、70、95
竪穴住居　　1、27、28、29、31、34、36、37、38、72、73、89、102、106、119、129、136	デポ遺構　　136
	テリトリー　　70、100、103
竪穴住居址　　10、31、37、38、74、104、105	テリトリアル・マーカー　　99
建て直し　　36、37、40、47、50	天神前遺跡　　46、49、50、52、53、56、58、63、64、66、70、74、80、83、85、101、110、112、129、143、149
田中英司　　129	
田中良之　　74	天神山遺跡　　149
谷口康浩　　3、28、29、30、31、100	砥石　　132、133
多人数合葬　　99	土井義夫　　3、9、72
玉田芳英　　70	東京天文台遺跡　　69、141
多摩ニュータウン　　3、4、5、6、10、11、141、142	東京湾　　34
多摩ニュータウンNo72遺跡　　5	道具箱　　69、121
単位家族　　58、70	動植物遺存体　　61
単位集団　　11	東南アジア焼畑農耕民　　6、145
地域集団　　9、21、27、103、110	動物遺存体　　61、63、141
近野遺跡　　70	動物祭祀　　83、85、94、101
秩父薬師堂遺跡　　129	動物資源　　24
中央広場　　32、72、73、74、80、103	東部ニューギニア　　128
中核家族　　55、56、58、89、96	尖石遺跡　　72
中核世帯　　55、58、70、89、94、96、103、105	土器型式　　27、32、53、55、68、72
中期集落　　9、72、82、142、143	土器片錘　　64
中心集団　　94	土器編年　　104
中世墓　　102	土偶　　34
沖積作用　　60、105、108	トチ　　70
沖積層　　62	土地　　99、100、103、110、112、138、142、145
沖積低地　　74	土地占有関係　　100
調整剥離　　123、124、132、133	利根川　　34、104、129、142
重複　　36、37、38、46、48、58、98	富ノ沢（2）遺跡　　70
貯蔵　　16、19、21、23、26、27、30、63、66、71、112、115、117、118、120	トランシェ様石斧　　121、27
	トリンギット族　　27
貯蔵穴　　65、105、112	トルアクミウト　　7
貯蔵庫　　26	
貯蔵戦略　　23、24	【な行】
塚屋遺跡　　133	中川低地　　104
土掘り具　　64、65、70	長崎元広　　3、7、29
定角式磨製石斧　　137、138	中野谷松原遺跡　　70、94、119
定住　　12、28、29、30、31、32、60、61、100、144、145	中村若枝　　62

— 160 —

索　引

中山真治　5、9
七社神社前遺跡　96、110
ナラ　65、66、70、126
成瀬西遺跡　69、144
なわばり標示物　99
南堀貝塚　96、146
新潟県早出川　126
西ノ谷貝塚　36、37、38、142
西初石3丁目遺跡　112、149
ニブヒ　95
ニホンザル　70
乳棒状磨製石斧　64、83、123、124、125、126、127、
　　128、129、132、133、136、137、138、139、146
丹羽百合子　62、141
認知マップ　80、99、101
ヌナミウト　13、19
ネオマルクス主義　32
根古谷台遺跡　70、80
年次的移動　31
粘板岩　124
農業　120
農耕社会　4、141

【は行】

廃屋墓　102
廃棄　63、82
配石墓　99、143
剥離面　121、124
飯山満東遺跡　83、96、112、117、149
畠山剛　66、70
伐採具　64、121、123、125、127、136
花積貝塚　105
花積下層式　62、66、82、104、105、106
羽沢遺跡　50
馬場小室山遺跡　100
羽生淳子　3、4、11、12、13、14、15、21、22、24、25、
　　26、27、29、30、33、61、82
羽生集落論　11、15、27、29
春成秀爾　99
ハルペリン　14
早川正一　123
林謙作　6、27、28、37、55、99、100、120
半定住　22、27

バンド　7
反復　36、37、38、40、41、42、44、46、47、48、49、50、
　　52、53、55、56、58、67、68、69、80、94、112、119、162、
　　163
反復過程　44、68
ハンマー　132、133
干潟　34、60、62、67、104、105、106、108
ピグミー　24、98、140、144、145
ヒスイ製大珠　118
ピナトゥボ・アエタ　58
ヒプシサーマル　34、104
平松台遺跡　110
広場集落　82、89、94、96、98、99、100、101、103、
　　104、105、106、108、110、111、112、116、164
B-66遺跡　105
廣松渉　2、15
ビンフォード　12、13、15、16、19、21、22、23、24、
　　25、26、29、30、31、33、63、108、162
フィリピン・ネグリート　58、143
フィールド・キャンプ　12、19
フォーレジャー　12、13、16、19、21、23、25、26、
　　27、33
福井勝義　103
複合居住　28、53、69、70、119
副葬　95、96、117、118、119、137
袋状土坑　65、66、142
藤尾慎一郎　98、99
富者　94、95
斧身　128、129
ブナ　66、126
フラスコ状土坑　65、71、112
プラトー地方　19、94、115、116
ブリテン島新石器時代　98
プロセス考古学　13、14、145
冬家　28、89
平地式住居　31
墓域　96、97、98、102、110、145、146
方形周溝墓　97
方形柱穴列　74、143
北米プラトー地方　94
北米北西海岸　117
北米北西海岸原住民　25
墓壙　74、95、96、97、102、110、111、117、137、163

— 161 —

母集団　19、21、22、23、26
ポストプロセス考古学　99
ポトラッチ　117、120
堀口万吉　108、126
堀越正行　6
ポリネシア　101
掘り棒　124
ホルンフェルス　124
本郷遺跡　101

【ま行】
埋葬　74、96、97、98、99、102、110、117、118、119、141、145
槙の内遺跡　62、63、110、142、148
磨製石斧　63、83、121、123、125、126、127、128、129、132、133、136、137、138、141、144
磨製石斧製作遺跡　116、132、133
マダガスカル島メリナ　103
マードック　22、68
松ノ木遺跡　50
マップ・オン　19、21、22、23、26、27
丸木舟　126
マルクス　2、15
マルセル・モース　1、2、162
三ヶ尻林遺跡　132、133、136
御子柴・長者久保文化　121
水子貝塚　42、46、47、49、50、52、53、55、60、62、63、65、68、69、83、85、100、101、102、110、126、127、129、133、138、140、148
ミズナラ　65
未製品　83、132、133、136
溝口孝司　97
見直し論　28、60
南遺跡　110、149
南中丸下高井遺跡　48、49、105、150
南羽鳥中岬遺跡群　74
箕輪遺跡　105
耳飾　85、89、104、105、117、137、138
宮ヶ谷塔貝塚　63、83、106、127、128、138、150、151
宮坂英弌　72、103
宮崎博　3、142
宮廻遺跡　44、65、66、129、148、149

宮本勝　6
民族誌　2、11、13、14、24、25、27、29、32、53、69、72、89、94、95、115、120、141、143、144、145
向山遺跡　104、149
武蔵台遺跡　69
武蔵野台地　74、104、112、151
武藤康浩　28、31、33、53
武藤雄六　138
村　6
メジャーフード　65、66
メラネシア　101
モニュメント　99
鋩　64、101
モーリス．ゴドリエ　121
諸磯式　33、46、69、74、83、151
諸磯a式　29、36、48、49、50、56、63、64、65、66、82、83、89、101、108、112、116、117、127、129、137、138
諸磯b式　33、112、116、119

【や行】
屋敷神　102
八ヶ岳山麓　11
柳の煙と犬の尻尾　15、16
山形洋一　101、152
山崎貝塚　63、127、128、143
山下晋司　119
山田康弘　99
山本暉久　27、28、29、32
山本典幸　3、11、15、27、29、30、33、82、89
由緒付け　98、99
唯物史観　2、15
遊動　12、22、144、145
横切りの集落論　9、28、31、32、72、73
四葉遺跡　56

【ら行】
落葉広葉樹　65、66、71、126、163、165
陸上獣　63、65
流木　69、126
緑色岩　124
歴史的視座　25
礫器　121

索　引

礫斧　　63、64、70、83、121、123、124、125、126、127、132、133、138
レジデンシャル・ベース　　19、21、22、23、24、25、26、27、33
連続的フォーレジャー　　25、26
労働過程　　2、21、22
労働編成　　7
ロケーション　　19、21
ロジスティカル　　19、22、23、24、27、63
R．ジョナサン　　69

【わ行】
和島集落論　　4、13、143
和島誠一　　4、12、72、94、100
渡辺仁　　31、37、94、95、101、103、108、141、145、
和田西遺跡　　36、37、147

解 題   小 林 達 雄

1.
　本論文は縄文時代の生活、社会の復元を目的として、関東地方の前期を対象に、具体的な考古学的データを分析して解明しようとするものである。「はじめに」をプロローグとして、四章から構成される。

　本論文に先立つ序章としての「はじめに」において、マルセル・モースが提唱する、所与の「環境」と環境に対する解答としての「技術」そして両者の「制約」下の「社会の組織化」という視座を評価しながら、自らの主題への接近の方法論を明らかにする。

　第Ⅰ章「セトルメント・システム論の素描」は、これまでの縄文時代集落の研究史を振り返り、とくに研究の具体的内容というよりも、理論的方法論の評価に踏み込み、問題点を深く浮き彫りにする。ここにおいては、小林達雄のセトルメント・システム論が提起した新しい展望と限界性を指摘するとともに、さらなる可能性がルイス・ビンフォードのコレクターシステムや羽生淳子の集落論に認められるものの、環境要因の偏重に問題が残るとする。むしろ集団の移動・離合集散を資源開発戦略として適宜に採用した柔軟な仕組みが重要であるとして、本論の視点と具体的展開を示唆する。

　第Ⅱ章「集落と生業」は三節によって構成する。その第一節では、埼玉県上福岡貝塚の竪穴住居について、「拡張」が継続的な居住が行われる間の家族の人数の増加にあわせたものとする関野克の解釈を検証する。しかしながら子細に観察してみると一方的な規模の拡張ではなく、その縮小もあることを明らかにする。それら住居の営みが比較的短い断絶期間しか想定できないものから、若干の覆土が形成される程度の断絶期間を置くもの、あるいは一～二型式の異なる土器型式間にわたる長期の断絶を置いて竪穴のみが反復されるものまで、継続的居住から短期～長期にわたる断絶に至る多様な変異を区別する。しかもこうした竪穴住居の反復とそれに伴う規模の変動がきわめてシステマティックに行われる点に注意する。つまり竪穴住居の平面形が方形・長方形であること、そして左右で対になった2、4、6本からなる主柱配置が、住居の反復利用と規模の変動を前提とするものであったと考える。このことは、前期の竪穴住居の特性の背景が竪穴住居をめぐる居住形態あるいは居住システムに係るものであるとして、主題の核心に迫る前提となる。これに関連して、前期の竪穴住居に拡張の事例が多いのに対して、中期には再建ないし柱の建て替えと考えられる事例の多いこと、および前期に反復・拡張の例数が多いのに対して、中期の集落遺跡にそうした事例が少ないことを指摘した渡辺仁の問題提起は、両者の居住システムの相違に由来するものであった見通しを提示する。

　第二節では前期奥東京湾沿岸にみられる竪穴住居の反復と規模の変動とともに、住居の床面

積に大幅なばらつきがあることが注意される。つまり通常の住居址の面積が平均20〜30㎡であるのに対し、50〜60㎡、ときには96㎡という大形のものがある一方で、10㎡前後の事例も少なからず認められる。大形を呈するものが多いという特性は、住居規模が大形から小形のものまで変異に富むと言い換えることができ、したがって著しい規模変動を伴う反復住居は、こうした住居規模の幅広さを一住居址で体現していることになる。このことを住居面積が居住する人数の反映であるとする前提に立つのであれば、大形から小形までの変異に富んだ住居面積は、世帯規模とその構成の多様性を示すものであり、反復に伴う住居の著しい規模変動は住居に居住する世帯の構成が固定的なものではなく、流動的であったことを示すことにほかならないとする。

20〜30㎡の竪穴住居の居住した世帯が、関野方式の計算によって5〜6人程度の基本（核）家族であったとすれば、その倍以上の面積を有する前期の住居に居住した世帯は、基本家族の2つ以上が複合したもの、あるいは基本家族にそれを構成するに足りない居住者達（単身者や子供を持っていない若夫婦といった基本家族の非構成単位）が加わった構成が想定される。こうして、拡張・縮小といった規模の変動を繰り返す住居址に、核となる基本家族を中心として複数の基本家族やその非構成単位が、結合と分裂を繰り返す姿を復元してみせる。

第三節では、竪穴住居の拡張・縮小に反映される世帯構成の流動的な変化を縄文前期の当該地域を覆っていた落葉広葉樹林と生業活動を背景として理解する。つまり主要な食糧として依存していた落葉広葉樹の堅果類には年次的な結実の豊凶が存在し、安定的なものではなかったのであり、さらに貯蔵穴の普及が低調であったことと相俟って食糧事情の安定さを保つことが困難であったため、集団規模を調節してその構成員を再配置（拡散あるいは集中）することを余儀なくされたとみる。

第Ⅲ章「広場の社会学」では縄文モデル村における広場の意義を考察する。まず、環状を呈し、その内側を広場とする集落跡に認められる、住居址をはじめとする多数の遺構の累積利用密度の濃さについて、継続的居住や居住する集団の規模の反映であるという従来の解釈を否定し、むしろ居住集団をめぐる社会的な諸関係の維持・確認・再生産に果たした機能の重要性を強調する。つまりそうした社会関係が、広場を囲んだ集落に特徴的に認められる多数の石鏃や墓壙などに示されるように、狩猟活動あるいは死者の埋葬といった機会を通じて表現され、確認されてきた意義に注目する。こうした意味で広場を囲んで環状に展開する集落遺跡―環状集落あるいは縄文モデル村は、世代をこえて維持継承され、また断絶期間を置きながらも回帰され、様々な儀礼的意義が付加され続ける場であり、その求心力を持つものであったと考えられるのである。

第Ⅳ章「環境・貯蔵経済・儀礼」では、縄文モデル村の縄文社会における位置を論じる。つ

まり、広場を囲んだ縄文モデル村－環状集落は、奥東京湾沿岸域においては早期末葉に出現するとし、これを、小林達雄のセトルメント・システム論におけるパターンA、B、Cの関係に示されるような多様な複数集落遺跡の中でその中核に位置づける。前期中葉になると、遺跡数は増加して、そのピークを迎えるとともに、広場を有する集落も前段階とは比較にならない規模の増大を見せる。広場集落の増大は、遺跡数の増加に示される人口および、旧来の集団の分裂と自立性の高まりと理解する。つまり人口圧によって領域が細分され、それらの各領域を根拠とする各集団は自立性を確保するとともに、他集団からの領域内の資源に対する略奪や干渉を排除するため、自らの主体性を内外に示すものとして儀礼を発達させたとする。集団構成員の総意による儀礼の執行は、集団の仲間意識、連帯意識を高め、他に対して存在感を強く意識させる効果をもたらしたものと推定する。この時期から住居の規模変動は小さくなり、世帯構成の固定化・安定化が示唆される。即ち、領域の細分の促進化に伴い、次第に居住集団の流動性が失われたと理解するのである。

2.

　遺跡数の増減や遺跡の立地、さらに集落跡に残された竪穴住居の数や配置その他日常生活に必要な諸施設の出現や変遷の様相や消滅などを追跡してデーター化することは、考古学の最も基本的な分析作業である。本論文はそうして現象の背景にある生業・社会およびに両者の係わりを具体的に明らかにしようとするものである。
　本論文に先立って、社会学、文化人類学、民族学、民族考古学などの成果から、縄文時代の生業・社会の解明に有効な方法論や具体的接近法を探る。こうした姿勢は縄文時代の研究のみで自己完結しがちな閉鎖性から抜け出て、広い視野で、人間社会の普遍性の中に位置づける方向性を見出す道を拓いた。このことによって、論者の縄文文化にかかわる主題が先史文化の汎人類的な問題として国際的な場でも充分議論に堪え得る内容となっていることが評価される。
　本論文では、まず対象とする縄文前期の上福岡貝塚に見られる竪穴住居の増改築を分析の原点に据える。しかもそれが従来「拡張」として一面的に解釈されていたことに対して、「縮小」の行われた事例を指摘し、二つの現象こそが集落構成の分裂あるいは離合集散を反映するものであることを明らかにする。
　この社会現象は竪穴住居の居住者は基本（核）家族の場合のみでなく、二つ以上の基本家族が複合する場合など多様な内容と規模を流動的にとることのあったことと関連づけて説明する。極めて具体的であり説得力がある。
　竪穴住居自体も、方形や長方形の平面形に設計され、主な柱穴が2、4、6本のように対称的に配される構成と結びつくことに注意する。まさにアコーディオンの伸縮に似て家族規模の

解　題

拡大縮小に容易に対応し得る設計装置となっていると指摘する。

　また、そうした家族が固定せず流動性があったのは、主たる食料としての落葉広葉樹の堅果類が年次的な豊凶を繰り返すことに適応する戦略ととも関係すると見るところにも独創性がある。これに異常気象などを考慮することでより確かな裏付けを得ることが出来るはずである。

　なお、食糧資源として堅果類の不安定さを補うのには貯蔵施設が有効であるが、対象とする縄文前期の奥東京湾沿岸域には未発達であり、それだけ安定化の装置が不十分であったとする。

　そうした背景から、当該地域の前期前葉の集団が自らの構成人員の規模を流動的に拡大したり、縮小したりする戦略をとらせたというわけである。しかも、竪穴住居での効率的な居住空間の確保のために、床（居住）面積の拡大・縮小を行っていたとする。この改築が、連続的な居住あるいは移動や回帰の断続期間を介在しながら行われてものであろうとする見通しは説得力がある。

　なお、前期中葉になると遺跡数が増加するとともに、中央部に広場を有する縄文モデル村の規模が大きくなる現象に新しい解釈を試みる。つまり、そうした現象が単純に人口増加によってもたらされたというだけでなく、むしろ集団の分裂現象の反映であり、広場は、そうした各集団が自らの仲間意識・連帯意識の強化にに向かいつつ、他の隣接集団の干渉を排除できるに足るだけの主体性を確立し、主張する装置として広場での儀礼が重視されるという仮説を提示する。その論証は盤石ではないが、価値のある問題提起といえる。

【未完成考古学叢書】刊行について

　考古学は歴史スル学問である。
　ヒトは生まれて育ち死を迎えるまでのさまざまな場面において、必要性が意識された機能をそれぞれに相応しい素材、例えば石や土や木や骨や角や牙や貝などに重ねてカタチをイメージして、それなりの技法で具体的なものを実現してきたのである。そうしたモノを用意しながら、自然資源を活用するための戦略を編み出して、独自のスペースデザインを展開してきた。
　しかし、モノおよびあるいはカタチは寡黙にして多くを語ろうとしない。その壁を打破して核心に接近することが考古学の研究である。
　けれども完全な成功に到達することは困難であるが故に、ややもすれば研究成果の公表を手控えがちとなり、これを慎重さ、謙譲の美名で正当化してきたのであった。
　もともと完全や完成は、永遠に続く未完成の仮の姿なのである。まさに、未完成の不断の集積こそ肝要と心得なければならない。
　本叢書刊行の趣意は、ここにある。

監修者　小林　達雄
（國學院大學文学部教授）

◆著者略歴

小川　岳人（おがわ・たけひと）
國學院大學文学部史学科卒業。同大学文学研究科博士課程後期終了（日本史学専攻）終了。1999年博士（歴史学）。1968年埼玉県大宮市生まれ。現在、かながわ考古学財団勤務。主要論文「集落と交通」（『史学研究集録』第20号1995）、「縄文時代前期奥東京湾沿岸域における集落と生業そして社会」(1)(2)（『神奈川考古』第34、35号1998）、「竪穴住居の屋内空間ー民俗・民族誌との狭間に」（『神奈川考古』第37号20001）

小林達雄監修　未完成考古学叢書③　　　平成13(2001)年　5月25日初版

縄文時代の生業と集落
古奥東京湾沿岸の社会

監修者／小林達雄
著者／小川岳人
発行者／関根裕子
発行／株式会社ミュゼ
〒108-0074　東京都港区高輪2-1-11-230
TEL03-5488-7781　FAX03-5488-7783
E-mail　musee@cia.co.jp
本文・カバーデザイン／逸見里香（シーアイエー）
編集協力／有限会社パクスワーク
印刷・製本／シーアイエー株式会社

定価はカバーに表示してあります。
本書の内容の一部あるいは全部を無断で複写（コピー）することは、著作権法上認められている場合をのぞき、禁じられています。

ISBN　4-944163-19-3
Printed in Japan 2001
Ⓒ OGAWA　TAKEHITO

小林達雄監修【未完成考古学叢書】

① 縄文時代の地域生活史

山本　典幸著

五領ヶ台式土器様式の編年と系統、土器様式の類似性とコミュニケーションシステム、縄文土器の空間変異のあり方など、従来にない視点、緻密な論理の展開である。現代考古学研究の到達すべき一つの水準を示す。

本体2,500円　B5判　268p　ISBN4-944163-15-0

② 琉球縄文文化の基礎的研究

伊藤　慎二著

琉球縄文文化、沖縄編年の諸問題など待望された琉球縄文研究の新境地。沖縄の縄文時代の歴史が、その後の琉球文化の言語学、民族学上の主体性確立へとつながるのかをも示唆する。

本体2,500円　B5判　190p　ISBN4-944163-18-5

続刊予定
石槍の研究
～旧石器時代から縄文時代初頭期にかけて

白石　浩之著

・・・・・・・・・・・・・・・・・・・・・・・・・・・・・・・・・・・・・

小林達雄対談集　ミュージアムの思想

小林　達雄　著

日本には多数のミュージアムがあるが、そこは本当にきちんと機能しているのだろうか。考古学者で縄文の第一人者である小林達雄氏（國學院大学教授）が各界の専門家たちと博物館や美術館のあるべき姿について語り合った。専門誌「月刊ミュゼ」で3年にわたって対談した内容に新たに脚注などを加えてまとめた。
〈UM Books〉

本体1,429円　A5判　224p　ISBN4-944163-10-X